専門職としての
校長の力量形成

編集／
牛渡　淳
仙台白百合女子大学学長

元兼　正浩
九州大学大学院教授

花書院

はじめに

　本書は、科学研究費・基盤研究（B）「校長の専門職基準を踏まえたスクールリーダー教育の可能性」（研究代表者・牛渡淳・仙台白百合女子大学学長／平成25年度〜27年度）の最終報告書が好評につき、これに加筆修正を施し、新たに市販本として刊行するものである。

　本研究は、三年間にわたって、日本教育経営学会が2009年に作成した「校長の専門職基準」を踏まえて、新たなスクールリーダー教育の可能性を探ることをねらいとした。この三年間に、本科研プロジェクトは、その成果の一部を、『次世代スクールリーダーのためのケースメソッド入門』（2014年、花書院）、及び、『次世代スクールリーダーのための「校長の専門職基準」』（2015年、花書院）として出版した。本書は、研究成果の理論的・実証的まとめである。

　構成は、三部に分かれている。第Ⅰ部では、「専門職としての校長職の検討」として、日本教育経営学会による校長の専門職基準の制定過程とその後について、制度としての校長職の変遷、英米両国における校長職制度の展開についてまとめたものである。第Ⅱ部は、「スクールリーダーとしての力量開発」として、教職大学院に期待される力量形成や教育センター、校長会に期待される力量形成等について述べている。第Ⅲ部は、「校長の力量形成環境の整備」と題して、校長の昇進と人事管理、女性登用施策、民間人校長登用施策の課題、教育委員会と大学の連携、その他についてまとめたものである。

　本研究メンバーは、日本教育経営学会の第Ⅲ期実践推進委員としても活躍

しており、同学会の活動と一体のものとして研究活動を行ってきた。おりしも、平成27年12月に、中央教育審議会は、「これからの学校教育を担う教員の資質能力の向上について」と題する答申を出した。この中で、「教員育成指標」を作成することが、各都道府県・政令市に義務化されることになった。その一部として、学校管理職の育成指標もふくまれることになった。これは、日本教育経営学会が2009年に作成したものと同様の専門職基準の作成が、わが国でも広く行われることになったことを意味する。今後の各地における教育育成指標の作成と、それに基づく管理職の研修プログラムの作成等において、本研究の成果が広く利用されることを期待したい。

2016年7月

編者　仙台白百合女子大学学長　牛渡　　淳
　　　九州大学大学院教授　　　元兼　正浩

目　　次

はじめに………………………………………………………… 編者　　i

第Ⅰ部　専門職としての校長職の検討

第1章　「校長の専門職基準」制定経緯 ………………… 牛渡　　淳　3
　第1節　日本教育経営学会における校長の専門職基準の制定経緯……… 3
　第2節　普及・研究活動と一部修正版（2012年）等の制定 …………… 8
　第3節　その後の普及・研究活動…………………………………………… 10
　第4節　むすび－わが国における「校長の専門職基準」の意義と課題－… 10

第2章　制度としての校長の地位の変遷………………… 元兼　正浩　15
　第1節　制度としての校長の成立…………………………………………… 15
　第2節　戦後の校長の地位の転換…………………………………………… 19
　第3節　専門職としての校長職の検討……………………………………… 25

第3章　米国における校長養成の制度展開……………… 大野　裕己　31
　第1節　課題の設定…………………………………………………………… 31
　第2節　校長の役割期待の変化……………………………………………… 32
　第3節　校長の属性と学校組織環境………………………………………… 33
　第4節　米国の校長養成制度の改革………………………………………… 34
　第5節　米国における学校管理職の専門職基準（ISLLC基準）………… 36
　第6節　州レベルの校長養成制度の実際──ウィスコンシン州の事例── 38
　第7節　大学院における校長養成プログラムの実際
　　　　　──ウィスコンシン州マディソン校校長免許プログラムの事例──
　　　　　………………………………………………………………………… 40
　第8節　結語………………………………………………………………… 44

第4章　英国における校長職制度の変容………………… 末松　裕基　47
　はじめに……………………………………………………………………… 47
　第1節　校長職制度の背景と国家主導の一元的な社会実験……………… 48
　第2節　資格・養成制度……………………………………………………… 49
　第3節　校長基準・資格の改訂──その背景と課題……………………… 51
　第4節　校長資格の見直しと特徴…………………………………………… 53
　第5節　2015年新政権の方針──NCSLと校長職基準の大幅な見直し… 56
　おわりに……………………………………………………………………… 59

第Ⅱ部　スクールリーダーの力量開発

第1章　スクールリーダー（学校管理職）の養成をめぐる立論と実践の検証
　　　──「大学院におけるスクールリーダー教育」を中心に──
　　　　　　　　　　　　　　　田中　真秀／安藤　福光／大野　裕己　65
　　第1節　背景状況と主題の設定………………………………………………　65
　　第2節　大学院におけるスクールリーダー教育の立論の特徴と今後の課題
　　　　　──スクールリーダー教育カリキュラムを中心に──…………　67
　　第3節　大学および大学院におけるスクールリーダー教育の実態とその特徴
　　　　　……………………………………………………………………………　77
　　第4節　「大学院におけるスクールリーダー教育」をめぐる研究課題 …　82
第2章　教職大学院に期待される力量形成………　山本　遼／曽余田浩史　87
　　はじめに……………………………………………………………………………　87
　　第1節　スクールリーダーの専門性の知識基盤の歴史的展開
　　　　　〜アメリカの学校管理職養成の場合〜………………………………　88
　　第2節　スクールリーダーの専門性の知識基盤と大学院の役割
　　　　　〜教職大学院設立以前〜………………………………………………　91
　　第3節　教職大学院に期待される力量形成をめぐる議論
　　　　　〜教職大学院で学ぶことの意義は何か〜……………………………　95
　　第4節　教職大学院における「理論と実践の往還」の4つのモデル……　99
　　第5節　「校長の専門職基準」への示唆 …………………………………　101
第3章　教育センターに期待される力量形成……　高木　亮／波多江俊介　103
　　第1節　問題と目的…………………………………………………………　103
　　第2節　行政研修の現状と課題……………………………………………　106
　　第3節　行政研修をめぐる聞き取り調査…………………………………　109
　　第4節　総合考察……………………………………………………………　113
第4章　大学公開講座に期待される力量形成……………………　金子　研太　119
　　第1節　大学公開講座という力量形成機会………………………………　119
　　第2節　公開講座への期待──受講者アンケートの分析から──………　123
　　第3節　公開講座での学び──アンケート自由記述の分析から──……　131
　　第4節　校長の専門職基準への示唆と本分析の課題……………………　134
第5章　校長会に期待される力量形成………………………………　日高　和美　139
　　第1節　課題設定……………………………………………………………　139
　　第2節　校長会の機能と特徴………………………………………………　141
　　第3節　校長会の力量形成機能──質的調査を通じて………………………　146
　　第4節　結語…………………………………………………………………　152

第Ⅲ部　校長の力量形成環境の整備

第1章　校長昇進管理と人事計画……………川上　泰彦／細畠　昌大　157
はじめに　学校管理職の能力形成とキャリアパス………………………… 157
第1節　キャリアに応じた学校経営行動の違い………………………… 160
第2節　「計画的な人事」の可能性とその条件 ………………………… 164
第3節　分権化と広域異動……………………………………………… 169
第4節　配置による育成の限界と、専門職基準の活用に向けて………… 172

第2章　女性登用施策の可能性と課題……………………………楊　　川　175
はじめに…………………………………………………………………… 175
第1節　女性公務員と女性教員の管理職登用状況の検討……………… 178
第2節　女性公務員、女性教員の管理職登用が両方進んだ自治体事例　180
第3節　女性公務員の登用が進んだが、女性教員の登用が進まない
　　　　自治体事例………………………………………………………… 186
第4節　おわりに………………………………………………………… 191

第3章　民間人校長登用施策の現状と課題…………………浅野　良一　197
はじめに…………………………………………………………………… 197
第1節　民間人校長・副校長等登用の現状…………………………… 198
第2節　民間人校長に求められる人物像（資質能力）………………… 199
第3節　民間人校長登用準備の研修…………………………………… 202
第4節　民間人校長の評価……………………………………………… 206
第5節　民間人校長登用施策の課題…………………………………… 209

第4章　校長によるミドルリーダーの力量形成
　　　　──ビジョン具現化手段としてのアクティブ・ラーニング実施プロセスに着目して──
　　　　………………………………………………畑中　大路　211
はじめに…………………………………………………………………… 211
第1節　分析対象と方法………………………………………………… 213
第2節　事例の分析……………………………………………………… 215
おわりに…………………………………………………………………… 230

第5章　教育委員会と学会との連携
　　　　──熊本市教育センター・小学校／中学校校長会の「校長の専門職基準」の活用を通じて
　　　　………………………………………………大竹　晋吾　233
はじめに…………………………………………………………………… 233
第1節　教職大学院・教育センターにおける専門職基準の活用………… 233
第2節　実践推進委員会と指導法・教材開発………………………… 235
第3節　熊本市教育センターの校長・教頭研修プログラム再編………… 237

第4節　終わりに……………………………………………………… 244

巻末　専門職基準関連論文
　基準1 ………………………………………………… 原北　祥悟　249
　基準2 ………………………………………………… 田中　里子　254
　基準3 ………………………………………………… 小杉　進二　260
　基準4 ………………………………………………… 木村　栞太　266
　基準5 ………………………………………………… 小林　昇光　271
　基準6 ………………………………………………… 兼安　章子　277
　基準7 ………………………………………………… 清水　良彦　282

　索　　引……………………………………………………………… 288

第Ⅰ部
専門職としての校長職の検討

第 1 章
「校長の専門職基準」制定経緯

第1節　日本教育経営学会における校長の専門職基準の制定経緯

（1）背景と成立プロセス

　日本教育経営学会が「校長の専門職基準」を作成した背景には、1998年の中教審答申「今後の地方教育行政の在り方」がある。その基調となったのは、第一に、「学校の自律性」の拡大と、第二に、規制緩和と競争の中の学校という方向性であった。そして、それを担うスクールリーダーの役割の重視と力量の強化が必然的に求められることになったのである。こうした中で、スクールリーダーの育成を目的とした教職大学院設立への動きも進んでいた。日本教育経営学会が、学校管理職の専門職基準を作成する最初の契機となったのは、2004年6月に、学会内に、「学校管理職教育プログラム開発特別委員会」が設置されたことに遡る。岡東壽隆会長の下、小島弘道委員長のリーダーシップにより作成されたこの委員会は、半年間の研究活動の後、2005年3月に特別委員会中間報告書「大学院における学校管理職教育プログラムの開発に関する研究」を公表した。これは、学校管理職教育に関する国内の大学院での試み、米・英・独でのプログラム、他分野での専門職養成についての検討を行ったものである。その後、同委員会は、会員対象に、「学校管理職養成教育プログラムに関するアンケート」も実施している。

　さらに、同年6月に開催された学会の第45回大会において、ラウンドテーブル「学校管理職教育プログラムを構想する」を開催した。その後、同委員会は、「スクールリーダー専門職基準」（案）を作成した。また、2006年2月

には、この案に関する会員アンケートを実施し、2006年6月に開催された学会の第46回大会で、結果と分析の報告が行われた。

　その後、新しく会長となった堀内孜氏の下、学会内に、常設委員会として「実践推進委員会」が設置され（水本徳明委員長）、スクールリーダーの専門職基準に関する研究は、その後一貫して、この委員会が担うこととなった。同委員会は、その後、学会大会時に「実践フォーラム」を開催し、スクールリーダー教育の研究を重ねていくと同時に、専門職基準の改定案を作成し、2009年6月の第49回大会において実践フォーラム「校長の専門職基準－「教育活動の組織化」の専門性確立を目指して－」を開催し、同大会において、学会員に、本学会としての、正式の「校長の専門職基準［2009年版］－求められる校長像とその力量－」が公表されたのである。[1]

(2) 日本教育経営学会による「校長の専門職基準（2009年版）」の概要

　「校長の専門職基準」は、七つの基準によって構成されており、さらに、それぞれの基準の下に5～6の小項目が示されている。七つの基準の内容は以下の通りである：

　　①学校の共有ビジョンの形成と具現化
　　　「校長は、学校の教職員、児童生徒、保護者、地域住民によって共有・支持されるような学校のビジョンを形成し、その具現化を図る。」
　　②教育活動の質を高めるための協力体制と風土づくり
　　　「校長は、学校にとって適切な教科指導及び生徒指導等を実現するためのカリキュラム開発を提唱・促進し、教職員が協力してそれを実施する体制づくりと風土醸成を行う。」
　　③教職員の職能開発を支える協力体制と風土づくり
　　　「校長は、すべての教職員が協力しながら自らの教育実践を省察し、職能成長を続けることを支援するための体制づくりと風土醸成を行う。」

---

[1] 日本教育経営学会実践推進委員会編『次世代スクールリーダーのための「校長の専門職基準」』、花書院、2015年、pp.212~213.

④諸資源の効果的な活用
　「校長は、効果的で安全な学習環境を確保するために、学校組織の特徴を踏まえた上で、学校内外の人的・物的・財政的・情報的な資源を効果的・効率的に活用し運用する。」
⑤家庭・地域社会との協働・連携
　「校長は、家庭や地域社会の様々な関係者が抱く多様な関心やニーズを理解し、それらに応えながら協働・連携することを推進する。」
⑥倫理規範とリーダーシップ
　「校長は、学校の最高責任者として職業倫理の模範を示すとともに、教育の豊かな経験に裏付けられた高い見識をもってリーダーシップを発揮する。」
⑦学校を取り巻く社会的・文化的要因の理解
　「校長は、学校教育と社会が互いに影響しあう存在であることを理解し、広い視野のもとで公教育および学校を取り巻く社会的・文化的要因を把握する。」

　また、各基準の下に示されている小項目に関しては、例えば、⑥「倫理規範とリーダーシップ」の基準には、以下のような小項目がある：

1）教育専門家によって構成される学校の最高責任者として、高い使命感と誠実、公正、公平の意識をもって職務にあたる。
2）自らの豊かな教育経験と広い視野に基づいて、児童生徒の最善の利益を優先しながら、校長自身の意思をあらゆる立場の人に対して説得力をもって明確に伝える。
3）多様な価値観、思想、文化などの存在を認めることができる。
4）学校の最高責任者として、職務上の自らの言動や行為のありようを絶えず省察することを通じて、自己の職能成長に努める。
5）法令順守についての高い意識を自らがもつとともに、教職員の間にそれを定着させる。[2]

---

[2] 日本教育経営学会、HP より
　http://jasea.sakura.ne.jp/teigen/2009-senmonshokukijun-index.html

（3）校長の専門職基準作成に関わる議論と対応

　以上のような経緯で作成された校長の専門職基準であるが、そのプロセスにおいては、いくつかの疑問が出され、論議を行った。まず、「専門職基準」というものをどう理解するか、ということである。英語では「Professional Standards」と表されるが、例えばアメリカでは、学校管理職の免許状や養成プログラムの基礎となる、管理職の専門性の枠組みを示すものであった。我が国においても、学校管理職の力量を高め、真の学校のリーダーとして育てるためには、このよう基準がぜひとも必要であるとの認識がそこにはあったのである。しかし、そのような基準の必要性は当初はなかなか理解されず、また、それは「管理職の倫理規範」なのかという質問も出された。これに対して、当時の堀内孜会長は、「「校長の専門職基準［2009年版］」の公表に寄せて」の中で、次のように述べている：「校長が学校の組織経営を責任をもって担うことは、その専門性、倫理性において社会的に承認された基準や規範に則った行動を遂行することである。この基準が専門職基準であり、それは広く社会に認知され、承認されるものでなければならない。……校長の専門職基準が社会的に実際の意味を持つには、校長の職務遂行が一般的、普遍的な共通の枠組みを持ってなされ、その個別性、独自性は飽くまでもこの枠組みの中で発揮されるべきとの理解が必要である。」このようなものとして専門職基準を位置付けながら、他方、堀内氏は、さらに、この専門職基準のみでは十分な目的が達成されないことも述べている：「ここに公表する校長の専門職基準は、その専門的な知識や職能についてだけでなく、その倫理規範や職業行動における態度等についても関わっており、それらが校長に具備されたるための保障措置について、今後具体的に検討されることを必要としている。つまり、この専門職基準に基づいた何らかの免許や資格が設定されなければ、この基準は実際の意味をもつものになりえない。そして、この免許や資格を付与するための養成システムや認定プログラムが必要となり、その具体的なカリキュラムによってこの基準を満たす内実が保障されることになる。」しかし、「そのために解決が必要とされる課題は山積みしている。元より本学会のみでできることではなく、本学会はあくまで「学会として」、その専門的観点からの一石を投ずる役割を担いうるのみである。」このように、学会が作成し

第1章 「校長の専門職基準」制定経緯

たことの限界を自覚しながらも、専門職基準が、校長の専門職化に向けた、今後の政策的な動きへの波及効果を期待していたのである。[3]

　専門職基準を作成する際に第二に議論となったのは、校長の専門性に関する共通の枠組みを作るとしても、それによって画一的な校長職を生んでしまわないかという疑問である。これについては、モデルとしたアメリカの事例が紹介され、専門職基準はあっても、大枠の基準であり、各州や各大学は、それぞれの目的とする管理職像に向けて、特色ある管理職養成プログラムを作成していることが報告された。管理職の質を向上させるための基準という枠組み自体の共通性と多様性、それを基にした養成・研修プログラムの自律性との関係が議論の的になったのである。こうした議論を通じて、専門職基準は、シンプルに、そして、大枠での示し方にすべきであるとの方向性が支持されていったのである。

　第三は、そこで使用される用語とその意味に関わる議論であった。専門職基準を作成するにあたって、ゼロから作成することは困難であり、当時専門職基準の先進国であったアメリカの専門職基準を一つのモデル、あるいは、たたき台として検討することから始めた。そして、その案に関するアンケートやラウンドテーブルでさらに議論を重ねていったのである。従って、基準の立て方や基準の内実は、アメリカの全米的な基準であるISLLCやカリフォルニア州の専門職基準にかなり近いものとなった。そうした中で、例えば、「校長」を基準の中にどのように表現するかが問題となった。校長は管理者なのか、経営者なのか、教育者なのかという点である。我が国においても、アメリカでも、校長の位置づけは歴史的に変化しているが、この三つの側面を持つことは変わらない。その中で、アメリカの専門職基準は、新たな位置づけとして、校長を、これら三つの側面を含んだ「教育リーダー（Educational Leader）」として位置づけていた。本学会の検討チームにおいても、このような新しい位置づけは新鮮に映り、当初は、「校長の専門職基準案」において、校長を「教育リーダー」と表現していた。しかし、その後のラウンドテーブルにおいて、「教育リーダー」という表現では、教師と何ら変わらず、校長と

---

[3] 日本教育経営学会、HPより

しての独自性が見えにくいとの指摘を受け、2009年版の中では、「教育の組織化のリーダー」と表現したのである。
　第三に、管理職の免許状が無いわが国において、この基準をどのように使用するかも議論となった点である。これについては、2009年版の最後に、「本基準の活用方法と課題」として、以下のような内容を示している：
　①将来の校長を目指して自分自身の力量を見つめ直し、課題を明確にする拠点として
　②校長候補者を対象にした教育委員会・研修センター等で実施される短期的な研修プログラムを開発する際の枠組みとして
　③校長の養成をねらいとする大学院のカリキュラム開発あるいは授業づくりの共通基盤として
　④校長の選考・採用時における評価基準の作成における枠組みとして、
　⑤現職校長を対象に教育委員会・研修センター等で実施される短期的な研修プログラムを開発する際の枠組みとして
　⑥現職校長が自分自身職務遂行のあり方や自身の力量を振り返り、見つめ直す拠所として
そして、「本基準は、関係各者の幅広い意見を参考にしながら、本学会の研究活動を通じてさらに妥当性を確かめていかなければならない」という文章で結ばれている。この妥当性の検証という課題は、次の実践推進委員会に引き継がれることになった。

第2節　普及・研究活動と一部修正版（2012年）等の制定

　2009年6月、新会長として天笠茂氏が就任すると同時に、牛渡が第Ⅱ期実践推進委員会の委員長となった。第Ⅱ期実践推進委員会は、その研究活動を拡大するため、牛渡を代表とする科研費を申請し、2010年度から三年間にわたる科研費を獲得した（「専門職基準に基づく校長の養成・採用・研修プログラムの開発に関する実証的研究」）。この科研費を得たことで、実践推進委員会による専門職基準に関する研究活動は拡大することになった。まず、第一に行ったことは、国内の都道府県・政令市において行われている学校管理職

研修の内容と課題、及び、本学会による校長の専門職基準とこれらの研修との対応関係等について明らかにすることであった。そのため、全国アンケート調査及び15の県・市への訪問調査を行った。第二に、諸外国における校長の専門職基準と管理職養成改革の動向の調査である。アメリカ、イギリス、中国、カナダの調査を行った。第三に、2009年版の一部改正作業であった。これは、全国の教育委員会への調査等において、字句のわかりにくさや位置づけのあいまいさが指摘されていた。また、大会フォーラムにおいても、用語の見直し等が指摘されていた。こうしたことから、2009年版の理念や基本構造には手を触れずに、使用用語の一部修正や加筆等、マイナーチェンジにとどまる修正を行った。例えば、基準1の小項目（2）「ビジョンを抽出する」を「ビジョンを構想する」へ、また、基準4の「諸資源の効果的活用」を「諸資源の効果的活用と危機管理」に改める等9か所を修正し、「2009年（一部修正版）」としたのである。第三は、本学会の校長の専門職基準の英訳版を作成したことである。これによって、海外の関係者に広く本学会の基準を知ってもらうために役立つと考えたのである。第四に、本学会の校長の専門職基準の『解説書』を作成したことである。校長の専門職基準はきわめてシンプルに書かれているが、それだけに、基準や小項目の内容やそれらの内的関連性等については不明な点も多かった。しかし、この専門職基準を基に、具体的な管理職の養成・研修プログラムを各地で作成してもらうためには、より詳細な解説が必要であり、また、基準に対応したプログラムの事例等が示される必要があるとの立場から、『解説書』を作成した。第五に、校長の専門職基準に準拠したケースメソッド事例集の作成である。これは、専門職基準を活用して、管理職養成に向けた研修プログラム・教授法改革の教材として作成したものである。（これは、その後、2014年に花書院から『次世代スクールリーダーのためのケースメソッド入門』として出版された。）第六に、教育関係雑誌に実践推進委員会メンバーを中心として、管理職養成と校長の専門職基準に関する連載を行ったことである。専門職基準の認知度を上げるための活動であった。[4]

---

[4] 日本教育経営学会実践推進委員会編、前掲書、参照。

第3節　その後の普及・研究活動

　2012年6月、牛渡が日本教育経営学会の新会長に就任し、第Ⅲ期の実践推進委員会委員長に元兼正浩氏が就任した。第Ⅲ期の実践推進委員会の活動資金を得るため、再び牛渡を代表とする科研費を申請し、2013年度から三年間にわたる科研費を得ることができた（「「校長の専門職基準」を踏まえたスクールリーダー教育の可能性」）。この三年間は、これまでの実践推進委員会の活動を継続し、学会大会において、新たな切り口で、実践フォーラムを毎年開催した。さらに、これまでの科研費による研究をまとめた報告書や雑誌の掲載論文等をまとめて本として出版した（上記『ケースメソッド入門』及び『次世代スクールリーダーのための「校長の専門職基準」』、花書院、2015年）。また、ある地方教育委員会の管理職研修に関して、本委員会メンバーが企画に加わり、共同で、専門職基準に基づく研修プログラムを開発・実施した研究、「コンピテンシー」の視点から、イギリスの管理職研修改革に関する現地調査、民間人校長登用施策と力量の関連性に関する研究、教職大学院に期待される力量形成等、さらに多様な視点から、管理職養成・研修と専門職基準についての研究を行った（本書の内容）。

第4節　むすび－わが国における「校長の専門職基準」の意義と課題－

　以上のように、日本教育経営学会は、平成21年に、わが国では初めての「校長の専門職基準」を作成した。これは、同学会が、校長職を、学校経営の最高責任者としての確かな力量を持った専門職として位置付けようとして作成したものであるが、学校管理職を高度な専門職として位置付けるという見方は、今や、一般的なものになりつつある。平成27年12月、中央教育審議会は、「これからの学校を担う教員の資質能力の向上について」と題する答申を提出した。この中には、少なくとも今後10年以上にわたるわが国の学校と教師の新しい姿が描かれているが、同時に、これからの学校管理職に求められる姿を読み取ることができる。例えば、同答申においては、教師の発達段階に応

じた「教員育成指標」を都道府県・政令市単位で作成することが義務付けられることになったが、その中には、教師一般とは異なる「学校管理職の育成指標」も含まれることになった。これは、いわば、6年前に日本教育経営学会が作成した校長の専門職基準と同様のものが全国で作成されることになったことを意味する。また、同答申では、従来ミドルリーダーの育成を目的のひとつとしていた教職大学院に対して、今後は、学校管理職の育成を行うための管理職コースを設けるよう求めている。教育委員会による管理職育成のみではなく、大学院において、専門職にふさわしい力量を身に付けた学校管理職が必要な時代になったと言えよう。

　それでは、高度な専門職としての学校管理職の専門性の内実はどのように考えられているのだろうか。すでに述べたように、日本教育経営学会が作成した校長の専門職基準（平成24年に一部修正）においては、それは七つの基準で構成されていた。基準1は「学校の共有ビジョンの形成と具現化」、基準2は「教育活動の質を高めるための協力体制と風土づくり」、基準3は「教職員の職能開発を支える協力体制と風土づくり」、基準4は「諸資源の効果的な活用と危機管理」、基準5は「家庭・地域社会との協働・連携」、基準6は「倫理規範とリーダーシップ」、基準7は「学校をとりまく社会的・文化的要因の理解」であった。これら七つの基準による専門性の枠組みは、これからのわが国の教育の在り方を考える時にも、それとの関わりで管理職の在り方を考える際に有効な基準となるであろう。例えば、先述の中央教育審議会答申をこの基準に照らし合わせてみるとどのようなことが読み取れるだろうか。そして、そこからどのような管理職像が浮かび上がるだろうか。

　今回の答申の特色の第一は、「学び続ける教師」という教師像とそれを支える制度の創設である。民主党政権時の答申では、教員養成の高度化、修士化がうたわれたが、今回は、教職についてからの教師としての成長こそ重要であり、長期間の養成よりもむしろ教師となってからの研修を充実させることにより教師の専門性の高度化を図るという方針が示された。そのために、先述したように「教員育成指標」を作ることが義務づけられることになった。[5]

---

[5] 中央教育審議会答申「これからの学校教育を担う教員の資質能力の向上について」、2015年12月、pp.48~49

教員育成指標は、教師自身が自らの力量を確認し、将来に向けて専門性を伸ばしていくための指標として使われると同時に、教育委員会や管理職が、各教師の力量向上を支援するための指標としても使われることになっている。また、現在、教員の年齢構成のアンバランスが生じ、若手教員が多くなり、中堅教員の不足が指摘されている。答申では、こうした学校においては、積極的に学校のミドルリーダーを育てることも求められている。実際、従来の10年研も、今後、「中堅教員能力向上研修」に改革されることになった。教師の力量と専門性をどのように育み伸ばしていくことができるか、また、そのような教師の成長・発達を促すような学校の組織と風土をどう作っていくか、まさに、基準3「教職員の職能開発を支える協力体制と風土づくり」が、今後の管理職に最も期待される力量の一つであることが分かる。

　答申の第二の特色は、次期学習指導要領が求める新しい子ども像と学校像である。すなわち、現代のグローバル化や情報革新といった大きな社会的変化の中で、先の見通せない社会に適応するだけではなく、子どもたちが新しい社会を自ら創造できる能力を持つこと、そして、学校はそのような子どもを育てるために変わらなければならないとの認識がある。そのために、ICTを用いた授業や外国語教育の充実と同時に、新しい課題の発見と解決に向けて主体的・協働的に学ぶ学習（アクティブ・ラーニング）が導入されることになり、教科横断的に教育内容を組織化したり、そのような教育内容と、学校内外の人的・物的資源を活用し効果的に組みあわせる「カリキュラム・マネジメント」が求められた。さらに、こうした新しい理念と方法による教育活動に教師が専念できるよう、カウンセラーやSSW、部活指導員等、外部の専門的人材を導入し、教師と連携・協力しながら学校を経営する「チーム学校」も提唱されている。新しい教育を行うために、諸資源をいかに活用するかというだけではなく、いかに外部から入手するかという側面も含む、こうした「マネジメント的力量」が、これからの学校管理職には特に求められることになろう。これらを上記の「専門職基準」に対応させると、新しい教育内容と方法、評価の導入と実施に関わる力量は、基準2「教育活動の質を高めるための協力体制と風土づくり」に相当し、マネジメント的力量に関わる力量は、基準4「諸資源の効果的な活用と危機管理」に相当する。また、グ

ローバル化や情報革新等の大きな社会的変化を深く理解することに関わる力量は、基準7「学校を取り巻く社会的・文化的理解」相当するものであろう。

その他、答申では、基準5に相当する「地域との連携」の重要性も指摘され、それを大学における教員養成カリキュラムに必ず盛り込むことも提唱されている。なお、基準の1「ビジョン」と6「倫理とリーダーシップ」はいつの時代も管理職に当然必要とされるものであり、このように見ると、校長の専門職基準は、これからのわが国の学校管理職の望ましい在り方を考えるための枠組みとしてきわめて有効であることが分かる。

このように、今後の新しい校長の専門性を考えるためにも、日本教育経営学会が作成した「校長の専門職基準」が有効であったが、先述したように、平成27年12月の中教審答申において、校長の専門職基準と同様の「教員育成指標」を各都道府県・政令市ごとに作成されることになった。とすれば、今後、この「教員育成指標」がどのようなものとして位置づけ実施されるかが重要な課題となるであろう。ややもすれば、全国一律に教師や校長の力量を羅列して国が画一的な教師像や校長像を求めるものと考えられがちであるが、すでに述べたように、アメリカで実施されている教員や管理職のための専門職基準（スタンダード）は、各大学における多様な教員養成と教員や管理職の質の向上を両立させる手段として位置づけられていた。各大学のプログラムを画一化するためではなく、一定の枠組みの中で多様なプログラムを保証するもの、すなわち、「質と自律性」を保証するためのものと位置付けられている。従って、わが国でこの制度を導入した場合、この意味が理解されないと、教師教育や管理職養成の画一性を強化する結果となりかねない。実際、答申においても、地方で作成される育成指標は、「各地域の課題や特性を踏まえ、自主性や自律性が最大限発揮される制度となるよう配慮が必要である」「具体的な養成や研修の手法等については、養成を担う各大学や研修を担う各教育委員会の自主性、自律性にゆだねられるべきである」として、各地域や養成・研修機関の自主性・自律性を最大限担保することを求めている。また、国の役割に関しては、「高度専門職としての教員に共通に求められる資質能力、グローバル化をはじめとする大きな社会構造の変化の中にあって、全国を通じて配慮しなければならない事項やそれぞれのキャリアステージに応じ

て最低限身につける能力などについては、国が整備指針などにおいて大綱的に示していくべき」であるとしているが、それは「あくまでも教員や教育委員会をはじめとする関係組織の支援のための措置であり、決して国の価値観の押しつけ等ではなく、各地域の自主性や自律性を阻害するものであってはならない」と、国による整備指針が、国家による特定の価値観や教師像の押しつけとなってはならないことも強調されている。[6] 今後、この原則に沿った育成指標の作成を進めるためには、地域の関係者による「教員育成協議会」での研究・検討が進められると思われるが、本学会が作成した「校長の専門職基準」が一つのモデルとして参考にされることは間違いない。自律的な専門研究者集団が作成した本専門職基準が、各地方の育成指標作成に影響を与え、それを基にした養成・研修プログラムの質的向上に貢献できることは、学会の社会的使命としても大きな意味を持っていると思われる。今後各地で作られることになる管理職のための「育成指標」を基にして、わが国の学校管理職が真の専門職として育ち、学校のリーダーとして活躍することを期待したい。

（牛渡　淳）

---

[6] 中央教育審議会答申「これからの学校教育を担う教員の資質能力の向上について」、2015年12月、p.49

第 2 章
制度としての校長の地位の変遷

第1節　制度としての校長の成立

　本稿では日本の校長職の制度化の過程について、任用資格や職務規定など法的地位の変遷に着目し、専門職基準が求められるに至った背景を確認する。

1．校長職の成立をめぐる論点
1-1．校長職の成立前史
　周知のとおり、「学制」には校長職に関する記述は見られず、学制期（明治5年～12年）における小学校は、学区取締を補助する学校世話掛や監事といった「学校役員」によって管理されていたことが、所掌事務に関する当時の行政文書からうかがえる。たとえば「校中一切ノ事務ヲ管理」する等として校務管理が「学校役員」に期待されており、機能としては後の校長の職務に連なるような事務を引き受けていたものとみられる。ただ、実際には地方費の節減のために正・副戸長がこれを兼務している場合も多く、かような設置形態、任用方法、勤務形態などの点に鑑みると、これをもって校長の前身であると言うのは早計だろう。学区取締の補助として教育行政の系列に置かれながらも、実際には一般行政系列でその機能が担われることが多かった。

　歴史を少しでも長く語る傾向のある学校沿革史や先行研究の中には校長職の成立萌芽をこの時期にみるものもある[1]が、まだ学校の職員数も少なく内部管理機能も分化する以前のこの時期の学校管理は、一人で十数校を担当していた学区取締の補助として外部（地域の名望家など、町村民の代表として

の学校役員)による学校管理が中心であった。

1-2. 校長職の萌芽

　明治12年9月29日付で「学制」は廃され、「教育令」が同日交付された。ここで注目すべき変化は、小学区という人為的な教育行政単位を基底にした「学区取締」体制から、町村といった一般行政単位に依拠する「学務委員」体制に転換された点である[2]。このように一般行政系列に置かれた学務委員は教育令には限定的にその職務が規定されているものの、府県レベルの規則をみると教師の勤惰監督や人事、生徒の取締や教則、試験の選定など、いわば内的事項にまで幅広く及んでいることがうかがえる(学務委員事務章程など)。

　たとえば青森県の「学務心得」(乙第百六号)によれば、この学務委員の下に内部の「庶務・会計」など事務系列を担う「事務掛」と「生徒ヲ教導シ助教員ヲ進退監督スル」職として教育系列を担う「教員長」を置くとしている。

　この教員長については、「教師<u>即チ学校長</u>」を以下教員長と記すと書かれ、教員長の資格要件として、「官立師範学校ニ於テ小学師範学科ヲ卒業スル証書ヲ所持スルモノ」などと規定されている。その後二度にわたり資格要件の緩和が行われているのは実際に人を得るのが困難であったことを物語っている。一つの学校に複数名いるわけではない正規教師がイコール学校長、イコール教員長という位置づけであった。そのため今日の校長とストレートに結びつけるには少々無理があるが、学校内部にいて所属職員の能否勤惰の監督責任を担当していた面ではその萌芽の職といえよう。なお、この時期から徐々に「校長」の職名が散見されるようになる。

---

[1] 牧昌見『学校経営と校長の役割』ぎょうせい、1981年、140頁によれば明治10年頃と書かれてあり、高野良子『女性校長の登用とキャリアに関する研究—戦前期から1980年代までの公立小学校を対象として』風間書房、2006年に至っては、1873 (明治6) 年に登用されたとする毛利勅子 (岩国藩毛利元美夫人、在任年数不明) をわが国における、初の女性校長の嚆矢」(43頁) として言及している。
[2] 金子照基『明治前期教育行政史研究』風間書房、1967年、123頁。

1-3．校長職の成立

明治14年6月15日に制定された「府県立町村立学校職員名称並ニ准官等」（太政官達第52号）に初めて小学校の「長」が法令上定められた。当初は改正教育令48条の準拠規則として教員の名称及び身分取扱いについてのみ制定するはずだったものが、ここで校長職にまで踏み込んで位置付けたのはなぜだろうか。その疑問を解く鍵が次の2つの伺にあったとみられる。

明治14年3月1日付で山形県より「町村立学校ハ学務委員之ヲ幹理スト雖モ毎校便宜ノ為メ校長教頭及ヒ幹事々務掛等ヲ置モ妨ケナシ…」

同日付で熊本県より「校長雇入候儀開申候向有之…校長ノ儀モ其町村人民ノ具申ニ依リ進退共其辞令書ヲ交付シテ不苦哉」（いずれも文部省日誌より）

こうした校長職の設置に関わる照会が地方より届き始め、これらに応える形で同年5月、太政官への稟請がなされた[3]。6月の太政官達52号に校長が位置づけられたものの、その詳細は全く明らかにされておらず、以後も地方からの照会が相次いでいるが、ほぼ「伺之通」としているのは国家としての意思で設置した職ではなく、地方の声を吸い上げた結果（法の上昇機能）とみられる。教授管理など内的事項の増大は、教育の専門家である校長を要請する一因ではあったが、他方、校長職の設置は自由民権運動の高まりを背景に教員管理統制の強化策として要請された面もあり、当時の「校長」は一般行政系列に近い位置にある場合も多かった。その後も明治19年の閣令35号で「学校長」の名称が示される以外、その任用方法や職務等について第2次小学校令制定（明治23年）までは中央レベルの法制で規定されず、地方で多様に展開されていくこととなった。

2．戦前期校長の制度的地位の再検討

本節では第2次小学校令以降の校長の法的地位について、身分・地位、資格・任免、職務・服務といった分析枠組みでこれを概観する。

---

[3] 倉沢剛『小学校の歴史Ⅳ－府県小学校の成立過程　後編－』ジャパン・ライブラリー・ビューロー社、1971年、268頁。

2-1. 待遇官吏など身分・地位

　明治23年10月に改正された小学校令（勅令215号）＝第2次小学校令では「多級ノ学校ニ学校長ヲ置クヘキ場合…文部大臣之ヲ規定ス」（13条）とされ、これを受けて翌24年、学級編制等ニ関スル規則（文部省令12号）において「小学校ニ於テ<u>三学級以上ヲ設クルトキハ</u>学校長ヲ置クヘシ」（11条）とされ、たとえば尋常小学科2学級と高等小学科1学級の併設によって3学級以上の場合も、高等小学校の首席訓導に学校長の職を兼務させる等によって設置がすすめられた。また、その待遇については同24年6月の勅令73号で「判任官待遇」として判任官に準じられていたものの、7月の「判任官俸給令」（勅令83号）制定に伴い、11月の勅令218号では「判任文官ト同一ノ待遇」に改善された。判任官に位置付けられて以来、その席次なども問題となり、この時点ではまず①等級（配当表）順、そして②俸給額の順となり、①も②も同じ場合には校長が訓導より優先されるということで、校長か訓導かという職位の上下は等級（判任1等〜判任5等）や俸給（月俸50円以上〜20円未満）の差よりも小さかったことがうかがえる。

2-2. 訓導兼務制など資格・任免

　明治23年第2次小学校令（勅令215号）では「市町村立小学校長ハ府県知事<u>其学校ノ教員中ニ就キテ之ヲ兼任スル</u>モノトス」（59条）とされ、翌24年の「小学校長及教員ノ任用解職其他進退ニ関スル規則」では「市町村立小学校長ハ本科正教員中ニ就キ兼任スルヲ常例トス」（2条）として、「正教員兼務制」原則がここに誕生した。

　問題となるのは、従来かなり多くみられた複数学校の校長職を兼務する者の取扱いである。「其学校ノ教員」に兼任させるという文言に抵触するからである。地方からの照会に対し文部省普通学務局長は「執務ニ障碍ナク」「其他教育上弊害ヲ生スル處ナキ場合」は「差支無」と回答している。これに対し、むしろ厳しく取り扱われたのは専任校長に対してで、「検定ノ上資格ヲ與へ」「訓導兼校長トスルハ差支ナキ」とするが、一方で「専任校長ヲ置クコトハ不都合」と回答している。あくまで教育活動も担当できる者こそが校長としてふさわしいと考えられており、日本的校長像の萌芽がここにうかがえよう。

2-3．職務・服務

　校長の職務や服務については明治24年の「小学校長及教員職務及服務規則」（文部省令21号）においてはじめて明らかにされた。「学校長ハ校務ヲ整理シ所属教員ヲ監督スヘシ」（2条）として今日にも連なる包括的な校長の職務規定が提示された。これを受けて各府県において「小学校長及教員職務服務細則」の類を制定している。詳細は論じられないが、①校務、②校舎内外、③文書、④教師、⑤授業、⑥生徒など管理する対象は多岐にわたり、こうした管理業務が校長の職務の中心として位置付けられていた[4]。なお、生徒管理に関する規定が徐々に削除されていることが窺え、かわって祝日大祭日の儀式などが増えている。また服務規定が詳細に追加されている。明治33年の第3次小学校令になると、包括的職務規定が「所属職員ヲ統督ス」（133条）に改められた[5]。これを対象の拡大として権限強化とみる立場[6]と従来の再確認にすぎないとみる立場[7]に二分されている。さらに昭和16年の国民学校令16条②では「地方長官ノ命ヲ承ケ」という文言が規定の冒頭に加わり上意下達の指揮命令関係が貫徹されたとみられている[8]。

第2節　戦後の校長の地位の転換

1．戦後教育改革にみる校長制度

　戦後の校長の包括的職務規定は学校教育法において「校務を掌り、所属職員を監督する」（28条3項）と定められた。さきの国民学校令と比較すると「地方長官ノ命ヲ承ケ」のくだりが再び削除され、校務は整理ではなく掌理するものとされ、また職員の統督が監督に改められた。現行法制では37条4項

---

[4] 元兼正浩「明治後期における小学校長の職務遂行状況－佐賀県内5小学校の学校日誌を手がかりとして－」『九州教育学会研究紀要』第25巻、1997年、15-23頁。
[5] 平井貴美代「戦前日本における校長職の成立過程に関する一考察」『日本教育経営学会紀要』第40号、1998年。
[6] 平原春好「講座・教育法制史4　小学校教師の身分・待遇と職務権限」『季刊教育法』第4号、1972年夏号、200-201頁。
[7] 高野桂一『高野桂一著作集　学校経営の科学　第1巻　基礎理論』明治図書、1980年、278頁。
[8] 荒木茂久二・熊埜御堂定『国民学校令正義』目黒書店、1941年。

と条番号が変わり、「掌り」が「つかさどり」と平仮名表記になったものの、この表現は戦後改革期より変更されていない。ただ、校務概念や監督の範囲などその解釈をめぐっては戦後の論争点の一つに挙げられるほどのイシューであった。以下、戦後改革期に校長がどのように制度化されたかを確認する。

1-1. 立法者意思にみる校長の職務

　校務の概念をめぐっては、端的に言えば教諭がつかさどるとされる「教育」を「校務」の中に含めるか否かの論争であった。すなわち、校務を「学校としてなすべきすべての仕事」として広義に捉え、学校本来の仕事である教育もそのなかに当然に含まれるとする立場と校務を「学校全体としてなすべき業務」として狭義に捉え、個々の教職員がつかさどる「教育」「養護」「事務」（学校教育法28条6・7・8項）は当然に除くべきとする立場に大別される。
　前者の考え方は、1959（昭和34）年に開催された文部省主催の公立小・中学校長研修講座で初めて提起され、以後、中央研修のテキストである『学校管理法規演習』（文部省地方課法令研究会編著、第一法規、1972年）など文部省筋の多くの文献でも紹介されてきたように、行政解釈として今日まで広範に支持されてきた（包括説）。これに対し後者の考え方は教員組合など教育運動論に多大な影響を与えてきた有力な教育法学説として位置付けられる（峻別説）。この峻別説をもって教権独立など校長の管理権限が教室に及ばないことの主張根拠とされるなど、対立図式の象徴となった。
　ただ、立法者意思を確認すると、1947（昭和22）年3月24日の第92回帝国議会貴族院教育基本法特別委員会において、羽田亨議員から「校務とはどういったことを指すのか」という質問がなされており、日高第四郎政府委員は「主として学校行政事務、教育行政事務、そう云うこと」を指すと限定的な解釈を答弁で示している。さらに羽田議員から校長は教育の方法には関与しないのかという質問がなされ、「校長としては必ずしも教育はしない」（但し、訓話は行うことができる）と答えている。
　所属職員の監督者として教育方法に関与する可能性は示唆されているが、職務領域は狭義の行政事務に限定されており、教育活動も基本的には行わずせいぜい訓話にとどめられると解釈されており、1951（昭和36）年発行の

『改訂版　校長の職務と責任』第一公報社、あたりまではこうした議事録を紹介し、文部省課長であった著者・安達健二も後者の解釈（峻別説）のほうがすっきりしていると思うと言及していた（同書54頁）。

1-2．校長免許制度の創設と改廃

　校長の設置それ自体については「学校には、<u>校長及び相当数の教諭を置かなければならない</u>」（学校教育法7条）とされた。必置が予定された校長は専任の独立職であって、戦前のような訓導（教諭）による兼務制ではない。また、その資格として「校長免許状」が求められたことは看過できない。

　1947（昭和22）年1月にCI&Eは校長や教育行政官の職に免許制度を創設するよう指示し、これを受け同年5月には学校教育法施行規則で「校長は、校長免許状を有するものでなければならない」と定めた。校長の免許制度に反対する日教組は大学で一定の単位を修めることで授与される仕組みに特に反対し、結果、1949（昭和24）年5月に成立した免許法によって、大学における教職に関する科目についての最低取得単位数（校長一級普通免許状で45単位、二級で30単位）のほか、一定の在職年数（校長一級普通免許状で5年、二級で3年）が基礎資格として加えられた[9]。

　免許状取得のために必要な履修科目として、校長の場合は教育評価、学校教育の指導及び管理、教育行政学（教育法規、学校財政及び学校建築を含む）、教育社会学及び社会教育が挙げられている。

　教育長には、教育行政学、教育関係法規、教育財政学、学校衛生及び学校建築、教育社会学及び社会教育、そして指導主事には教育評価、学校行政学、職業指導、教育社会学及び社会教育、教育心理学及び教科教育法、指導主事の職務及び指導実習が具体的に例示されている。

　周知の通り、CI&Eの指示により九州大学など旧帝国大学系の教育学科はこうした学校指導者の養成などに対応するために学部に昇格したとされる。かかる大学ではIFEL（教育指導者講習会）とよばれる集中的な研修が1952

---

[9] 高橋寛人「学校指導者免許制度の誕生と挫折」『学校指導者－教育長・校長・教頭・指導主事の養成』季刊教育法、1998年3月臨時増刊号、115号

（昭和27）年まで8期にわたって開催された（総計3,621名受講）。

　ただ、実際には有資格者の量的確保は追いつかず、大学やIFELで受講をしなくとも在職年数が僅か3年だけで仮免許状を得ることができ、免許状は有名無実化していた。1950（昭和25）年10月の教育刷新審議会は第33回建議では、学識経験に富み、人格識見の高い者に校長へ特別任用の道を開くよう提言がなされている[10]。

　経験重視を主張する日教組が再び免許改廃を要求し、1952（昭和27）年11月には校長等の免許制度を廃止し、豊かな教育経験を持つ教諭の中から選任されるべきと主張。結局、行政事務の簡素化や教育科学の未成熟を理由に廃止され、1954（昭和29）年4月からは、代替措置として①教諭の一級普通免許状の所持と②5年以上の教育関係職の在職経験という「任用資格」が教育公務員特例法に盛り込まれることとなった。

2．校長政策の展開過程の再検討
2-1．1950年代以降の校長政策

　いわゆる逆コースとよばれる1950年代は上記のように校長政策も大きく転換が図られていった。たとえば1956（昭和31）年1月5日付の初中局長回答で「校長は職務上の上司である」として校長の性格づけに関する新たな見解が示されたことは注目される。この時期から教職員に対する校長の職務権限強化、「管理職化」の動向が看取できるからである。1958（昭和33）年に給与負担法1条が改正され、半額国庫負担の「管理職手当」制度が導入された。これにより校長ら「管理又は監督の地位にある職員」（一般職給与法10条2①）に対して管理職手当が支給されることとなった。また、1966（昭和41）年のILO87号条約の批准にともない公務員法が改正され、校長や教頭は一般職員と同一団体を組織できない「管理職員」（国公法108条の2③・④、地公法52条③・④）として、人事院・人事委員会規則で指定されることにもなった。

---

[10] 髙橋寛人「学校指導者免許制度の誕生と挫折」『学校指導者－教育長・校長・教頭・指導主事の養成』季刊教育法、1998年3月臨時増刊号、115号、10頁。

1956（昭和31）年の地教行法の制定に伴い、校長の任用資格規定はさきの教特法から学教法施行規則に移行されたが、要件の文言自体は全く変化していない。しかしながら、その後しだいに全国的に導入されていく管理職試験の受験資格にはこれよりもかなり厳しい条件設定がなされている。①年齢－上限・下限、②教職・教頭経験年数、③所持免許状、④地教委や所属長の推薦、⑤その他（へき地勤務経験など）によるしばりである。

　また、この時期の校長の職務に関しては勤務評定の導入や学校管理規則の制定による職務権限の拡大の傾向が指摘できよう。そもそも教員の勤務評定を校長に行わせる法的根拠は必ずしも明確でないが、にもかかわらず勤評の実施により校長を第一次評定者として位置付けたことは、後述のように実質的に校長の職務内容（職務権限）の範囲を拡大する結果を招いた。加えて、この時期は学校管理規則が全国的に制定され、教育長「試案」では校長に対し、教育課程決定権ならびに校務分掌決定権を付与する旨を、さらには人事管理権までも大幅に認めている。こうした校長の職務権限強化の背景には当時の重層構造論や特別権力関係論の理論的支持があったといえる。

2-2．勤務評定による校長の地位の転換

　この1950年代の校長の地位転換の一例として、勤務評定の導入が与えた影響について少々生々しい経緯を確認しておく[11]。勤評問題の嚆矢は、愛媛県教委が1956（昭和31）年11月の定例委員会において勤務成績の評定を参考に教職員の昇給昇格を行うことを決定したことに端を発する。一般的には、同県が1956年度から地方財政再建促進特別法の適用県となり、この赤字を解消するために7割の教職員の分しか定期昇給の財源を捻出できず、残り3割の教職員の定期昇給を抑制するにあたって、勤務成績の評定を実施するようになったと説明されてきた（地方財政の窮乏化を糊塗するためという財政的理由）。ただ、財政問題は表面的な理由にすぎず、翌年より赤字解消実現可能となった後も継続している。

---

[11] 元兼正浩「教職員の勤務評定制度と校長の地位」『教育行政学研究』第8号、九州大学教育行政学研究室、1993年に詳しい。

革新系優勢だった当時の愛媛県の政治情勢によるところがむしろ大きく、保守陣営の「組合対策」という政治的意図が勤評導入の推進力になっていた。白石春樹自民党県連幹事長（のちに知事）の「勤評を実施して昇給できる教員と落ちる教員を作れば、教組は必ず割れる」の言が象徴的である。白石幹事長は上記の弁に続けて、「実施の責任者である校長はきっと組合の圧力にたえかねて教組を離脱するだろう。校長のいなくなった教組が弱体化するのは火を見るより明らかだ」と述べており、勤評実施による組合分断・弱体化のための標的として校長を捉えていた点は注目できる。

事実、勤評実施によって矢面に立たされたのは校長たちであった。愛媛県教育史を紐解くと、1956（昭和31）年11月の当初は「勤評実施不可能」という立場を打ち出していたが、「われわれは現在県教組の組合員であると共に、一校をあずかる校長という立場にもある…（中略）…勤評というような重要なことは、県教組とは全く別個に校長職という立場から研究討議すべき」といった意見も示され、必ずしも一枚岩ではないことが露呈された。その後11月20日の松山市校長会（緊急会議）では「組合員としての活動と校長職としての立場とを両立させること」の限界性が確認され、他地区の全校長がボイコットした県教委主催の勤評説明会に出席するなど微妙なスタンスを取り続け、結局12月11日に20名の校長が組合を脱退した。その後も「評定の反対と独自の内申書提出」という県教組の方針にも関わらず、最終的には一郡をのぞく県下全域の校長が評定書を提出するに至っている。このように校長に対する「管理者」性の認識・自覚の醸成は、校長を評定者、教員を被評定者として位置付ける勤務評定制度の実施が導く必然的帰結ともいえるだろう[12]。

評定書の提出を拒んで孤塁を守り続けていた郡の校長34名は四ヵ月減給という異例の懲戒処分を受け、さらに翌年もへき地などへの「報復人事」が行われるなど、結局、校長個人が前面に立たされ、さきの白石の予測どおり組合脱退に至った。「いったん組合を離れた校長の大部分は完全に権力者の番犬

---

[12] 藤原文雄は「『おやじ』と呼べない校長」と題してこの問題を取り上げている（藤原「学校改善と校長のリーダーシップ」浦野東洋一編著『現代校長論』、同時代社、1997年）。なお、学校経営における校長の立ち位置の変遷については同論考が詳しい。

となり…」[13]と指摘されるように、その後の校長の変貌ぶりは大きく、しかもそれは全国どこでも同じような状況が起きている。文部省－県教委－地教委－校長－教職員といった上意下達の中継点としての校長の復活である。

第3節　専門職としての校長職の検討

　以上のように、戦後改革期に構想された独立職（専門職）としての校長像は校長免許制度（それに伴う養成制度）が十分に機能できず、また経験重視という戦前の正教員兼務制にみられる「教育者校長」像からも離陸できないまま未完に終わった。加えて、逆コースとよばれる1950年代の教育政策の波を直に被り、勤務評定制度やその後の教頭の法制化・主任の省令化や管理職試験の導入、行政研修の体系化などの諸施策によって行政機関の末端としての役割が強められることとなった。だが、1990年代後半より、そうした状況にも少しずつ変化が認められる。本節では分権改革以降の動向を追いながら、専門職としての校長像が求められるに至った背景を再確認する。

1．校長職をめぐる今日的政策動向
1-1．1990年代後半以降の背景
　今日の教育改革の源流をどの時点まで遡るかについては諸説みられるが、校長政策についていえばやはり90年後半の分権改革の時期となるだろう。当時の橋本龍太郎首相肝いりの「教育改革」は1997（平成9）年1月にスタートし、それまでの「橋本5大改革」の延長線で行政改革の一翼を担わされ、「地方分権（権限移譲）」や「規制緩和」といった理念の下で推進されることになった。新自由主義的改革を指向する「安上がり」体質はNew Public Management（以下、NPM＝新公共経営論）とも親和的であった。
　周知のように、ＮＰＭは民営化や民間委託など市場メカニズムを活用する仕組みを用いて公共部門の減量を図るというものばかりではなく、公共サー

---
[13] 田川精三「愛媛県の勤評闘争（戦後教育史への証言6）」『現代教育科学』No.99、1966年2月号、242頁。

ビスの執行に係る権限を実際の管理者に委譲し、管理者に効率的・効果的な管理を行わせることにより、より少ない予算で、より充実した公的サービス供給を確保しようとする行政手法でもある[14]。

　機関委任事務の廃止など、一般行政の分権改革にリードされながら、教育行政においても文科省（国）と県教委（地方）との政府間関係が見直され、1999年地教行法が改正された。また市町村レベルでも学校管理規則の改正など教育委員会と学校との関係に僅かながらも変化がみられるようになった。

　School Based Management など当時の国際動向でもあったが、学校に基礎をおいた教育改革が脚光を浴び、そのキーパーソンとしての校長に高い関心が集まるようになった。権限移譲に際しての阻害要因は「下級機関」の体力や能力ともいわれるように、自律的な学校経営実現の成否は校長らスクールリーダーの資質力量次第と考えられるようになったからである。

1-2．任用資格の緩和化

　「分権化」による権限拡大に伴って、「管理者」である校長の質の向上を図る場合、免許制度の復活（それに伴う研修の強化）など資格条件の底上げを図るのが自然であると思われるが、実際には真逆の方向の改革＝任用資格の「規制緩和」がすすめられた。ハードルを下げることにより参入障壁を低くし、外部から優秀な人材を流入させて質を確保しようとする考え方である。

　これまでも管理職試験の受験資格の年齢制限を緩和して若手の登用を促したり、推薦やへき地経験などを撤廃して女性の積極的な登用を打ち出したりしてきたが、いずれも教員であることを前提とした内部での話であり、また任用資格という省令（学教法施行規則8条）改正レベルの話でもなかった。

　1998（平成10）年3月の中間報告で「幅広く人材を確保できるような途を開く観点から、校長及び教頭の任用資格の見直しについて検討する必要がある」と指摘された。民間人校長の誕生が騒がれたが、最終的には教育委員会など「教育に関する職」に10年以上就いた経験があれば教員免許状を持たずとも校長に就任できる道が開かれた（公務員校長の誕生）。

---

[14] 鈴木敦・笹口裕二・中尾晃史『行政マネジメント用語101』東京法令出版、2001年、85-86頁。

さらに2000（平成12）年1月の学教法施行規則一部改正では教員免許状、「教育に関する職」の経験、そのいずれも有しなくとも、県教委がそれらと同等の資質を有すると認めれば（9条の2）という大幅な規制緩和によって「民間人校長」誕生の途も開かれた（詳細は第Ⅲ部第3章を参照）。

当初はこうしたオルタナティブなコースを設けることにより、年齢構成上枯渇した「業界」内部からの人材登用とは別に、外部の人材プールから優秀な企業管理職経験者を呼び込む算段だったようだが、必ずしも思惑通りにはいっていない。任用資格規定の緩和はその後、教頭職にまで及んだが、民間出身の管理職登用は伸び悩んでおり、ただ参入障壁を撤廃するだけでは優れた人材の確保に繋がらないことを物語っている。

2．専門職としての校長制度
2-1．校長職の専門性確保をめぐって

かつて市川省午（1986）が教師＝専門職論の再検討の必要性を論じたのは、それが自明視されているほどには十分な吟味がなされていないのではないか、職務の重要性が地位・待遇の根拠にはなり得ても専門職であらねばならない根拠にはなりえないという教育界への警鐘であった[15]。この指摘は「専門職としての校長」という言い回しに対しても同じ問いを突き付けることだろう。

たしかに駆け足で概観した校長の身分・地位、資格・任免、職務・服務といった制度的な位置づけを歴史的にみた場合、教師のそれともちろん異なるものだが、ただそれをもって校長＝専門職であるということはできない。

代表的な先行研究である小島弘道（2004）の提言では、校長の専門性とは「学校経営場面において直面する様々な問題や課題に対して、主体的かつ自律的に対応し解決するための具体的行動をとることができることにある」[16]とする。そして校長の専門性の中核部分が職務遂行（パフォーマンス）に置かれるべきゆえ、高度で幅広い理論知と、経験的に獲得されてきた実践知、さらには使命感や責任感などの諸要因が結合される必要を唱えている。

---

[15] 市川昭午編『教師＝専門職論の再検討』教育開発研究所、1986年。
[16] 小島弘道「政策提言」『校長の資格・養成と大学院の役割』東信堂、2004年。

具体的には任用資格にある「教育に関する職」の従事経験を前提にして、それに加える形で、組織的、計画的に力量形成を行う場を大学院などで確保するという提案であった。たしかに当時、九州大学、岡山大学、千葉大学、…とスクールリーダーの養成や学校組織マネジメントを標榜した夜間を主とする専攻開設が相次ぎ、兵庫教育大学など新構想教育大学などの改組もあり、様々な情報交換や学会報告が盛んになっていった（例えば日本教育経営学会ラウンドテーブルなど）。

日本教育経営学会主催特別公開シンポジウム「スクールリーダーのための専門大学院を構想する」（2001（平成13）年10月20日　於：筑波大学学校教育部）のプログラムでは、「スクールリーダーに求められる資質・能力」（岡東壽隆）、「スクールリーダー養成のカリキュラム」（白石裕）、「スクールリーダーの養成と大学院の役割」（中留武昭）といった構成である。やはりここでも課題となるのは校長職とはいったいどのような専門職であり、どうすれば育つのかというそもそも論をどう把握するかという根本命題であった。

2-2．校長の専門職基準への期待と課題

制度としての校長職には、そもそもどのような役割を①社会的文脈から、②文化的な枠組みから、そして③人々の現実認識から期待されているだろうか。佐藤・山田（2010）はこうした三つの要素がワンセットになって制度が構成されてり、これを分析するためには、「制度」がどのような歴史的文脈において、いかなる「文化」や「理念」に影響を受けながら作り上げられたのか、その経緯をみなければならないと論ずる[17]。

校長の養成や採用・選考、研修、評価そして自己啓発の際の基準などとして様々な場面での活用を目指して提案された「校長の専門職基準」（日本教育経営学会）は多くの時間をかけた議論を経て作成されたものであるが、専門職としての校長について検討するためのタタキ台にすぎず、不断に検討され、今後も更新されていくべきものである。もともと米国のプロフェッショナルスタンダードをベースとして作成したものであるため、基準が日本的文脈に

---

[17] 佐藤郁哉・山田真茂留『制度と文化』日本経済新聞出版社、2010年。

適応しているかなどがかねてより課題とされてきた。加えて、ここ数年でも「チームとしての学校」や「地域とともにある学校づくり」など新しい政策アイディアが示され、校長への役割期待にも変化が認められる。

　しかも、こうした「制度としての校長」は歴史的文脈を大きく引きずってきており、いまだ明治後期あたりからの「日本的校長像」の残滓が経路依存的に我々の意識を覆っている部分もあるだろう。今回は紙幅の制約もあって、本稿ではスポット的なラフスケッチになったが、新制度論の枠組みを用いた動態的な制度史研究が求められていることを指摘しておきたい。

（元兼　正浩）

＜参考文献＞
安達健二『校長の職務と責任－法的解釈－』第一公報社、1952年
金子照基『明治前期教育行政史研究』風間書房、1980年
高野桂一『学校経営の科学　高野桂一著作集』明治図書、1980年
牧昌見『学校経営と校長の役割』ぎょうせい、1981年
中留武昭『学校指導者の役割と力量形成の改革』東洋館出版社、1995年
日本教育経営学会実践推進委員会編『次世代スクールリーダーのための「校長の専門職基準」』花書院、2015年

第 3 章
米国における校長養成の制度展開

第 1 節　課題の設定

　米国では、連邦憲法修正第10条により教育は州の専権事項とされ、各州は州憲法その他法令により教育制度を規定している。大半の州は下位機関としての学区（school district）を設置し、公立学校の設置管理、教員の雇用等についての権限を委ねている（学区は固有の課税権をもち独立性が強い）。教員養成に関しては、各州が教員及び学校管理職等の免許制度を管理し、免許種設定やその養成機関の認可を行っている。この免許制度のもとで、教員の養成は主に 4 年制大学（リベラルアーツ・カレッジや総合大学）、学校管理職の養成は大学院が担ってきた。

　本章では、米国における校長養成の制度展開について、特に1990年代後半以降の学校管理職資格の州間共通基準（ISLLC 基準）の開発を受けた、州レベルの免許制度・プログラム認可制度の変化、校長養成を主に担う大学院プログラムの変化について考察する[1]。

---

[1] 米国における ISLLC 基準の内容・変遷・学校管理職養成への含意について、国内研究としては、大竹（2001・2015）・浜田（2007）・山崎（2011）をはじめとする先行研究があり、日本教育経営学会においては同基準も参考にした校長の専門職基準が開発されている。一方、同基準を踏まえた州レベルの校長の資格・養成制度の展開や基準をめぐるアクター間の関係については、牛渡（2015）の言及はあるものの、研究蓄積は必ずしも多いと言えない。本稿はこの点の解題を意図している。

第2節　校長の役割期待の変化

　歴史的に、米国の校長には、学校の設置管理に広範な権限をもつ学区の行政系列下での、予算・施設管理等の管理的業務を中心とする職務遂行（教育長の代理執行官的性格）が期待されてきた（中留1995）。しかし、1980年代以降、学力低下・非行問題の深刻化に端を発した教育改革が進展するなかで、学校管理職の位置づけ・役割期待には変化が生じた。

　1980年代後半、教育行政の権限再編（学校の裁量拡大）と意思決定の共同化（学校協議会制度）を柱とする「学校を基礎とした経営（School Based Management：SBM）」施策の全米規模での導入が進むと、校長に、裁量を増した単位学校の責任者として学校内外の組織要因を教授・学習活動の質的向上に結びつける「教授上のリーダーシップ（instructional leadership）」の発揮が期待されるようになった。また、2000年代以降（特に初等中等教育法2002年改正法（No Child Left Behind Act：NCLB法）制定後）は、各州での教育スタンダード策定・州統一学力テスト実施を核とする教育アカウンタビリティ制度確立の文脈において、上述の校長の役割期待が強化された。学区のミッション・戦略計画を踏まえつつ当該校の強化ポイントを的確に判断し、生徒の学業達成や多様な教職員の質的向上を促進するリーダー行動が、学校管理職に求められている（大野2014）。

　ここで、2013年実施のOECD国際教員指導環境調査（国立教育政策研究所2014）を概観すると[2]、校長が一年間で採ったリーダーシップ行動として、学校事務のチェックといった管理的な仕事以上に、「教員が担当する生徒の学習成果について責任を感じるよう」な具体的取組をはじめ、指導実践開発への支援、教員の指導能力向上への取組が積極的に選ばれている。職務時間の配分でみると、管理・統括に関する業務等は30.0％、教育課程や学習指導に関わる業務等は24.8％と均衡している。ここに、米国の校長に指向されてい

---

[2] 同調査においては、米国は実施率（回答率）が国際ガイドラインの定める基準に達しなかったため、参考データとして結果が示されている。

る学校改善上のリーダーシップ（生徒の学業達成の重視）の実相がうかがえる。

第3節　校長の属性と学校組織環境

　米国の校長（公立学校）の属性を、年齢構成を中心に確認してみたい（図1）。まず注視できるポイントは、40歳未満または40歳代の年齢層の校長が相当割合で存在することである。これは、同国に管理職の養成制度が確立しているためであり、校長の98％（2011-2012年度）が修士以上の学位を有することに裏付けられる（40歳未満の校長の場合、教職経験は平均7.6年とやはり短い）。さらにもう一点のポイントとして、この20年ほどの間に校長の年齢に変動が生じていることを指摘したい。再び図1をみると、1993-94年度の校長の年齢構成は、概ね年齢に比例して増加する形となっている。一方、2011-12年度においては、40歳未満及び55歳以上の年齢層の割合が高く、二極化傾向にある。つまり、2000年代前半の大量退職期に、ポストの多くが若年層校長に置き換えられたと推察される。

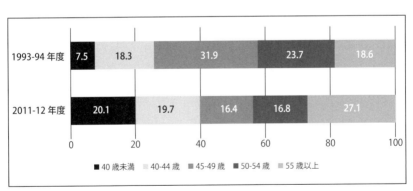

（National Center for Education Statistics（2015），*Digest of Education Statistics 2013*, p.151より筆者作成。数値はパーセント。）

図1　校長の年齢構成

また、校長の勤務する学校の組織環境として、校内の職員構成について触れたい。米国の学校組織の特徴として、教職員の多様性が挙げられる（表1）。公立初等・中等学校（学区雇用職員）における校長（及び副校長）・教員の割合は50%台半ばに過ぎない。残り半分は、指導助手、司書、進路指導カウンセラー、事務系・教育系サービス補助職員といった専門スタッフとなっている（特別支援やバイリンガル教育補助教員、学校心理士、言語療法士、秘書、食堂係等を含む）。同国では、1965年の初等中等教育法制定を端緒に、専門スタッフ（特に指導助手や補助職員、また学区行政職員としてのコーディネーター）の割合が増えてきた。最近においては、2002年成立の同法改正法（NCLB法）により、同法に規定する専門スタッフの資格要件厳格化が図られている（国立教育政策研究所2013）。この動向は、児童生徒の学習・規律面の課題によりよく対応・解決するための、校内教職員の多様な専門性の活用や統合（協働化）を促進する力量を、SBMに基づく学校協議会等での家庭・地域との関係構築力量とともに、単位学校の校長に強く求めることになる。

表1　学校の職員構成（フルタイム換算）

	学区行政担当職員	校長・副校長	教員	指導助手	司書	進路指導カウンセラー	補助職員
2011年	2.1%	2.7%	50.6%	11.6%	0.8%	1.7%	30.5%

（National Center for Education Statistics (2015), *Digest of Education Statistics 2013*, p.152より筆者作成。）

第4節　米国の校長養成制度の改革

　米国では、一般に、各州が教員免許制度に校長を含む数種類の学校管理職免許を位置づけ、校長免許の取得要件として「教員免許の所持」「教職経験（3～5年）」「修士以上の学位所持」「課程認可を受けた大学院プログラムの単位取得」等を課している。そして雇用については、学区単位で公募を行い、校長免許保持者の中から選考・採用を行っている。このように、同国では「大学院レベルでの校長養成」が制度的に確立している。

ただし、従来（概ね1980年代まで）の校長（学校管理職）養成制度については、州間での免許取得要件・認可基準の差異（認可の緩さ）、大学院プログラムの体系性・効果性の欠如（現実の仕事との関連の薄さ、講義形式中心の教育方法、科目配列の職能発達への配慮の薄さ等）、入学の安易性（入学基準の低さ）といった課題が指摘された（加治佐2005）。

 1980年代後半以降、校長の新たな役割期待や大量退職期への対応課題が具体化するなかで、同国では校長養成制度の質的改善が進められた。

 その第一として、学校管理職資格の共通基準の開発が挙げられる。同国では、学校管理職養成に関係する大学協会・実務家団体の合同組織化が進み、学校管理職資格の基準開発及び学校管理職養成プログラムの指針開発の議論が進展した。特に州教育長協会（Council of Chief State School Officers：CCSSO）後援を受けた、州間学校管理職資格付与協議会（The Interstate School Leaders Licensure Consortium：ISLLC）の開発による専門職基準（1996年「学校管理職のための基準」、2008年「教育リーダーシップ政策基準」、以下「ISLLC基準」）が大きな影響力を持った（CCSSO1996・2008）。同基準は、参加団体の協働により、同国の学校改善・リーダーシップ研究の蓄積を活用する形で開発された。

 動向の第二として、2002年のNCLB法成立に前後して、各州で学校管理職免許制度改革が進み、ISLLC基準を参考にした州学校管理職基準・養成プログラム認可基準の策定や免許取得後の現職研修制度の再編等がなされた。ISLLC基準の反映度は州間で差異があるが、2005年段階までに46州が何らかの形で同基準を適用したとされる（Sanders & Simpson 2005）。これを通じて、「任用資格」と同時に能力を証明する「専門資格」としての性質ももつ学校管理職免許を中心に置く、資格・養成・研修の一体的な制度改革が全米規模で進展した。なお、州学校管理職基準の策定と軌を一にして、一部の州では、大学院以外のプログラム供給主体（学区・NPO等）による学校管理職養成の新たなルートも開かれている（浜田2007・柴田他2010）。

第5節　米国における学校管理職の専門職基準（ISLLC基準）

　1994年に設立されたISLLCは1996年に最初の学校管理職の専門職基準を開発し、同基準は2008年に改訂された（また、2015年11月に、ISLLC基準を継承した新たな「教育リーダーのための専門職基準」[3]が、全米教育経営政策委員会（National Policy Board for Educational Administration：NPBEA）より公表された）。

　表2は、ISLLC2008年基準「教育リーダーシップ政策基準」を示したものである。同基準は6基準項目で構成され、各項目の本文記述は「教育リーダーは、…一人一人の生徒の成功を助長する」で統一されている（ISLLC1996年基準と2008年基準は、基本的な構成・内容は同一であるが、1996年版の各項目文頭の「学校管理職（school administrator）」が、2008年版では「教育リーダー（education leader）」に改められるなど、若干の文言修正がなされている）。そして各基準項目には、基準に照らして教育リーダーが果たすべき「機能（functions）」が数点併記されている。各基準本文・機能を通観すると、校長（教育リーダー）の職務の幅広さを踏まえつつ、前節までに見た、教授・学習の質的改善を通じた生徒の学業達成へのリーダー行動（教授上のリーダーシップ）に焦点が当てられていることがわかる[4]。

　2008年、州教育長協会はガイド資料『教育リーダーに期待されるパフォーマンスと指標』を公表した。本資料は、各レベルの政策担当者や教育者のリーダーシップ政策システム（免許・資格制度、養成プログラムの認可と評価、

---

[3]「教育リーダーのための専門職基準」（NPBEA2015）は、校長と副校長、またかれらと同領域の業務に従事する学区リーダーに適用することを意識して定められている。同基準は、生徒と生徒の学習の改善（そしてそれにつながる教員の専門能力、教職員の専門コミュニティ及び支援的な学校コミュニティの関係性構築）に強調点を置き、カリキュラムや教員の教授活動のみならず、教員の指導と評価、データの適切な分析・活用を新たに重視している。以上に基づき、具体的な基準項目を、ISLLC基準を継承しつつ10項目に拡充している（4クラスターに分類し項目・クラスター間の相互関係を重視）。本章は、校長養成の制度展開の考察に焦点を当てるため、今回の新基準について多く言及することはできなかった。

[4] この点は、州教育長協会（2008）『教育リーダーに期待されるパフォーマンスと指標』におけるISLLC基準の概観において、基準2に重心が置かれていたことからも推察できる。

表2 ISLLC2008年基準

基準1	教育リーダーは、全てのステークホルダーに共有され支持されるような学習のビジョンの開発、明確化、実施、管理を促進することによって、一人一人の生徒の成功を助長する。（機能：5）
基準2	教育リーダーは、生徒の学習と職員の職能成長につながる学校文化や教授プログラムを唱道・育成・維持することによって、一人一人の生徒の成功を助長する。（機能：9）
基準3	教育リーダーは、安全で効率的・効果的な学習環境のための組織・運用・資源のマネジメントを確実に行うことによって、一人一人の生徒の成功を助長する。（機能：5）
基準4	教育リーダーは、職員集団あるいはコミュニティと協働し、コミュニティの多様な関心・ニーズに応え、コミュニティの資源を活用することによって、一人一人の生徒の成功を助長する。（機能：4）
基準5	教育リーダーは、誠実さ、公正さ、また倫理的なマナーに基づいて行動することによって、一人一人の生徒の成功を助長する。（機能：5）
基準6	教育リーダーは、政治的、社会的、経済的、法的、文化的文脈を理解し、対応し、そして影響を与えることによって、一人一人の生徒の成功を助長する。（機能：3）

（州教育長協会ウェブサイトを参照して筆者訳出）

管理職の採用・研修・評価）構築と運用を支援する目的で作成されたもので、ISLLC2008年基準の各基準項目別に「期待されるパフォーマンス」とその「傾性（disposition）」、基準の基本概念の「説明」、パフォーマンスの「要素」「指標」が整理されている。また、ISLLC1996年基準公表後、学校管理職養成プログラム認証の全米的基準（全米教育経営政策委員会教育リーダーシップ基準編成審議会基準：NPBEA/ELCC基準。全米教員養成大学認定協会が承認）とISLLC基準との関連付けも段階的に進められており（浜田2007・大竹2015）、ISLLC（基準と各州の学校管理職養成・研修・評価制度との連動が図られている。

第6節　州レベルの校長養成制度の実際
── ウィスコンシン州の事例 ──

　以上の専門職基準を踏まえて展開されている米国の校長養成システムの実際について、ウィスコンシン州の事例をもとに解題したい[5]。
　ウィスコンシン州の場合、2001年改正（2004年施行）の州行政規則 Chapter PI34（以下「PI34」）で教員免許及び認可プログラムの基本的骨格を定めている。同州の教員免許カテゴリーは「教職」「管理職」「生徒サービス職」の三種であり（それぞれ初任・標準・上級の三等級による上進制・更新制[6]）、管理職免許は校長、教育長、学区教授ディレクター他全10種類が設定されている。管理職免許の大半は、その取得要件として教職・生徒サービス職の標準免許、3年以上の教職経験もしくは一部の生徒サービス職としての経験、修士学位相当以上の資格保持、そして認可プログラムの修了が課されている。
　州憲法は、州教育長に教員免許プログラム認可の権限を与えている。州教育長は、行政規則 PI34 の定めにより、州教育局に学校・学区・大学・保護者・教員養成課程在籍学生からなる専門職基準協議会を設置し、その勧告・助言のもと、管理職免許対象職共通の「州管理職基準」「機関・プログラム基準」を設定する（また、別に「管理職免許プログラム内容指針」が定められている）。同州の基準・指針（表3・4）は、一部に独自の強調点（例えば管理職基準（1）「教職免許10基準の理解・実践」の追加や基準（4）での「財政」の追加、学校管理職の経営行動を軸とする項目本文の記述様式など）や内容整理が含まれるものの、ISLLC基準・NPBEA/ELCC基準と概ね共通する内容となっている。

---

[5] 本章におけるウィスコンシン州の考察は、同州教育局（教員免許部門）ウェブサイトの参照及び2012年3月、2014年3月のウィスコンシン大学マディソン校教育リーダーシップ及び政策分析部門（ELPA）への訪問調査（部門専任教員、プログラム修了生とのインタビュー）に基づく。なお、同州は州教育委員会を設置していない（文部科学省2013）。
[6] 同州の上進・更新では、職能成長計画（PDP）の作成と活用（州基準要件の充足確認）が重要な要素として組み込まれている。

表3　ウィスコンシン州管理職基準（Administrator Standards）

PI34.03管理職基準（Administrator Standards）
（1）管理職は、教職免許10基準の能力を理解し、実践する。
（2）管理職は、学校コミュニティに共有される学習のビジョンの開発、明確化、実施、管理を促進するリーダー行動をとる。
（3）管理職は、生徒の学習と教員の職能成長につながる学校文化や教授プログラムを唱道・育成・維持することによるリーダー行動をとる。
（4）管理職は、組織、運用、財政、資源のマネジメントを、安全・効率的・効果的な学習環境のために確立する。
（5）管理職は、コミュニティの多様な関心・ニーズに対応し、コミュニティの資源を活用しながら、家庭・コミュニティのメンバーとの協働のモデルとなる。
（6）管理職は、誠実さ、公平さ、また倫理的なマナーに基づいて行動する。
（7）管理職は、学校教育に影響する大きな政治的・社会的・経済的・法的・文化的文脈を理解し、対応し、それと相互作用する。

（Wisconsin州教育局ウェブサイトを参照して筆者訳出）

表4　ウィスコンシン州校長初任免許プログラムの内容指針（Licensure Program Content Guidelines）

管理職基準（4）-マネジメント	ELCCプログラム認定基準との対応
A. 生徒の達成に焦点をあてた短期・長期の戦略計画づくりのプロセスを通じて、マネジメントのシステムを開発、調節、チェック・評価する。	ELCC 3.1
B. 生徒の高い水準の達成につながる効果的教授実践を促進するために、高度な資質を備えた教員を募集、選考、任用、評価、指導する。	ELCC 3.2
C. 生徒の達成を助成する／生徒・教職員・家庭・地域の幸福な状態を促進するような、効果的、健全、生産的な学校環境を確立・維持する。	ELCC 3.3
D. 生徒・教職員の短期・長期の教育的ニーズに対応して、財源その他の資源を適切に明確化、獲得、配置、チェックする。	ELCC 3.2
E. 学校マネジメントや事務手続きのために、効果的コミュニケーション、意思形成、時間管理、最新のテクノロジー利用を率先垂範する。（以降略）	ELCC 3.2

（Wisconsin州教育局ウェブサイトを参照して筆者訳出）

校長の養成については、修士学位相当の資格保持が基礎条件となる関係から、州内大学院がこれを担う（2015年時点で17大学院の養成プログラムが認可）。校長養成に携わる大学院は、州管理職基準と整合する教育方針・教育内容・志願者の力量評価システム・学校や学区との協働等の事項を盛り込んだ計画文書を作成し、州の開設認可を受け、開設後も定期的に州の評価を受けなければならない。同州の校長免許プログラムでは、30単位の科目履修及び最低150時間の実習を課すことが求められる。大学院サイドには、州の認可や定期評価をクリアするために、科目設定やシラバスの細部まで、州管理職基準等との関連づけが求められる。

　PI34は、地方学区に対しても、任用後の校長に州管理職基準（及び学区ミッション）を反映した研修等の力量形成機会（初任免許保持者に、学区は基準を反映した支援セミナー実施やメンター指定を行う等）を提供することを要求している。ただし、熱心な学区では州の要求以上の機会が提供されるケースも少なくない。また、学区による校長のパフォーマンス評価についても、学区間で取組の差はあるものの、州管理職基準を考慮した評価（パフォーマンス分類に州管理職基準を反映する等）を行う学区もみられる[7]。

第7節　大学院における校長養成プログラムの実際
　　　―ウィスコンシン州マディソン校校長免許プログラムの事例―

1．ウィスコンシン大学マディソン校ELPAの学校管理職養成

　州管理職基準や免許資格制度のもとで、大学院における学校管理職養成はどのように展開しているのか。ここでは、ウィスコンシン大学マディソン校教育リーダーシップ・政策部門（Educational Leadership & Policy Analysis：ELPA）の校長初任免許プログラムを取り上げて考察してみたい。

　名門州立大学として定評のあるウィスコンシン大学マディソン校は、各免許カテゴリーの教員養成プログラムを多数保持しているが、管理職カテゴリー

---

[7] マディソン学区（Madison Metropolitan School District）ウェブサイト参照〈https://hr.madison.k12.wi.us/files/hr/9-04.pdf〉（最終アクセス：2016年1月31日）

のプログラムはELPAが主に担っている。所属専任教員16人（2012年調査時点）で構成されるELPAは、教育経営・教育政策関連の修士・専門職・博士課程を担当し、校長・教授ディレクター・特別支援及び生徒サービスディレクター・教育長の州認可免許プログラムを提供している（修士課程3コースのうち、K12 Leadership Cohort Programにおいて校長初任免許プログラムを提供）。

2．校長免許プログラムの概要

ウィスコンシン大学マディソン校は古くから州認可校長免許プログラムを提供してきたが、以前は全米的傾向と同様、プログラムの目的や授業科目の構造性はそれほど強くなかった（加治佐2005）。しかし、州教員免許制度改革の施行年（2004年）に、州管理職基準及びプログラム内容指針に則した免許プログラムの内容改善が図られた。そして2012年秋学期より、ELPAは新たな校長初任免許プログラムを導入している。

2012年からの新プログラムは、1.5年（夏期を含む5セメスター）を標準年限として[8]、修士学位及び校長初任免許要件科目（11科目33単位）を提供するものである。入学定員は20人程度を想定している（授業履修は同期入学者単位で行うことを基本とするが、他分野学生の履修も一部認める緩やかなコーホート制を採用）。本プログラムでは「生徒のパフォーマンス向上及び学力格差縮減への焦点化」を目標に掲げ、これに即して各セメスターに主題が設定されるとともに関連の強い授業科目が配置されている（表5）。このようにして、学生がELPAの重視するリーダーシップ実践（各セメスターの主題）を、一貫性をもって学習できるようなカリキュラム構造の工夫が施されている。各授業科目は、実務家教員を含む専任教員に加え、外部講師（校長・教育長経験者など）の協力も得て実施されている。

また、インターンシップ（フィールド実習）は、州免許要件150時間を充

---

[8] 6セメスター（夏期）に追加科目を履修することで、教授ディレクターまたは特別支援・生徒サービスディレクターの免許を併せて習得することができる。ELPAウェブサイト参照〈http://elpa.education.wisc.edu/elpa/〉（最終アクセス：2016年1月31日）

足する形で、個別に作成された実施計画に基づき、大学側指導教員・実習先指導者（メンター）の指導を受けて実施される。これらに加えて、学生にはもう一つの免許要件として、リーダーシップの学習に関する電子ポートフォリオの作成・提出が義務づけられている。

表5　ELPA校長初任免許プログラムのセメスターと授業科目配置（2012年）

Semester 1（秋）：学習への焦点化
　（科目：教育的リーダーシップ入門、職能開発と組織学習、平等・多様性のリーダーシップ）
Semester 2（春）：教授学習のモニタリング
　（科目：データ基盤意思決定、質の高い授業の評価・支援〔他のカリキュラム関係授業で代替可〕）
Semester 3（夏）：学習コミュニティづくり
　（科目：学校リーダーシップとテクノロジー、教育的リーダーシップと教師の能力、学校・地域関係）
Semester 4（秋）：資源の獲得・配置（科目：学校財政と資源配置、学校法規）
Semester 5（春）：安全・効果的な学習環境づくり
　（科目：学校レベルのリーダーシップ、教育リーダーシップのフィールド実習）
Semester 6（夏）：（選択科目…特別支援・生徒サービスディレクター、教授ディレクター系科目の履習で当該管理職免許の追加取得が可能）

※他に免許要件として、州の求めるポートフォリオ作成（電子ベース）などが課される。
※実習（practicum/field experience）について、州行政規則PI34では、管理職免許取得のために最低150時間、スーパーバイズを受けての実習が必要。学生はその内容を記録化する必要がある。

プログラムの各授業科目では、背景となる諸学問の理論や認識枠組み、実践的に応用する技法のいずれも習得させること、そのために文献講読や討議、事例研究、シミュレーションやプロジェクト学習といった教育方法を効果的に動員することが大切にされている（授業内容では、教育関連データの積極的活用が重視されている）。また、インターンシップも、各授業科目の課業を実践に落とし込む機会となるよう企画されている。これらの点は、修了生に

実施したインタビュー調査[9]でもプログラムの魅力と捉えられていた点であった。

3．専門職基準・免許制度と大学院校長養成プログラム

上述のように、ウィスコンシン大学マディソン校の校長初任免許プログラムは、州の教員免許制度改革に伴い刷新され、セメスターの主題や授業科目名にも州管理職基準（その基盤としてのISLLC基準）やプログラム内容指針との関連が見える。このような専門職基準・免許制度と大学院校長養成プログラムとの関係についてELPA専任教員に尋ねたところ、二点の興味深い回答が得られた。

その第一は、州のプログラム認可や定期的評価を受けるために、州管理職基準や内容指針に即した教育内容を設計することは与件であるが、自組織の特性・強みを活かした取組の展開にも留意しているとの指摘であった。ELPAの場合は「データ基盤の意思決定」（そのためのICT活用）を、基準・指針やNCLB法以降の教育アカウンタビリティ政策とも整合する同部門プログラムの教育内容・方法上の特徴と自覚し、研究（学習改善の戦略形成を支援／学校単位のリーダーシップ実践を評価・フィードバックするツールの開発）と教育を積極的に連携させて校長養成を展開していることが示された[10]。

そして第二は、ELPAが州教員免許制度改革に対して常に受け身とならず、時に大学院プログラムの展開にも有益となる改革提案を出すこともあるとの指摘であった。例えば2001年の州教員免許制度改革（特に校長免許改革）に際して、大学院側も研究成果をもとに当局に制度提案し、重要な成果（電子ベースのポートフォリオ作成等の要件化）を得たとの見解が示された[11]。このような相互作用・協働も、米国の学校管理職の資格・養成制度の特徴の一つと言えよう。

---

[9] ミルトン学区（School District of Milton）バーテル（Bartel, R.）教授ディレクターとのインタビュー（2012年3月27日）。
[10] ケリー（Kelley, C.）副部門長とのインタビュー（2012年3月26日）。
[11] ミード（Mead, J.）教授とのインタビュー（2012年3月26日）。

第8節　結語

　本章では、ISLLC基準の開発を契機とした、米国における校長養成制度の今日的展開について、ウィスコンシン州を事例に整理・検討した。ISLLC基準の妥当性・有効性（及び基準の基盤となる、生徒の学習に作用するリーダーシップの枠組み）、大学院の養成プログラムの有効性、基準を踏まえたリーダーシップ評価の方法論等について、論争点・研究課題はなお多い。例えば大学院の養成プログラムの有効性については、本稿では規模（専任教員数）が大きくハイコストの教育を提供しやすい養成プログラム（ELPA校長初任免許プログラム）の事例を検討したが[12]、州のプログラム認可制度の下では、専任教員が少なく運営上の制約条件が多い養成プログラムも存在する。同国の大学院レベルでの校長養成の質を理解するためには、このような大学院間の差異を念頭に置いた総合的な検証が必要と言える。

　しかし、研究者・実務家団体の協働を通じた、実証研究成果の活用指向をもつ学校管理職の専門職基準の策定、専門職基準を媒介とした州レベルの関係者間でのフラットな制度議論や役割分担、これを基盤にした専門職基準の養成・採用・研修・評価への活用の枠組みなど、米国の20年間の制度展開が、今後の日本の校長養成（教職大学院における学校管理職養成や教育委員会・大学での管理職研修の協働化等）に示唆する点は少なくない。

（大野　裕己）

謝辞

　本稿におけるウィスコンシン州の校長養成制度の調査（2011〜2015年度）に際して、ウィスコンシン大学マディソン校ピターソン（Peterson, K.）名誉教授からの多大な協力を受けた。心より感謝申し上げる。

---

[12] ELPAの運営も近年の州行財政改革の影響を受ける部分があり（2012年の新校長免許プログラム導入に際して、授業履修者数確保のため「緩やかなコーホート制（他コースからの履修受け入れ）」の採用を余儀なくされる等）、大規模大学院においても校長養成の基盤は必ずしも安定的でない。

引用・参考文献

- Council of Chief State School Officers (1996), *Interstate School Leaders Licensure Consortium Standards For School Leaders*.
- Council of Chief State School Officers (2008), *Educational Leadership Policy Standards: ISLLC 2008*.
- 藤本駿(2011)「現代米国ウィスコンシン州における教育研修制度の特徴と課題」『東亜大学紀要』第14号、1-16頁。
- 浜田博文(2007)『「学校の自律性」と校長の新たな役割』一藝社。
- 加治佐哲也(2005)『アメリカの学校指導者養成プログラム』多賀出版。
- Kelly, C., & Halverson R. (2012), The Comprehensive Assessment of Leadership for Learning : A Next Generation Formative Evaluation and Feedback System, *Journal of Applied Research on Children : Informing Policy for Children at Risk*, vol.3: Iss.2, Article 4.
- 国立教育政策研究所(2013)『Co-teaching スタッフや外部人材を生かした学校組織開発と教職員組織の在り方に関する総合的研究(外国研究班)最終報告書』。
- 国立教育政策研究所(2014)『教員環境の国際比較』明石書店。
- 文部科学省(2013)『諸外国の教育行財政-7か国と日本の比較』ジアース教育新社。
- 中留武昭(1995)『学校指導者の役割と力量形成の改革』東洋館出版社。
- National Center for Education Statistics (2015), *Digest of Education Statistics 2013*.
- National Policy Board for Educational Administration (2015), *Professional Standards for Educational Leaders*.
- 日本教育経営学会(2009)『校長の専門職基準〔2009年度版〕──求められる校長像とその力量──』。
- 大野裕己(2014)「ミシシッピ州の事例」浜田博文編『アメリカにおける学校認証評価の現代的展開』東信堂、120-125頁。
- 大竹晋吾(2001)「アメリカの学校管理職養成制度に関する研究──1990年代の州間連携事業における統一的基準の開発を中心に──」『教育制度学研究』第8号、日本教育制度学会、225-238頁。
- 大竹晋吾(2015)「アメリカのスクールリーダー専門職基準開発の動向-1990年代以降の研究者団体の役割に注目して-」日本教育経営学会実践推進委員会編『次世代スクールリーダーのための「校長の専門職基準」』花書院、155-168頁。
- 小島弘道編(2004)『校長の資格・養成と大学院の役割』東信堂。
- Sanders, N, & Kearney, K. (2008), *Performance Expectations and Indicators for Education Leaders*, CCSSO.
- Sanders, N., & Simpson, J. (2005), *State policy framework to develop highly qualified administrators*, CCSSO.

・柴田聡史・大桃敏行・牛渡淳（2010）「米国における学校指導者養成のオルタナティブ・プログラムの分析：マサチューセッツ州を事例として」『東北大学大学院教育学研究科研究年報』59巻1号、77-91頁。
・牛渡淳（2015）「アメリカにおける校長の専門職基準の役割・特色・課題－カリフォルニア州を中心に」日本教育経営学会実践推進委員会編『次世代スクールリーダーのための「校長の専門職基準」』花書院、148-154頁。
・山崎雄介（2011）「米国におけるスクールリーダーの資質向上」『群馬大学教育実践研究』第28号、279-287頁。

第4章
英国における校長職制度の変容

はじめに

　イギリス（イングランド）の校長職制度は、1997年の全国職能基準・資格の導入から15年を経て、校長水準を一定程度に高める役割を果たしてきたが、その後、資格認定・水準の厳格化・高度化を指向してきた。2012年のスクールリーダー育成のための新カリキュラムの導入に際しては、研修供給の全国機関のNCSL（全英スクールリーダーシップ機構：National College for School Leadership）への完全委託方式の見直しも行われ、多様な主体に市場が開かれることになった。つまり、資格水準のさらなる向上に向けて、校長資格であるNPQH（National Professional Qualification for Headship）の取得義務を廃止するとともに、NPQHの内容の修士レベル化と認定基準の厳格化を図った。それと同時に、世界でも類を見ない国家主導の校長養成のあり方を政府は見直し、資格の多様化・高度化を目指してきた。

　NPQHとNCSLを通じた国家主導の一元的なシステムによって、一定水準を確保する段階を経て、学校群など、よりローカルなレベルのシステム運営が指向されており、さらに複雑な舞台が生まれ、模索が続いている。2015年には、校長職基準が再度改訂され、NCSL（2013年4月に、「全英教職・リーダーシップ機関（National College for Teaching & Leadership: NCTL）」に改組されたが、以下、本章では、NCTLも全てNCSLと表記する）の位置付けの大きな転換がまた試みられた。以上の校長職をめぐる制度変容の背景と課題について、2015年前後の動向を中心に、特に、2015年の校長職基準の大幅

な見直しに着目して、本章では考察を行う。

第1節　校長職制度の背景と国家主導の一元的な社会実験

1．1997年校長職基準・資格の導入

　イギリスでは、1980年代初頭まで、校長職養成のための全国的なシステムと体系性はないに等しかった。校長資格や試験はなく、副校長等から任用され、また、小規模校などでは、校長就任後も授業担当をすることがあることから、授業こそが校長職の主な仕事であると捉えられる傾向もあった。つまり、「教授能力（teaching qualification）」と「教授経験（teaching experience）」こそが、校長職に必要であるとの前提があった（Bush, 2013: 455）。

　しかし、1988年に、地方当局の権限を減らし、各校に予算と人事権を委譲する「学校のローカルマネジメント（Local Management of Schools: LMS）」制度が導入され、マネジャーやリーダーとしての校長への期待が高まり、校長はその職に特化した養成を必要とする特別の職であるとの認識が生まれ、大胆かつ急速な改革が国家主導で展開されてきた。政府は、1995年10月に校長職資格導入の方針を示し、教員研修機構（Teacher Training Agency: TTA——校長を含む包括的な教員政策を担当する政府機関）が1997年に「校長全国職能基準（National Standards for Headship）」を開発し、同年、資格付与研修プログラムとして「校長全国職能資格（National Professional Qualification for Headship: NPQH）」が開始された。2004年には、公立校校長にNPQHの取得が義務化され（2009年に完全実施）、2011年12月までに約3万5千人がNPQHを取得し、校長の約58％が保有するに至った（末松、2013）。

2．2000年全英スクールリーダーシップ機構の創設

　また、政府は、1998年12月の緑書（『教員——変化への挑戦（Teachers: Meeting the Challenge）』）において、NPQHの開発・実施を担う「全英スクールリーダーシップ機構（National College for School Leadership: NCSL）」の創設を提言した。NCSLは2000年11月に発足し、政府委任を受けて、校長に加えて、副校長、主任、事務長など、スクールリーダーの全キャリアに渡るプ

ログラムとスタンダードを示し、資格・養成・研修に責任を負うことになった。

NCSLの主な目的は、①スクールリーダーシップの開発、研究、改善のための全国共通の枠組みを提供すること、②学校やより広いコミュニティにおける世界レベルのリーダーシップ開発の推進機関となること、③スクールリーダーのための支援や資源を提供すること、④スクールリーダーシップに関する全国的また国際的な議論を喚起すること、とされている（NCSL, 2002: 3）。

また、NCSLの"National"は「国立」ではなく「全英規模の」という意味であり、"College"は「大学」ではなく、教育省の権限委譲により、一部その機能を担う行政組織であり、非省庁系公的機関（Non-Departmental Public Body: NDPB）である。ブレア首相によって、2002年10月にNCSLは公式に開館され、NPQHの資格認定機関として、認定基準とプログラムの開発・研究を精力的に行ってきた。

リーダーシップ開発を主眼としたNCSLのような全国規模の機関は世界で初めてのものであり、イギリスの教育改革において発展してきた「政策革新の最新段階」とも指摘されており（Bolam, 2004: 251）、1つの社会実験と言える。

第2節　資格・養成制度

1．リーダーシップ開発枠組み

NCSLは、2001年の事業計画において、2004年までに世界で最大規模のスクールリーダーシップ開発プログラムを開始することを目標に設定し、2001年に『リーダーシップ開発枠組み（Leadership Development Framework）』により、スクールリーダーのキャリア段階として、次の5つを示した（NCSL, 2001）。

① リーダーシップ生成の段階（emergent leadership）：教師のリーダーシップを対象としたもので、マネジメントとリーダーシップの責任を担い始める段階で、主任層などがここに位置づく。

② 経営スタッフとしてのリーダーシップ開発（established leadership）：校長を目指さない副校長、校長補佐を対象とし、経験豊かなリーダーであるが指導的な立場を追求するつもりのない者を想定。
③ 校長職への参加の段階（entry to headship）：校長職に向けた準備とリーダーシップ・チームへの参加を行う段階。
④ リーダーシップ高度化の段階（advanced leadership）：校長として4年以上の経験を有する者で、スクールリーダーとしての役割を成熟させ、経験を広げ、技能を最新のものにする段階。
⑤ コンサルタントとして活躍する段階（consultant leadership）：有能で経験豊かなリーダーが、研修、メンタリング、査察等によって貢献する段階で、2008年までに68名が認定され、困難校の学校改善支援を期待されている。

2．資格・養成カリキュラム

　1997年の「校長全国職能基準」は、①校長職の中核的役割、②校長職の主要成果、③専門知識と見識、④技能と属性、⑤校長職の主要領域（学校の戦略的方向付けと改善、教授・学習活動、教職員の指導・経営、教職員と資源の効率的・効果的配分、説明責任）、の5章から構成され、この「基準」をもとに校長資格（NPQH）等が開始された。
　NPQHは、校長の力量形成のあり方として、コンピテンスモデルを用いている。コンピテンスとは、高い成果を生み出すために行動として安定的に発揮される能力のことであり、コンピテンスの集合がコンピテンシーと表現される。コンピテンスモデルは、知識やスキルを習得しただけでは、必ずしも現場での成功には結びつかないとの認識から生まれたものである。従来のようなアカデミックな知識の獲得を重視するのではなく、学校現場での研修をもとに、経営実践の改善を重視する考え方で、具体的には、コンピテンスをベンチマーキングした校長の全国職能基準が設定され、それに基づく研修としてNPQHが導入された。つまり、学術的知識や科学的理論よりも、現場での実践的な研修による職務遂行能力の向上が目指されてきた（金川、2003）。
　養成カリキュラムの標準内容としては、NPQHは、経験に応じて、①基礎

的な自習、②NCSLのチューター指導のもと着手される学校改善プロジェクト、③NCSLでの合宿研修、の3段階に分かれ、口頭試問など最終審査を経て、政府が授与権者として資格交付する。自己学習を基本として、受講者は勤務校等で課題に取り組み、チューターが研修の進度の確認・評価を行いながら、助言・支援していくことが重視される。

NPQHのカリキュラムの構成単位は「学校の戦略的方向付けと改善」「教授・学習活動」「教職員の指導・経営」「教職員と資源の効率的・効果的配分」がモジュールとして設定され、eラーニングも活用した各自対応の研修が、NCSL地方センターを通じて提供される。NCSLが地方当局やNPO、民間機関とも連携を図りながら、勤務校などにおける実践研究やチューターによる個人指導、集団討論が行われ、受講者の経験等に応じて、3ヶ月から最長2年間の個人プログラムが用意される。NPQHは教員資格があれば年齢を問わずに受講でき、全段階への参加費は3,520ポンドで、公立校教員はNCSLから奨学金を得られる（末松、2015a）。

第3節　校長基準・資格の改訂——その背景と課題

1．校長資格改訂の背景

その後、職能基準は、2004年に改訂され、校長のリーダーとしての役割と他校連携の重要性が改めて強調された。そして、「コミュニティ強化」「未来の形成」「教授・学習活動」「自己開発と協働」「組織経営」「説明責任」が、校長職の主要領域として示された。

その改訂に先立つ2003年のNCSLによる議論では、従来の職能基準について、次の点が課題として指摘された（Garcia, 2004）。

① 職能基準の目的と活用方法が不明確であり、校長、学校理事、地方当局に限定的にしか使われていない。
② 校長の役割を考える上で参照に値する面もあるが、全体構成が複雑過ぎ魅力を欠く。
③ 校長の役割が学校種や個別状況に左右されるにもかかわらず、職能基

準があまりに一般的な内容になっている。
④ 最低限求められる内容と優秀と認められるレベルを区別する必要がある。
⑤ 内容や専門用語の更新が必要である。

また、2009年の資格保有の完全義務化を前に、NPQHは2008年に改訂され、申込審査の厳格化と取得期間の短縮が図られた。過去の受講者約3万人のうち、資格取得率が約9割の一方で、3分の1程度しか実際に校長になっていないことを踏まえて、12〜18ヶ月以内に校長職に就く者と資格取得後すぐに校長公募に応じる者に受講者が特化され、校長就任率の向上が目指された。さらに、教育施策への対応など、資格制度の発足時から経営課題が大きく変わったことや、プログラムが受講者のニーズや実践的課題というより、概略的なリーダーシップ開発に傾いており、柔軟性のないことが問題視されてきたこともその背景にあった。

改訂に際しては、4〜12ヶ月で修了できる研修内容が構想され、個人ニーズに基づいた個別化されたプログラムや、ピア学習、コーチング、勤務校外の現場実習、の導入のほか、特定テーマ（学校教育と福祉の連携、高等教育機関との連携、学校間連携、他校実践）についての学習の導入が検討された（NCSL, 2012; 末松、2015a）。

大量退職による校長不足も予想されていたことから、申込審査等の見直しによって、資格取得の条件が厳格化したことにより、校長の欠員増加が懸念されたものの、校長会のASCL（Association of School and College Leaders）は、個人課題に即した改訂を歓迎した（BBC News, 2008）。

2．実践への過度の傾斜と主導権の偏り

1997年に導入された全国職能基準とNPQHは、校長職の最低水準を保証するものとして、一定の評価を得てきた。しかし、それらによる校長養成の問題点は数多く指摘されてきた（末松、2015ac）。

例えば、職能基準に示された事項（コンピテンス）に基づいて要素還元主義的に、校長を育成しようとしているが、外的に課されたトップダウン的発

想による力量形成では、状況変化に弱い点である。また、職務遂行のための実務的な力量形成に特化し、理論や研究を軽視する点で、米国など他国で求められるものよりも知的レベルが明らかに低いとも指摘されている。つまり、コンピテンスモデルに基づくNPQHでは、過度に実践に傾斜している点など、リーダーシップ開発における学習や知の性質に課題が多いことが明らかになってきた。

さらに、従来、大学、専門職団体、地方当局など多様な関係者が研修の供給を担ってきたことから、NCSLによるものには多様性がないことや、政策に都合の悪い内容が排除されている点、規模が優先され、修士号取得者が少ないことも問題視されてきた。

あくまで、NPQHは職業適性を見極める最低基準ということであり、1997年の導入から15年を経て、校長水準を一定程度に高める役割を果たしてきたが、その後、資格認定・水準の厳格化・高度化へと向かっていく。

第4節　校長資格の見直しと特徴

1．2012年版 NPQH

政府は、校長職のさらなる質の向上が求められるとして、そのためにもNPQHの改訂が必要であることを2010年に述べ、その際、「従来のNPQHは、校長職に必要な技能より、政府が掲げた政策の遂行を達成することが焦点化され過ぎていた」と指摘した。そして、政府は、校長の力量形成のあり方を見直すためにNPQHを改訂し、校長資格の水準向上に向けて、NPQHの保有義務を廃止する方針を2011年12月に示し、NPQHについて、①世界最高水準になっているか、②MBAなど他の先進的な資格との比較をいかに行えるか、③リーダーシップ開発として最高水準を保てているか、④有能な校長の養成につながっているか、という点の検証をNCSLに求めた。

それらの検討をもとに、政府は、①2012年のNPQH保有義務の廃止、②NPQHの申込と修了審査の厳格化、③教授・学習活動領域におけるリーダーシップや生徒指導に比重を置いたコアカリキュラムの導入、を決定する。

以上の背景には、校長の職務環境の複雑化を受けて、より高度な資格の取

得を可能にするとの政府のねらいもあり、また、2008年から間もない時期のNPQH改訂の理由として、学校環境の急速な変化や、それに見合う力量形成が必要なためと説明された。

ニック・ギブ学校大臣は、NPQH取得を任意にする改革のねらいについて、校長が求める力量形成の環境を整え、専門的自律性を付与するためと説明しており、NPQHのこれまでの貢献を認めつつも、校長資格にはもっと自由があってよいと述べている。

2011年12月までに約3万5千人がNPQHを取得し、公立校校長の約58%が保有し、2009年の完全義務化により、その割合が上昇する最中の取得義務廃止の決定であった。また、取得義務廃止により、教員資格を持たずに校長就任が可能になったことから、校長会のNAHT（National Association of Head Teachers）は、校長は教員資格を有すべきであり、NPQHは校長資格として十分なものであると述べている（末松、2015a）。

2．リーダーシップ開発の新カリキュラム導入と特徴

NCSLは、2012年5月に、リーダーシップ開発の5段階カリキュラムを次のように新たに示した。

　　　レベル5：組織を超えたリーダーシップ（資格：開発予定）
　　　レベル4：組織のリーダーシップ（資格：開発予定）
　　　レベル3：組織のリーダーシップの準備（NPQH）
　　　レベル2：組織内のリーダーシップ（NPQSL）
　　　レベル1：チームのリーダーシップ（NPQML）

新NPQHとミドルリーダー等の新資格（「シニアリーダーシップ全国職能資格（National Professional Qualification for Senior Leadership: NPQSL）」「ミドルリーダーシップ全国職能資格（National Professional Qualification for Middle Leadership: NPQML）」）が導入され、NPQH以上のレベルの資格設置の予定も示された（NCSL, 2012）。

新カリキュラムは、スクールリーダーの全キャリアに渡る開発枠組みで、

どのレベルを受講するかは自由であり、資格付与と関連する必修と選択科目のモジュール構成を取っている。2012年秋に新カリキュラムに基づく受講者の募集が始まり、2013年1月に各プログラムが開始された。

新 NPQH は、修士レベルの水準を目指して長期化が図られ、モジュールによる5科目（必修3＋選択2）のプログラム構成を取っている。各科目は、およそ50時間を要し、約20時間の現場実習に加えて、ワークショップなどの対面学習や文献購読、振り返り、オンライン学習からなる。

改訂の主な内容は、①申込と修了審査の厳格化、②修士号や博士号など、大学院レベルの各資格との関係を重視し、希望者の博士課程などへの継続進学につなげていくこと、③生徒指導、リーダーシップ開発、教師の力量形成に焦点化した5科目（必修3＋選択2）を課し、教授・学習活動、生徒指導、教師の力量形成に焦点を当てた事例研究と課題研究に取り組む必要があること、④従来から評価の高い実践的研修を充実化し、他校の優秀校長のもとでの研修など、現場における課題研究や実習を課し、最低5日間であった他校実習が最低9日間となる点、⑤次世代の校長発掘の最良の方法として、観察や支援面における上司の役割の重視、⑥プログラム全体を通じたピア学習とコーチングの増加、という点である。

申込資格は、校長職に12〜18ヶ月以内に応募予定の者、または、資格取得後すぐに校長職に就く者である。正教員資格なしで申込が可能であるが、勤務校の校長、上司、推薦人などの支援が必要であり、上司は、研修に積極的に関与しなければならない。

新カリキュラム導入に際しては、研修供給の NCSL への完全委託方式の見直しも行われ、研修供給団体を NCSL が認証する方式に移行し、学校、企業など多様な主体に市場が開かれることになった。つまり、校長資格のさらなる水準向上に向けて、NPQH の取得義務を廃止するとともに、NPQH の内容の修士レベル化と認定基準の厳格化が図られた。そして、それと同時に、世界でも類を見ない国家主導の校長職養成のあり方を政府は見直したのである。認証を得た優秀校や大学に資格・研修の運営権限を付与し、学校間支援や学校群によって水準向上を図る現場主導型のシステムに移行することで、資格の多様化・高度化が目指されることになった（末松、2013, 2015a）。

第5節　2015年新政権の方針——NCSLと校長職基準の大幅な見直し

1．NCSLの見直しと2015年版校長職基準の公表

　2015年5月に保守党単独政権が誕生し、NCSLの位置付けの大きな転換がまた試みられ、その役割、機能、予算の再編、部署・人員配置の転換も進んできている。また、近年は、資格・研修のシステム運営を担うための認証を得ると、大きな予算を各校が得られることから、より競争的な環境とともに、認証基準だけでなく、予算を通じた、国やNCSLの関与、規制が強くなってきているのも事実である。

　そして、2015年1月19日には、『校長の卓越性の全国基準（National Standards of Excellence for Headteachers）』が政府により示された（DfE, 2015）。この基準は「法的拘束性はない（non-statutory）」とされているが、2004年の基準に替わるものとして、校長、学校理事、校長志望者に向けて公表され、今後、2020年までにそのあり方が再検討されることになっている。

2．2015年版基準の4領域

　同基準は、「基準としての卓越性（Excellence As Standard）」のための4つの領域（①質と知識（Qualities and knowledge）、②生徒とスタッフ（Pupils and staff）、③システムとプロセス（Systems and process）、④自己改善型学校システム（The self-improving school system））を次のように示している。

---

①質と知識

　校長は、

1. 生徒に世界水準の教育を提供することに焦点を当て、明確な価値と倫理的目的を持ち、明言する。
2. 生徒、スタッフ、保護者、学校理事、地域コミュニティの成員に対して、楽観的な個人的行動、前向きな関係性・態度を示す。

3. 誠実さ、創造性、レジリエンス、明快さとともに、自らそして周囲の学識、専門性、技能をもとに模範を示して指導する。
4. 地域、国家、世界の教育・学校システムへの幅広い最新の知識・理解を保ち、継続的な力量形成を追求する。
5. 地域及び国家の政策を学校の文脈にうまく翻訳し、学校のビジョンを中心とした明確な原則のもと、政治的・財政的な機敏さを持って働く。
6. 全生徒とスタッフが活躍できるように、学校のビジョンを説得的に伝え、戦略的なリーダーシップを発揮する。

②生徒とスタッフ

校長は、

1. 社会的不利を克服し、平等性を推進し、生徒の学習成果への影響にスタッフが強いアカウンタビリティの意識を持てるようにして、全生徒に高い水準を要求する。
2. 豊かなカリキュラムや生徒の幸福を導くために、生徒がいかに学び、優れた授業実践やカリキュラムデザインがどのようなものかを分析的に理解し、卓越した教授活動を保証する。
3. 関連する研究や緻密なデータ分析をもとに、学校内外で優れた実践を共有するために「授業開放」の教育文化を確立する。
4. 全スタッフが技能や教科知識を開発し、互いに支援できるように動機づけられ、支えられているようなエートスをつくり出す。
5. 卓越性が基準となり、継続性を保つためにも、次世代のリーダーを支援し、優れた人材を確保する。
6. 全スタッフが専門的行為・実践に責任を持てるようにする。

③システムとプロセス

校長は、

1. 透明性、誠実さが保たれるように、学校のシステム、組織、過程が熟慮され、効率的で目的に見合っていることを保証する。

2. 生徒が、学校と社会における模範的な行動を身につけるために、安全で静穏で秩序立った環境を全生徒とスタッフに提供する。
3. 全スタッフの業績管理、低業績への対処、改善の支援、そして、卓越した実践に価値付けするための、厳格で公平で透明性の高いシステムと方法を確立する。
4. 特に、経営戦略の策定や、校長が生徒、スタッフ、財務行動に責任を持てるようにするために、強固なガバナンスを歓迎し、その役割が効果的に機能できるように理事会を積極的に支援する。
5. 生徒の到達度と学校の持続可能性のために、予算や資源の公正さを保ち、戦略的でカリキュラムをもとにした財務計画を実施する。
6. 個々の役割や職責、意思決定への責任を持てるような同僚チームを築き、組織全体にリーダーシップを分散させる。

④自己改善型学校システム

校長は、

1. 全生徒の到達度のために優れた実践や卓越性に向けて、互いに挑戦できるように、他の学校や組織と連携し、外部に目を向けることのできる学校を築く。
2. 全生徒の学業や社会的成果を改善できるように、他の公共サービスの専門家と効果的な関係を築く。
3. 自己規制や自己改善型の学校に向けて、エビデンスに基づく研究をもとに、卓越性に至るために教育界の因習に挑む。
4. 質の高い研修や全スタッフの継続的な力量形成を通じて、現在及び未来において高い水準の教職を形づくる。
5. 内外へのアカウンタビリティの意義に自信を持ち、学校改善、リーダーシップ、ガバナンスに対して、進取の気性に富んだ革新的な方法を用いる。
6. 学校内外の関係者に影響を与え、若者の人生における教育の根本的な重要性を信じ、教育の価値を高めることができる。

「自己改善型学校システム」とは、学校間支援（school-to-school support）を重視するもので、他校支援を担う優秀校長などをNCSLが認定する制度が、2000年代半ばから開始され、それらは「システムリーダー（system leaders）」と呼ばれ、2010年代に本格的に展開してきた（末松、2015b）。2015年の校長職基準改訂のポイントの1つが、この「システムリーダー」としての校長の役割であることが分かる。

おわりに

以上の通り、1997年の校長職基準・資格の導入以降、2004年に公立校校長にNPQH取得が義務化され、2009年にはその完全実施に至った。その後、2012年にNPQHの取得義務が廃止され、教員資格を持たずに校長就任が可能になるなど、めまぐるしくその状況が変化してきた。

表4-1　イギリスの校長職制度の変容

年	内容
1997	「校長全国職能基準（National Standards for Headship）」導入
1997	「校長全国職能資格（National Professional Qualification for Headship: NPQH）」導入
2000	「全英スクールリーダーシップ機構（National College for School Leadership: NCSL）」創設
2001	「リーダーシップ開発枠組み（Leadership Development Framework）」導入
2004	公立校校長のNPQH取得義務化（2009年に完全実施）
2004	校長基準改訂
2008	NPQH改訂
2012	NPQH取得義務廃止
2012	リーダーシップ開発5段階カリキュラム導入
2012	NPQH改訂
2013	NCSLが「全英教職・リーダーシップ機関（National College for Teaching & Leadership: NCTL）」に改組
2015	「校長の卓越性の全国基準（National Standards of Excellence for Headteachers）」導入

出典：筆者作成。

これらの1997年以降のイギリスの校長職制度の変容をまとめると表4-1のようになる。特に、2015年以降は、校長像の大きな転換があり、LMSという単位学校の改善を図る「マネジャー」や「リーダー」としてのあり方から、学校群という広域の学校改善や学校主導型でシステム運営を図る「システムリーダー」としてのあり方が模索されている。

学校主導型のシステム運営自体が、そもそもどの程度、学校経営にとって意義や可能性があるかということは、さらに検討していく必要があり、また、学校主導や学校への自律性の付与と言いつつも、「ティーチング・スクール」というシステム運営を担える優秀校の認定のあり方を見てみると、認定により大きな予算を各校が得られることから、認定基準だけでなく、予算を通じた、国やNCSLの関与、規制が強くなっているのも事実である。競争的な環境により、地域差、学校差も生じており、その課題状況と学校への影響も検討していく必要がある上、公共サービスの提供のあり方が、この間、大きく変化しており、それは2010年以降の保守党・自民党連立政権時代に示された「大きな社会」という考えから生まれているものである。そのため、その考えに基づく学校経営改革の分析とともに、「大きな社会」の背景や政治原理の特徴、課題を考察することにより、ポストNPM型（もしくはイギリス型NPM）の学校経営改革の展開と課題を踏まえながら、校長職制度のあり方を考察していく必要がある。

2010年代の「自己改善型学校システム」が進展し、もう少し落ち着くには、ある程度、時間の経過を要することからも、2015年の校長職基準がどのように使用され、校長職制度のあり方が議論、展開されていくかは未だ明らかではない。国家主導で一定水準に引き上げた段階から、NCSLの役割を縮小・限定させて、よりローカルなレベルで、学校及び学校群が関与してきたわけだが、質の確保に難があり、水準のばらつきが生じてきたことから、政府はそれらを問題と受け止めてもいる。

研修・資格を主導する優秀校に対する認定基準や予算を通じた国やNCSLの関与、規制がどのような状況にあるのか。そして、校長職の水準向上が実現しているのか。または、従来のような国家主導には見られなかった、カリキュラムの複層性によって、より多様な校長育成が可能になっているのか。

この辺りを今後、実際に資格・研修が様々に展開していくなかで、NCSLと学校の関係のあり方も含めて考察していくことが必要である。

（末松　裕基）

引用・参考文献

BBC News (2008), Headship Certificate Made Tougher, April 4.

Bolam, R. (2004), Reflections on the NCSL from a Historical Perspective, *Educational Management Administration & Leadership*, 32(3), 251-267.

Bush, T. (2013), Preparing Headteachers in England: Professional Certification, Not Academic Learning, *Educational Management Administration & Leadership*, 41(4), 453-465.

DfE (2015), *National Standards of Excellence for Headteachers*.

Garcia, K. (2004), The National Standards for Headteachers: Now Being Revised, *Management in Education*, 18(2), 28-29.

金川舞貴子（2003）「校長のコンピテンスへの職業スタンダードに関する考察」『広島大学大学院教育学研究科・第三部』52, 45-54.

NCSL (2001), *Leadership Development Framework*.

NCSL (2002), *Prospectus*.

NCSL (2012), *National Qualifications and More Flexible Opportunities for Professional Development*.

Simkins, T. (2012), Understanding School Leadership and Management Development in England: Retrospect and Prospect, *Educational Management Administration & Leadership*, 40(5), 621-640.

末松裕基（2013）「イギリスにおけるスクールリーダーシップ開発の動向──校長の専門職基準・資格を中心に──」『日本教育経営学会紀要』55, 151-164.

末松裕基（2015a）「イギリス校長職基準・資格におけるコンピテンシーの位置付け」日本教育経営学会実践推進委員会編『次世代スクールリーダーのための「校長の専門職基準」』花書院, 176-193.

末松裕基（2015b）「イギリスにおける『自己改善型学校システム（self-improving school system)』の展開と課題」『教育学研究年報』（東京学芸大学教育学講座学校教育学分野・生涯教育学分野）34, 33-48.

末松裕基（2015c）「スクールリーダーシップ研究の国際水準──イギリス分権改革におけるシステム化の課題に着目して──」『東京学芸大学紀要・総合教育科学系Ⅰ』66, 115-133.

第Ⅱ部

スクールリーダーの力量開発

第 1 章

スクールリーダー（学校管理職）の養成をめぐる立論と実践の検証

──「大学院におけるスクールリーダー教育」を中心に──

第 1 節　背景状況と主題の設定

　1998年中教審答申を契機に展開した、規制緩和・地方分権指向の地方教育行政改革は、学校レベルで自律的経営を推進する、校長をはじめとするスクールリーダー（本章では、「スクールリーダー」の射程を「学校管理職とその候補者」に限定する[1]）の人材確保・力量形成の課題を惹起した。具体的な改革施策は、学校評価や中期学校経営計画の策定等、学校経営の「しごと」のバリエーションを拡げると共に、そのリーダーに対して、ビジョン・目標の設定や組織開発に関わる新たな役割・力量を求めた（大野2008）。

　日本は、戦後の一時期を除いて校長等の免許制度やこれを基盤とした養成制度をもたず、学校現場での関連する職務経験や自己研修、行政研修がわずかな力量形成機会と捉えられてきた。しかし、冒頭の改革動向に呼応して、スクールリーダーの公式な養成制度の構築が模索されるようになった。

　この動きは、まず、関連学会（日本教育経営学会）における、大学院教育の高度化を基本的方向性とするスクールリーダーの力量形成システムの提案としてみられた。2001年 6 月の日本教育経営学会「スクールリーダーの資格任用に関する検討特別委員会」の設置及び2003年 6 月公表の同特別委員会提

---

[1] これに対して、文部科学省は教職大学院制度創設にあたり、教職大学院で育成する「スクールリーダー」を「地域や学校における指導的役割を果たし得る教員等として不可欠な確かな指導理論と優れた実践力・応用力を備えたスクールリーダー（中核的中堅教員）」としている。

言『学校管理職の養成・研修のシステムづくりに向けて』は、その象徴的な嚆矢と言える。さらに、日本教育経営学会は、2006年6月に『「スクールリーダー専門職基準」(案)』を作成し、学会内での検討を経て2009年6月に『校長の専門職基準(2009年)』として公表している。

　以上の日本教育経営学会の一連の研究・提言(及び小島2004など大規模な共同研究)は、教育系大学院における具体的なスクールリーダー教育の実践開発を刺激した[2]。例えば、2004年の岡山大学大学院「教育組織マネジメント専攻」を端緒に、2000年代半ばまでにいくつかの教育系大学院(兵庫教育大学・筑波大学等)において、修士課程(現職教員を主対象)での体系的なカリキュラムに基づくスクールリーダー教育が開発された。また、もう一方では、2002年度からの大阪教育大学「スクールリーダー・フォーラム」、2004年度からの兵庫教育大学「学校管理職・教育行政職特別研修(ニューリーダー研修)」、2006年度からの九州大学「学校管理職マネジメント短期研修」など、短期研修としての力量開発カリキュラムも活発に開発された[3]。

　これら2000年代半ばに登場した萌芽的な教育プログラムは、当該大学の教育経営担当教員(研究者)の調査研究(スクールリーダーの新たな力量)に基づき、各大学院で独自のコンセプト・カリキュラムとして立論(構想)・開発されたものが少なくない点がポイントといえる(加治佐2003など)。なお、2008年には専門職大学院としての教職大学院の創設により、大学院における「スクールリーダー」教育の新たな制度が構築されたが(加治佐2011)、修士課程におけるスクールリーダー教育も併存して現在に至っている。

　また、教育委員会(教育センター)の学校管理職研修についても、2004年の文部科学省開発会議「学校組織マネジメント研修モデルカリキュラム」開発に前後して教育内容・方法の改善が進められている。例えば東京都教育委

---

[2] ただし、すでに1996年には九州大学大学院教育学研究科に社会人(現職教員)の受け入れを前提とした「学校改善コース」が開設されており、「大学院におけるスクールリーダー養成」の前夜的状況はみられた。

[3] これらの短期研修カリキュラムの多くは、地元教育委員会との連携体制の下に実施されている。特に兵庫教育大学のカリキュラムについては、兵庫県教育委員会の研修体系に明確に位置づけられた悉皆研修(新任教頭又は新規教頭名簿登載者、新任指導主事)である点が注目される(加治佐2008)。

員会による『校長・副校長等育成指針』(2008年)及び『学校管理職育成指針』(2013年)策定による学校管理職の能力の独自の提起(それに基づく東京都教育委員会における人材育成システムの充実化の構想)は注目に値する。

　2010年代に入っては、2012年の中央教育審議会答申『教職生活の全体を通じた教員の資質能力の総合的な向上方策について』における専門免許状(学校経営)創設の提言、2015年の中央教育審議会答申『これからの学校教育を担う教員の資質能力の向上について』における教職大学院における学校管理職コース設置及び教職大学院・教育委員会連携による管理職研修開発の提言など、スクールリーダー教育のさらなる制度化・普及を図る政策議論が活発化している。こうした状況下で、日本における今後の制度展開を展望するためには、現在までに具体化されたスクールリーダー教育の到達点や課題を検証することが求められていると考えられる。特に、上述のようにコンセプト・カリキュラムにおいて独自性・多様性が強い大学院プログラムについて、その多様性の内実と課題・可能性を検証する作業が重要と考える。

　本章では、以上の問題意識から、現在までに各地で実践されてきた大学院レベルのスクールリーダー教育の特徴や課題を俯瞰するとともに、今後の制度展望に向けた研究課題の析出を試みる。

第2節　大学院におけるスクールリーダー教育の立論の特徴と今後の課題
　　　　　——スクールリーダー教育カリキュラムを中心に——

　本節の目的は、大学院におけるスクールリーダー教育カリキュラムの理論的背景を検討し、今後克服すべき研究上の課題をカリキュラム研究の視点から明らかにすることである。

1．大学院におけるスクールリーダー教育

　スクールリーダー教育に関するこれまでの研究を俯瞰すれば、次のような特徴を有している(中留1995、小島2004、加治佐2005など)。すなわち、第一に、米国などの諸外国の先行実践に範を求める傾向があること。第二に、

そこで得た知見を、わが国の教育現場等の声を踏まえながら、日本に適合する形でカリキュラムを構想したこと、の2点である。

本項では数ある理論のうち、紙幅の都合もあって、管見の限りではあるけれども、大学院教育のカリキュラムとして具体的に提示されたものを取り上げる。その理由は、今後のスクールリーダー教育の中心は大学院、とくに教職大学院において展開されるからである。その他の提言等については、大脇他（2006-2007）、安藤他（2014）を参照されたい。

小島（2004）は、校長養成システムの条件を明らかにし、そこで求められる養成のプログラムを開発するために、国内の校長および教務主任に対する意識調査ならびにアメリカをはじめとする諸外国の状況を踏まえた検討を行った。その結果、校長の専門性の中核として「自律的学校経営の具体的場面において職務を実際に遂行することができるということ（performance）に置かれるべきである」（p.401）と述べている。

この performance は、学校経営に限らず、カリキュラムや学校組織、社会全体の課題などに関する理論知、勘とコツに示されるような実践知、そして使命感や責任感などによって培われるという。校長に必要とされるこのような力量は、これまでの OJT や行政研修ではその形成に限界があって、計画的・系統的な専門性の育成の必要性を指摘し、大学院教育の重要性を論じた。そして、この大学院の目的として、次の7つを挙げた。すなわち「①30代〜40代前半の教員を主たる対象とした校長養成」「②現職の教頭・校長等を対象とした研修事業」「③『民間人校長』等の登用前後における研修事業」「④学校経営とスクールリーダーの研究、およびスクールリーダー養成・研修プログラムの開発」「⑤学校経営の実践に関するコンサルティング事業」「⑥発展途上国のスクールリーダー研修の協力事業および共同研究事業」「⑦学位・免許・単位取得などの資格証明や資格付与」（p.403）である。これら7つのうち、本稿の関心に照らせば、①、②および④が日本の大学院教育の主たる目的となることが予想される。

カリキュラムについて、小島は「知と実践のインターラクション」（p.405）の重要性と学校を経営する上で必要な能力形成を目的とした Performance-based Curriculum の必要性を指摘した。Performance-based とは、「校長の

第1章　スクールリーダー（学校管理職）の養成をめぐる立論と実践の検証　69

Performanceに関わる理論知や実践知を身に付けるにとどまらず、行動において具体的な問題や課題を処理し、解決する力量」（p.405）を指す。この考えをもとに表1のようなカリキュラム案を示した。

　加治佐（2005）は、日本における学校指導者（校長、教頭）と教育行政専門職に対する意識的で計画的な養成が行われてこなかった現状を次のように述べる。すなわち、「学校指導者の役割はますます重要となっている。そうした役割は、これまでの、教育委員会の指示・命令のもとでの『中間管理職』的な学校運営の能力では遂行できない。それに代わる、自律した特色ある学校経営活動を創造・展開できる高度の能力や専門性が必要であり、学校指導

表1　小島によるスクールリーダー教育のカリキュラム案

	領域	授業科目例
学校経営専門科目	（学校のビジョンづくり） （カリキュラムの開発と経営） （学校のマネジメント）	学校目標構築研究（講義・演習） 学校カリキュラム経営研究（講義・演習） 学校経営計画研究（講義・演習） スタッフマネジメント研究（講義・演習） 学校財務・学校事務研究（講義・演習） マネジメントとIT研究（講義・演習）
	（学校の組織開発） （家庭・地域の連携構築） （学校評価研究） （学校の危機管理）	学校組織開発研究（講義・演習） 連携構築研究（講義・演習） 学校評価研究（講義・演習） 学校の危機管理（講義・演習）
学校経営共通発展科目	（専門科目に共通する専門的知識）	教育リーダーシップ研究（講義・演習） 教育政策と法・行政研究（講義・演習） 学校経営分析研究（講義・演習） 学校組織研究（講義・演習） 学校参加研究（講義・演習）
	（現代的課題の解決に資する教育思想等） （国際的な教育視野）	現代の教育改革研究（講義） 教育思想研究（講義） 国際社会と教育（講義・演習）
学校経営実践科目	（学校経営実践）	学校経営総合演習

出典・小島2004、p.409

者は高度専門職ということができる」（p.224）とし、長期間にわたって教職や教育行政職を経験した人間が、スクールリーダーとしての教育を受けることなく、慣行的にこれらの職に就いてきたことを批判的に検討している。そして、スクールリーダーを高度専門職と位置づけた上で、高度専門職の養成に特化した専門職大学院における計画的な養成の必要性を述べる。

そこで加治佐は、アメリカにおける学校指導者（校長、教頭）、教育行政専門職（指導主事、管理主事、教育長）の養成プログラムを検討した。その結果、「①学校のヴィジョン・目標の創造能力」「②学校組織の管理運営能力（technical leadership）」「③積極的な学校文化の形成能力」「④教育的リーダーシップ（instructional leadership）」「⑤親・地域との積極的な関係の構築能力」の5つに整理している。このアメリカの事例および日本での質問紙調査の結果を踏まえ、養成されるべき学校指導者像として、次の4つを示した。すなわち、「学校の教育・学習活動の改善能力（教育的リーダーシップ）」「学校のヴィジョン・目標の創造と共有化の能力」「合理的組織運営能力」「保護者・地域社会との連携構築能力」（pp.226-228）である。この4つの能力・力量が大学院における学校指導者養成プログラムの基底となるという。

この学校指導者像を実現するために構想されたカリキュラムは、表2のとおりである。このカリキュラムの特徴は、「従来の教育系の修士課程のように教育学や心理学の学問体系ないし研究分野からカリキュラムの構造を導き、授業科目を構成するのではなく、（略）実際の学校指導者の職務内容や直面する課題（performances）およびそれらを遂行・解決するのに必要な知識やスキル（competencies）から、教育内容と授業科目は作成される」（p.232）点にあって、理論と実践の融合が強く意識されている。それは、学校経営実施科目群に設置された2つのインターンシップを「両科目群（筆者注：学校経営・教育行政基礎科目群および学校指導者専門科目群を指す）で習得した専門知識とスキルを実際に活用する実践・演習を行って、それらの統合と深化をねらいとする」（pp.233-234）として位置づけている点に看取できる。

兵庫教育大学（2014）は、文部科学省先導的大学改革推進委託事業として行われたものである。この事業の目的は「教職大学院の質の充実と量の拡大時期にある現時点で、今後新たに設置されるであろう教職大学院においてど

第1章　スクールリーダー（学校管理職）の養成をめぐる立論と実践の検証　71

表2　加治佐によるスクールリーダー教育のカリキュラム案

科目群	科目例	単位
学校経営・教育行政基礎科目群	学校経営・教育行政調査研究法（フィールドワークと統計）	必修2単位
	学校組織・リーダーシップ	必修2単位
	教育行財政・法制	必修2単位
	現代教育改革	必修2単位
	教育情報処理	必修2単位
学校指導者専門科目群	学校ヴィジョン・目標構築	必修2単位
	学校組織マネジメント・学校自己評価	必修2単位
	教育課程経営（カリキュラム・マネジメント）	必修2単位
	教職員職能開発（スタッフ・ディベロップメント）	必修2単位
	学校財務	必修2単位
	開かれた学校づくり	必修2単位
	学校危機管理	必修2単位
学校経営実地科目群	学校経営インターンシップ	必修3単位
	学校経営インターンシップ・セミナー	必修3単位

出典：加治佐（2005、pp.232-234）より筆者作成

のようなカリキュラム構成が必要なのか、具体的かつ明確な方向性を示すための参考として、新たなカリキュラムイメージを提案する」(p.5)ことにあったという。つまり、2006年の中央教育審議会答申『今後の教員養成・免許制度の在り方について』で示されたカリキュラムイメージ（「別添2教職大学院におけるカリキュラムについて（補論）」）を、先行実践の知見を踏まえて改訂することがねらいであった。このため、国私立大学（教職大学院含む）関係者、教育行政関係者、学校関係者、マスコミ関係者からなる委員によって教職大学院の今後のカリキュラムイメージが検討されている。

　この研究において、スクールリーダー教育を行うコースの使命と重点事項として、「中堅教員に対して、優れた授業力と実践的指導力をベースにして、若手教師の育成や校内の各チーム及び学校全体に影響を及ぼすことができる

マネジメント力を育成することで、学校や地域の諸学校での研究会において中心的役割を担うミドルリーダーを養成する。また、ミドルリーダーに対しては、学校改善や学校の組織力の開発ができる学校経営の視点を持った将来の管理職候補者を養成する。さらに、学校活性化の支援や教育委員会での施策・事業の企画・立案・評価を担うことができる教育行政の専門家（指導主事）の養成も視野に入れる」（p.30）ことが期待されており、管理職候補者と教育行政の専門家に対しては、次のような人材像が検討されている。すなわち、前者については「学校の教育・学習活動の改善能力（「教育的リーダーシップ」）」「学校のビジョン・目標の創造と共有化の能力」「合理的組織運営能力」「教職員の職能開発・成長を促す能力」「保護者・地域社会との連携構築能力」を、後者については、「特色ある施策・事業の企画・立案能力」「自律的学校経営支援能力（特色ある学校づくりの支援能力）」「教職員研修企画能力」を求めた。そして、これらの人材を養成するカリキュラムを表3のように示した。

表3　カリキュラムイメージ研究によるスクールリーダー教育のカリキュラム案

分野	授業科目名	内容	単位数
中核科目			
学校マネジメントに関する分野	学校組織マネジメントと学校評価	■組織マネジメント・学校評価の基本事項 ■環境分析から戦略・ビジョンの立案 ■組織マネジメントの各種手法	必修2単位
リスクマネジメントに関する分野	学校危機管理の基本	■危機管理の基本（物的・環境的要因・人的要因） ■危機管理事例演習（自然災害／施設設備の安全管理／感染症・外来者・不審者／情報管理／生徒指導／教育不祥事／児童虐待等）	必修2単位
学校の人的資源開発に関する分野	教職員の職能開発と研修プログラムの開発	■教職員育成の基本（Off-J-T（ママ）、OJT、SD、マネジメント指導） ■学校内における指導の実践（コーチング、メンタリング等） ■校内の研修の企画・実施・評価	必修2単位
学校経営実践に関する分野	学校の地域協働の理論と実践	■学校経営参加の基本と情報発信 ■地域の関係機関との連携と地域資源の活用 ■コミュニティスクール等の実践事例研究	必修2単位
	カリキュラムの開発と学校の特色づくり	■学力論とカリキュラムマネジメントの基本 ■小中・中高一貫におけるカリキュラムづくり ■学校カリキュラム開発と学校組織づくり	必修2単位

第1章　スクールリーダー(学校管理職)の養成をめぐる立論と実践の検証

分野	科目	内容	単位
フィールドワークに関する分野	学校経営実践課題研究Ⅰ（1年次）	■現任校分析 ■先進教育実践校事例調査と分析	必修2単位
	学校経営実践課題研究Ⅱ（2年次）	■先進学校経営事例調査と分析 ■特定の学修の成果の開発（改善プランの開発・作成・発表）	必修2単位
②発展科目			
教育行財務・法規に関する分野	教育法規の理論と実践	■教育基本法規（憲法・教育基本法・学校教育法・地教行法・教育公務員特例法等） ■教育法令分析（国と地方の関係／教育委員会と学校の関係／教職員管理／学校事故／生徒指導等）	選択2単位
リスクマネジメントに関する分野	学校危機管理の実践	■学校防災の基本と事例 ■危機管理の組織的対応とマスコミ対応 ■危機管理マニュアルの点検・改善	選択2単位
学校マネジメントに関する分野	スクールリーダーシップの理論と実践	■経営組織論・リーダーシップ論 ■組織活性化の理論と各種手法 ■先進校事例研究	選択2単位
学校経営実践に関する分野	学校財務・業務管理の理論と実践	■学校財務と予算編成 ■業務管理の基本と業務改善の実践 ■学校財務・業務改善の先進事例研究	選択2単位
フィールドワークに関する分野	教育研究調査法	■社会調査の基本（企画・実査・集計・分析） ■質問紙調査・インタビュー調査等の各種手法	選択2単位
教育行政科目			
教育行財政・法規に関する分野	教育行財政の制度と運用	■教育行政の基本（教育委員会制度・教育課程行政・人事行政） ■教育財政の基本（国と地方の財政制度・地方教育財政制度・学校財務）	選択2単位
	教育施策の立案と評価	■教育施策の形成・実施・評価プロセス ■先進施策研究（国・都道府県・市町村レベル）	選択2単位
学校の人的資源開発に関する分野	人事管理・メンタルヘルスの理論と実践	■人事管理の全体と各種制度（採用・異動・評価・育成） ■メンタルヘルスの理解と予防 ■教育委員会の先進人事施策研究	選択2単位
フィールドワークに関する分野	教育行政実践課題研究Ⅰ	■教育委員会分析 ■先進教育委員会事例調査と分析	選択2単位
	教育行政実践課題研究Ⅱ	■先進教育委員会事例調査と分析 ■特定の学修に（ママ）成果の開発（教育行政改善プランの開発・作成・発表）	選択2単位
実習科目			
学校課題改善実習		■学校経営上の特定の課題のための実習	選必10単位
学校経営実習		■学校経営における総合的な改善のための実習	選必10単位
教育行政実習		■教育委員会における教育行政上の課題解決のための実習	選必10単位

出典：兵庫教育大学2014、pp.33-34を一部改編した

2．構想されたスクールリーダー教育の特徴

スクールリーダー教育の特徴として、次の2つを看取できる。

第一に、スクールリーダーの計画的な育成を目指している点である。ここで検討した論はもとより、割愛した所論においても、大学院レベルでの計画的なスクールリーダー教育の必要性に言及している。ここには、これまでのような慣行による管理職への就任という人事では、あるいは、養成とは言っても「カン」と「コツ」に依存するようなシステムでは、学校の自律性の拡大を背景とした近年の教育状況に対応できないという危機感が見て取れる。

たとえば、教育課程は、授業と関わりの深いものであるため、教員にとっては所与のもの、つまり「自分たちのもの」である意識が強い。ところが学習指導要領の改訂をはじめとする教育課程改革は、各学校の教育課程編成の裁量権を確実に拡大するから、スクールリーダーはこれまで以上に教育課程に関する意思決定や全体調整を迫られることになる。くわえて総合的な学習の時間の新設や学習指導要領の最低基準化、さらには一貫校における教育課程の基準の特例などは、新しい形での意思決定や全体調整を要求するため、これまでの「経験」「カン」「コツ」だけにもとづく教育課程観では対応できないと考えられている。このため、「カリキュラム開発」や「カリキュラムマネジメント」といった科目が配置されるわけである。

第二に、コンピテンスにもとづく実践重視のカリキュラム開発である。これは第一の点に加え、どのような内容を大学院で学習するのか、を問うものである。論者によっては既存の修士課程を構想している場合もあれば、専門職大学院を想定している場合もある。ここで興味深いのは、設置形態の如何にかかわらず、これからのスクールリーダー教育においては、大学院で提供する知識が理論偏重であることは許されない、という点である。このため、カリキュラムは「内容そのもの」よりも「力量」にもとづいた内容の検討がなされている。小島と加治佐においては"competence"という言葉に、兵庫教育大学においては「能力」という言葉に象徴される。そして、先行国の実践の分析や日本の教育現場に対する調査を行うなど、実証的な手法により開発されたカリキュラムとなっている。

また、インターンシップなどの「実践系の科目」を重視していることもこ

の特徴を裏づけるものである。これまでの大学院教育において、こうした科目は重視されてこなかったきらいがある。けれども修士課程や専門職大学院、いずれを想定したものであっても、これらの科目が設定されることには、次のような意味があると考えられる。すなわち、大学院での学びをどれだけ実践に生かしうるか、をこれらの科目で試行しようとすることである。こうした点を踏まえれば、理論と実践とをいかに関連づけるか、という点に、カリキュラム開発上の苦心を看取できる。

3．今後検討されるべき課題

　一つ目は、教職大学院のカリキュラムの構成についてである。現状では修士課程と教職大学院がスクールリーダー教育の役割を担っている。これらのカリキュラムは大きく異なっており、それぞれに長短があると考えられる。教職大学院のカリキュラムは先の検討でも触れたように、とりわけ現場の実践に重きを置いた内容が扱われる傾向にある。

　しかし次の２つの指摘には留意する必要があるだろう。長尾（2013）は、教職大学院を今後の教員養成改革の高度化モデルとした上で、その内容と領域の偏りを指摘しつつ「過密化されたカリキュラムとパターン化、画一化された教育方法・授業形態といったことは、教員養成大学のより大きな『力』の獲得やエンパワーメントにつながるのかどうか、その点での疑問を払拭することは現状では難しい」（p.432）という。浜田（2009）はスクールリーダー教育を大学院で行うことの重要性は認めつつも、そこでどのような教育を行うべきか、つまりカリキュラムの問題に言及している。教職大学院のカリキュラムの問題として次のことを指摘する。すなわち教職大学院のカリキュラムが「実践知」と「現場主義」を重視するあまり、教員養成改革における学部段階の議論と同一化していることへの危惧である（pp.39-40）。その上で、浜田はスクールリーダーの職務にとっての「実践性」の高さを求めながら、「『学校現場』」にいるだけでは得ることのできない『思考の過程』を徹底的に追及する機会をこそ、大学院教育の中で準備し提供することが必要なのではないだろうか」（p.42）と述べる。

　これらの指摘に鑑みれば、教職大学院のカリキュラム改善に関する研究が

必要となる。今後、多くの国立大学が修士課程から教職大学院に転換されることを考えれば、この指摘をいかに受け止めるかが問われる。

　そこで、二つ目としてスクールリーダー教育のカリキュラムをどのように評価するか、ということが検討されなければならない。今後のスクールリーダー教育の要と目される教職大学院のカリキュラムについて、少なからず先の指摘にあるような課題が存在する。評価の必要性は水本（2008）が既に指摘していることであるが、わが国のこれまでのスクールリーダー教育が萌芽期にあったとすれば、これから拡充期を迎える段階においては、先の課題を解決するためにも、カリキュラム評価がより一層の重要性を帯びる。

　また、スクールリーダー教育の理論的展開は、共通する部分もあるものの、論者による差異があり、それを柱としてカリキュラム開発を行った事例もあるし、そうではない事例もある。このため各大学院での実践は多様化することが大いに考えられる。多様化を生じさせる他の要因として大学の組織的な問題を挙げることができる。これは教員組織の規模（人数）や構成（専門分野）の差異によってもたらされる。こうした組織的な問題が専門科目の構成や大学院生の学びに影響を与えることは容易に想像できる。

　したがって、「何を教えるのか」ということを先に議論すること、これも重要であるけれども、それ以上に大学院生が「何を学んだのか」というカリキュラム評価を起点にした上での「何を教えるのか」という検討が必要となる。この時、回顧的調査としての「修了生調査」が大きな意味をもつ。カリキュラム研究では、この回顧的調査によって学習者の教育経験を明らかにした研究が蓄積されている（安藤他2008、金2009、浅野他2011など）。『修了生調査』は、修了生の現在の職務に求められる能力と大学院での学びとを比較して、彼らが「何を十分に学び」、「何を十分に学んでいないか」を明らかにする。現在のスクールリーダー教育は手探りで作り上げてきたハイコストのプロトタイプであり、これをそのまま今後のスクールリーダー教育に敷衍するには無理がある。これら先行実践の成果と課題、すなわち「彼らの学びの事実」を実証的に解明し、先行研究で指摘された課題とも照合しながら、スクールリーダー教育において共通に必要とされる最低限の内容を明確にしなければならないと考える。

第1章　スクールリーダー（学校管理職）の養成をめぐる立論と実践の検証　77

第3節　大学および大学院におけるスクールリーダー教育の実態とその特徴

　本節では、大学および大学院における学校管理職と学校管理職候補者（以下、学校管理職）に特化したスクールリーダー教育の実態について整理する。これまで、学校管理職を育成する主体は教育委員会であった。しかし、現在は、大学院が学校管理職の養成に参画、また教育委員会と大学院が連携しながら育成を行っている。各大学院が多様に展開しているスクールリーダー教育の特徴とその念意を考察してみたい。

1．大学院におけるスクールリーダー教育の特徴の分類

　表4は、大学院におけるスクールリーダー教育の特徴を、4つの視点で整理したものである。

表4　大学院におけるスクールリーダー教育の特徴の分類

視点1	期間による区分	長期型モデル	短期型モデル
視点2	アプローチによる区分	アクションリサーチに順応したアプローチ	理論に順応したアプローチ
視点3	内容による区分	問題学習型	概念学習型
視点4	大学教員の組織体制	組織化された教員集団	ハイ・パフォーマー型

　視点1－期間による区分：これは、①「長期型モデル」と②「短期型モデル」に分類することができる。①「長期型モデル」の特徴は、大学院で行われる教育という点である。ここでの教育は、研究者の理論に体系づけられるカリキュラムや学校現場の課題について考察・検討するカリキュラムが作成されている。一方、②「短期型モデル」の特徴は、フォーラムなどの単発的に開催される教育という点である。短期型モデルは、大学院と教育委員会の協力関係に基づいて実施されるものが多い。フォーラム等を短期に開催することのメリットは、大学院に修学するよりも多くの学校教員を集約して育成することが可能となることである。

視点2－アプローチ方法による区分：これは、①「アクションリサーチに順応したアプローチ」と②「理論に順応したアプローチ」に分類することができる。①「アクションリサーチに順応したアプローチ」の特徴は、学校現場において起こる事象から物事を考察する方法がとられることにある。つまり、個別事象から全体像を見つける帰納的方法を指す。例を挙げると、学校での「実習」をメインに行われる学校現場重視のアプローチをとることである。一方、②「理論に順応したアプローチ」の特徴は、大学院における研究知の習得にある。学校管理職自身が現在抱えている課題をこれまでの研究者の理論知から再度検討する。これまでの大学院教育で培われてきた研究活動が重視されることで、学校管理職自身が抱えている課題を理論から再検討することが可能となる。

視点3－内容による区分：これは、①「問題学習型」と②「概念学習型」に分類することができる。①「問題学習型」の特徴は、学校管理職が直面する最近の教育事情を積極的に取り上げることにある。また、学校管理職自身が抱えている課題について取り上げる場合もある。一方、②「概念学習型」の特徴は、これまでの教育学理論──（例えば、「組織論」、「校長リーダーシップ」といった内容）を取り扱い、中心的に学ぶことにある。

視点4－大学教員の組織体制：これは、①「組織化された教員集団」と②「ハイ・パフォーマー型」に分類することができる。①「組織化された教員集団」の特徴は、大学教員の個々人の力量もさることながら、「組織化された大学教員」の「集団の力」によるカリキュラム構成にある。一方、②「ハイ・パフォーマー型」の特徴は、高い力量を持った大学教員の「個人の力」によるカリキュラム構成にある。

このように4つの視点に分類することで、日本の大学におけるスクールリーダー教育のプログラムの特徴について明示できる。視点2と視点3については、似通った中身となることがわかる。また、視点4のように大学教員の組織体制に着目した理由は、大学院でカリキュラムを開発する際に、大学教員が個別に持っている力量に左右されることが多いと推察したためである。

第1章　スクールリーダー（学校管理職）の養成をめぐる立論と実践の検証　79

２．大学院におけるスクールリーダー教育の組織体制

　上記の視点の中から、視点２と視点４を用いて４象限への分類を行ったのが下記の図１である。

　このとき、大学教員の組織体制が大学のカリキュラムに影響を与えることを指摘できる。

　現在の大学院では、学校管理職を大学で育成する際に、学校管理職に限定したコース（例：学校経営コース）を設置している場合とそうでない場合がある。特に、学校管理職に限定したコースにおいても、学校経営の専門的研究者が複数いる場合、専門的研究者と実務家教員ならびにハイブリッド型教員（教職経験があり博士号を有する研究者である教員）が混在している場合、そしてハイ・パフォーマーな専門的研究者が１人しかいない場合とがある。

　特に、ハイ・パフォーマーな大学教員が１人しか存在しない場合、彼の力量をもって、カリキュラムが開発されている要素が強い。力量の高い大学教員がいることにより、大学院のカリキュラムが成立する一方で、その教員が退職してしまった場合、カリキュラムを継承できる大学教員がいなくなる可能性がある。これを個人の要素が強いことから「学級担任型」とする。

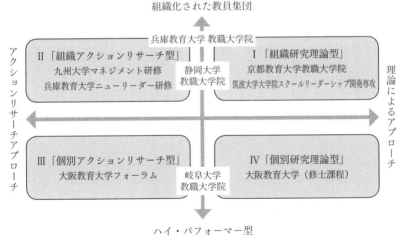

図１　スクールリーダー教育の実相

一方、多くの大学教員がいる場合、個々の教員の専門をカリキュラムに反映させるとともに、大学院のカリキュラムとして、全体的にまとめることが求められる。これは、包括的にコースを支える教員の存在と大学のマネジメントの発想が必要となる。これを「教科担任型」の組織化されたカリキュラムとして示すことができる。「学級担任型」と「教科担任型」の相違点をまとめたのが表5である。前者の場合、スペシャリストの育成になり、後者の場合、ジェネラリストの育成となる。なぜなら、「学級担任型」では、指導する大学教員の得意とする特定の分野を学んだ教員は、専門分野をもつスペシャリストとなり、一方、「教科担任型」では、組織化されたカリキュラムにより各論が重視され、それらを学び、身につけた教員は広範囲の知識をもつジェネラリストとなるためである。

以上の整理に依拠すると、以下の2点の問題を指摘できる。

第一に、スクールリーダーの育成の主体を巡る葛藤がある。言い換えると、大学の研究者は大学側が教育委員会を意識してスクールリーダー教育を行なうといったディレンマを持っている。大学において、研究者は理論的枠組みや意図を持って学生を教育する傾向にある。他方で、研究者は、需要サイドとしての教育委員会が提供する優秀な人材像のイメージを常に意識しながら

表5 学級担任型と教科担任型

学級担任型	ハイ・パフォーマーがいる（高い力量を持った教員がいる）。 →ハイ・パフォーマーがいないとカリキュラム／授業ができなくなってしまう。 −力量の高い教員の有無で全てが決まる。	コンピテンシーが重視されやすい。 −スペシャリストの育成。	大阪教育大学（修士課程）
教科担任型	組織化されやすい。 →カリキュラムを包括的に見る教員が必要。 −「全体」のバランスが取れる「カリキュラム」作成のむずかしさ。	実務能力重視 →領域重視 →各論重視 −ジェネラリストの育成。	兵庫教育大学

カリキュラム構成を行っている。教育委員会は常に費用対効果を大切にしている。このため、大学のカリキュラムは優秀な教員を2年間派遣するのにふさわしい価値を持つ必要がある。これは、「働き盛りで力のある教員を大学院へ長期間派遣するだけの意味のある大学院のカリキュラムであるか」という問いに置き換えることができる。つまり、学校現場にとって、力のある教員かつ少ないミドル層が抜けることは、「学校力」を低下させることにつながる。したがって、大学院に進学することで、それに応えるだけの能力を身につけてもらわなければいけない。そして、教育委員会にとって現場の教育実践に即座に活かせるカリキュラムでないと大学院に派遣する意味がなくなる。

また、崇高な理念に基づくスクールリーダー教育が大学院で行われていたとしても、それを受けた大学院生が学校管理職にならなければ意味がない。つまり、教育委員会のイメージするスクールリーダー像を大学院側が常に意識して育成する（カリキュラムを開発する）必要性が生じてくる。

スクールリーダー教育の主体は誰かということはさらに議論されるべき事柄として残っている。例えば、スクールリーダー教育とは、教育委員会の求める人材を育成することなのか。また、その役目は大学院・研究者の果たす役割なのかということである。このようにスクールリーダー教育をめぐる大学と教育委員会との関係性は、今後検討されなければならない。

第二に、大学院でのカリキュラムは、大学教員の力量（パフォーマンス）に委ねられることに問題がある。言い換えると、スクールリーダー教育が大学教員の力量による教育であるとすると、学校管理職育成の実現可能性が制限される。というのも、大学教員が持ちうるスクールリーダー教育の理論的枠組みと現場を踏まえた理論的教育をどのような方法によって行うのかが、大学教員の力量へと集約されるからである。つまり、研究者教員の力量の有無が大学院のカリキュラムの在り方を左右することになる。

これは、学校管理職養成の質と量を確保する問題へとつながる。なぜなら、都道府県によっては、身近な大学院ではスクールリーダー教育におけるカリキュラムが十分に構成できず、偏った教育しか受けることができない可能性が生じるためである。

最後に、教員のキャリアステージを誰が考えるのかという課題がある。こ

れは、今後教育委員会を中心に形成されるであろう大学と教育委員会が連携した取組、すなわち「教員育成協議会」の存在で変わるのかもしれない。

第4節 「大学院におけるスクールリーダー教育」をめぐる研究課題

　日本では2000年代以降の学校経営改革と並行して、スクールリーダー教育の実践、特に大学院が主体となった実践開発が多様に展開した。一方、冒頭で指摘したように、スクールリーダー教育の制度的強化に向けた政策議論が進む現時点では、これまで自生的・実験的に実践化されたスクールリーダー教育の検証と課題の析出の必要性が増している。本章では、その基礎作業となることを意図して、各地の教育系大学院のスクールリーダー教育の立論と実践の特徴を横断的に検討したが、そこには現在手がけるべき研究課題が数多く潜在していることを確認できた。それらを整理すると以下の通りになる。

　第一に、スクールリーダー教育のカリキュラムの立論と実践のギャップの検証、さらにスクールリーダー教育の理論的基盤の確立である。本章2節でみたように、日本のスクールリーダー教育は、先進国の学校管理職養成（大学院における養成）を範としつつ、大学院が個々のニーズ調査（教職員等対象）を通じて、養成する力量像および管理職養成カリキュラムを構想してきた。そのために、現時点では各大学院の実践は多様性を帯びたものとなっている。ただし、日本のスクールリーダー教育が萌芽期から拡充期に移りつつある現在において、こうした多様性が創意ある学校経営・教育行政の実践の創出に意義あるものであるか、やはり検証の必要を指摘しうる。一方、日本教育経営学会（2012a, 2012b）による「校長の専門職基準」策定・活用の研究が進められており、これにスクールリーダー教育に関わる各主体に一定のガイドラインをもたらす意義が注目されている。しかし、同基準自体、アメリカの州間学校管理職資格付与協議会の基準（ISLLC基準）をモデルに開発され、他の関係機関・団体との共同開発の形式はとっていない等のために、そのようなガイドライン的機能や役割は、現時点でまだ有していない。

　以上を踏まえると、今後日本のスクールリーダー教育の発展を志向するな

らば、次のような具体的課題への研究的接近が期待される。一つは、各大学院で構想（立論）されたカリキュラムが適切に教育活動・実践に移されたか、そして受講者の力量形成に影響を及ぼしたかの検証（カリキュラムの立論と実践のギャップの検証）を行い、カリキュラムの精錬をはかることと言える[4]。

　第二に、スクールリーダー教育の質と量の問題への対応である。スクールリーダー（特に学校管理職）養成の制度化は、前民主党政権期より本格的な検討（「学校経営」専門免許状等の検討）が開始したと解されるが、養成の質と量をどのように設計するかが常に大きな問題とされてきた。本章では、特に第3節において複数の大学院が短期・長期のカリキュラムを開発している点を述べたが、現段階までのカリキュラムは総じてハイコストのものであり、養成しうる人材規模に限界がある（仮に今後教職大学院での学校管理職教育が制度化され、全国に教職大学院が設置されたとしても、そこで養成しうる人材規模は、当面の学校管理職の新規登用の必要数にはるかに及ばないと推測される）。この点と関わって、全国・各地域での学校管理職（その候補者）の需要数に整合的な研修制度・組織体制を設計する研究が期待される。大学院教育と行政研修の棲み分けあるいは協働化の追求や、大学院教育の固有の役割・位置づけの解明も、関連した研究課題といえる。

　最後に第三として、スクールリーダー教育を担う人材（大学教員）の力量形成問題への対応を指摘したい。第2・3節でみたように、大学院におけるスクールリーダー教育は、高度な専門性・能力育成のための「理論と実践の融合」を意識したカリキュラムや、研究者教員と実務家教員の協働といった新たなコンセプトを内包している。しかし、これを遂行できる人材の力量形成の課題は必ずしも十分に顧みられておらず、熟練した「第一世代」[5]大学

---

4) この点さらに踏み込んで言えば、日本の教育行政の分権化の実相の解明あるいは組織的効果をもたらすスクールリーダーの力量の実証研究を蓄積し、日本の文脈で通用性の高いスクールリーダーの力量像を解明すること等、スクールリーダー教育の理論的基盤を確立することも重要な研究課題と言えよう。
5) ここで「第一世代」大学教員とは、2000年代の中央・地方レベルの学校経営改革の試行的実践、大学GP・教員養成GP等の補助金による実践に参加し、新たな学校経営の思想・技術を蓄積しつつ、スクールリーダー教育開発に関与した教員を指す。

教員の技量（パフォーマー、あるいは言語化されないセオリー）によって担われてきた部分が多い。今後教職大学院の量的拡充や、担当教員の世代交代が図られていくなかでは、教育行政学・学校経営学の研究の深化に努力した研究者、教育行政・学校経営の実践推進に携わってきた実務家の両者が、新たな機軸の専門職教育に展開することを容易にする力量形成のしくみ・手法を実践的に開発することが強く期待される[6]。

（田中　真秀／安藤　福光／大野　裕己）

付記

（1）本章は、大野裕己・安藤福光・田中真秀「スクールリーダー教育の理論と実践の距離」と題した、関西教育行政学会5月例会（2014年5月17日、於：京都テルサ）での発表内容、およびYasuki OHNO, Yoshimitsu ANDO, Maho TANAKA "Trends and Problems on the Education Programs for Future School Leaders of Japanese Universities"と題した、第10回東アジア教員養成国際シンポジウム（2015年10月31日、於：名古屋国際センター）での発表内容に加筆・修正を加えたものである。

（2）本稿は三人の執筆者（田中真秀・安藤福光・大野裕己）が全体構想について議論したのちに、以下のような執筆分担を採った。第1節および第4節は大野が、第2節は安藤が、そして第3節は田中がそれぞれ執筆し、それらを持ち寄って再度の議論を経て最終原稿とした。

引用・参考文献

・浅野信彦・川北裕之・高橋亜希子（2011）「カリキュラム評価における『卒業生調査』の意義－高校総合学習『環境学』を事例として－」文教大学教育学部『教育学部紀要』第45集、pp.1-11.
・安藤福光・平田知之・田中統治（2008）「中高一貫校におけるリーダー育成のためのカリキュラム開発に関する研究－筑波大学附属駒場中・高等学校の『文化祭』でのリーダー経験に注目して－」筑波大学教育学会『筑波教育学研究』第6号、pp.87-101.
・安藤福光・田中真秀・大野裕己（2014）「スクールリーダー教育をめぐる立論・実践と研

---

[6] 佐野ほか（2013）による大学教員の「持論」分析など、この点の課題解決に寄与しうる研究が見られるようになってきている。

- 究課題」関西教育行政学会『教育行財政研究』第41号、pp.75-84.
- 大阪教育大学スクールリーダー・フォーラム事務局編（2013）『学校づくり実践を物語る ―― 学校・大学・教育委員会のコラボレーション ―― 』（第13回スクールリーダー・フォーラム報告書）。
- 大野裕己（2008）「校長と法」篠原清昭編著『学校のための法学（第二版）』ミネルヴァ書房、pp.38-58.
- 大脇康弘（2005）「スクールリーダー教育のシステム構築に関する争点－認識枠組と制度的基盤を中心に－」『日本教育経営学会紀要』第47号、pp.24-35.
- 大脇康弘他執筆（2006-2007）「スクールリーダー教育の構築」全12回『教職研修』2006年4月号～2007年3月号、教育開発研究所。
- 大脇康弘他執筆（2007-2008）「スクールリーダー教育の実践」全12回『教職研修』2007年4月号～2008年3月号、教育開発研究所。
- 大脇康弘他執筆（2008-2009）「スクールリーダー養成の教職大学院」全12回『教職研修』2008年4月号～2009年3月号、教育開発研究所。
- 小島弘道（2004）「政策提言－校長の資格・養成と大学院の役割－」小島弘道編著『校長の資格・養成と大学院の役割』東信堂、pp.393-413.
- 加治佐哲也（2003）「新しい学校指導者養成制度の構想試論」『現代学校経営研究』第16号、兵庫教育大学学校経営研究会、pp.25-32.
- 加治佐哲也（2005）『アメリカの学校指導者養成プログラム』多賀出版。
- 加治佐哲也（2007）「スクールリーダー育成と大学・教育委員会の連携－兵庫教育大学の養成プログラム－」北神正行・高橋香代編著『学校組織マネジメントとスクールリーダー－スクールリーダー育成プログラム開発に向けて－』学文社、pp.183-197.
- 加治佐哲也編著（2008）『学校のニューリーダーを育てる』学事出版。
- 加治佐哲也編著（2011）『学校管理職養成スーパープログラム－先進教職大学院の実践に学ぶリーダー教育』学事出版。
- 金玥淑（2009）「小学校英語カリキュラムの評価」田中統治・根津朋実編著『カリキュラム評価入門』勁草書房、pp.51-74.
- 北神正行（2007）「学校経営改革とスクールリーダーの変容」北神・高橋編、同上、pp.9-29.
- 佐野享子・川口有美子・高橋望・柴田聡史（2013）「スクールリーダー育成プログラムの開発に関する試論的研究 ── 大学教員の「持論」を手がかりとして ── 」牛渡淳研究代表『専門職基準に基づく校長の養成・採用・研修プログラムの開発に関する実証的研究』（科学研究費補助金研究成果報告書）。
- 中央教育審議会（2006）『今後の教員養成・免許制度の在り方について（答申）』http://www.mext.go.jp/b_menu/shingi/chukyo/chukyo0/toushin/1212707.htm（2016年1月31日

最終閲覧）
- 中央教育審議会（2012）『教職生活の全体を通じた教員の資質能力の総合的な向上方策について』http://www.mext.go.jp/b_menu/shingi/chukyo/chukyo0/toushin/1325092.htm （2016年1月31日最終閲覧）
- 中央教育審議会（2015）『これからの学校教育を担う教員の資質能力の向上について』 http://www.mext.go.jp/b_menu/shingi/chukyo/chukyo0/toushin/1365665.htm（2016年1月31日最終閲覧）
- 東京都教育委員会（2008）『校長・副校長等育成指針』 http://www.kyoiku.metro.tokyo.jp/ buka/jinji/jinzai/kochotoikuseisisin.pdf、（2014年3月19日最終閲覧）
- 東京都教育委員会（2013）『学校管理職育成方針』 http://www.kyoiku-kensyu.metro.tokyo.jp/02syokuso/hikkei/files/kanrisyoku_ikusei_sisin.pdf（2016年1月30日最終閲覧）
- 中留武昭（1995）『学校指導者の役割と力量形成の改革－日米学校管理職の養成・選考・研修の比較的考察－』東洋館出版社．
- 長尾彰夫（2013）「教師教育改革のポリティクス分析－教員養成大学の在り方を通して－」『教育学研究』第80巻第4号、pp.427-438.
- 日本教育経営学会（2009）『校長の専門職基準［2009年度版］－求められる校長像とその力量－』．
- 日本教育経営学会（2012a）『校長の専門職基準2009（一部修正版）－求められる校長像とその力量－』http://jasea.sakura.ne.jp/teigen/2012_senmonshokukijun_index.html （2016年1月31日最終閲覧）
- 日本教育経営学会（2012b）『校長の専門職基準（2009年版一部修正）解説書－理論から実践へ－』 http://jasea.sakura.ne.jp/teigen/2012_senmonshokukijun_index.html（2016年1月31日最終閲覧）
- 日本教育経営学会スクールリーダーの資格任用に関する検討特別委員会（2003）『学校管理職の養成・研修のシステムづくりに向けて』 http://jasea.sakura.ne.jp/teigen/2003_kanrishokuyoseisystem_index.html（2016年1月31日最終閲覧）
- 浜田博文（2009）「大学院におけるスクールリーダー教育の課題」『学校経営研究』第34巻、pp.33-34.
- 兵庫教育大学（2014）『平成25年度文部科学省先導的大学改革推進委託事業「今後の教職大学院におけるカリキュラムイメージに関する調査研究」成果報告書』
- 水本徳明（2008）「スクールリーダー教育の開発課題」『教職研修』2008年3月号、pp.76-79.

第 2 章
教職大学院に期待される力量形成

はじめに

　本稿の目的は、教職大学院に期待される力量形成について、「スクールリーダーの専門性（専門的力量）の知識基盤は何か」という観点から考察することである。

　国立教育政策研究所は、全国の都道府県・政令指定都市教育委員会及び教育研究所・センターに対して『学校管理職育成の現状と今後の大学院活用の可能性に関する調査』（平成26年4月7日）を実施している。「学校管理職養成を行う大学院として、どのような大学院が高い評価に値するか」という設問の結果を見ると、①教育委員会が求める資質・能力を身につけさせてくれる大学院（たとえば危機管理や法規のことが学べる大学院、法規演習や組織マネジメントを学べる大学院）、②理論と実践の往還による実践的能力が身につく大学院、という回答が多かった。

　こうした回答の背景には、実践を軽視・無視した研究重視の大学院教育に対する現場サイドの不信感も含まれているだろう。他方、大学側からすれば、これらの回答は、大学院が教育センターと変わらないものになるのではないかという危惧を感じさせるものである。

　そもそも、教職大学院に期待される力量形成（そこで身につけさせる資質・能力）や教職大学院が担うべき役割を考えるためには、スクールリーダーの専門性（専門的力量）とは何か、それを支える知識基盤は何かを問う必要がある。何を専門性の知識基盤とみなすかによって、教職大学院における力量

形成への期待は変わってくる。また、その知識基盤の捉え方が異なれば、「理論と実践の往還」の理解も異なってくるし、それによってスクールリーダーの力量形成のあり方が変わってくる。

そこで本稿では、第一に、スクールリーダーの専門性の知識基盤の観点から大学院ないし教職大学院の役割をめぐる議論を整理する。第二に、知識基盤の捉え方と連動した「理論と実践の往還」の違いから教職大学院のスクールリーダーの力量形成のあり方を4つのモデルに分類し、各モデルの特徴を明らかにする。第三に、校長の専門職基準への示唆を述べる。

第1節　スクールリーダーの専門性の知識基盤の歴史的展開
～アメリカの学校管理職養成の場合～

スクールリーダーの専門性の知識基盤の観点から大学院の役割を考える手がかりとして、まず、アメリカの学校管理職養成の展開を参照したい。

わが国では、学校管理職の専門性を保証する免許制度は存在せず、長らく学校管理職の専門性は教諭の専門性の延長線上に位置づくものと考えられてきた。これに対し、アメリカでは学校管理職の免許制度が確立し、免許状取得のために大学院における学校管理職養成が行われてきた。その歴史は、大学院教育の根拠となる学校管理者（スクールリーダー）の専門性の基盤をめぐって、学校マネジメントはサイエンス（体系的な知識・論理や技術によって導かれる実践）かアート（経験や直観によって導かれる実践）か、学校管理者は教育者か組織マネジャーか等の議論を孕みながら展開してきている。

以下では、アメリカの学校管理職養成の展開を、その研究の第一人者であるマーフィー（Joseph Murphy）の時代区分に従いながら確認しよう。

1．観念主義の時代（1820～1899）

学校が比較的に単純な組織であったこの時代、学校経営は単に教師の指導監督（supervision）とみなされており、学校管理者は「教育者（教師たちの教師）」「哲学者」であり、聖職者のような存在であった。「学究的な管理者は、真理を発見することができ、教育に関するあらゆる事柄についての最高

の権威である。経営の問題とは哲学的知識を学校へ応用することである」[1]と考えられていた。教育の本来の役割は教育指導であるという理由で、学校管理者になるためには教師の養成教育を受けることで十分だとみなされ、管理職養成は分化しておらず、カリキュラムや教授方法の領域が重視された。また、すぐれたスクールリーダーの特性理論（リーダーシップをとれる人物の個人属性や特性は何か）や偉人論が教授された。

2．処方箋の時代（1900～1946）

　この時代、管理職養成に大きな影響を与えたのは、ビジネス産業主義、とりわけ科学的管理運動である。この運動は経験・勘・コツに依存する作業方法（成り行き管理）を批判し、学校もビジネスの手法を導入し効率的に経営されるべきだという要求や提案を盛んに行った。学校管理者は、教育者や哲学者ではなく、「ビジネス・マネジャー」「経営者（executive）」であり、学校管理者として適任と認めるには教師用のトレーニングでは不十分だとみなされ、大学院における学校管理職養成が制度化された。

　その養成プログラムで強調されたのは、「学校経営はどうすればよいのか」という手法的・技術的で実用的な側面である。たとえば、グラフの製図技術、計算機、映写機等の諸機器の操作方法、簿記、会計の技術をマスターする[2]等である。養成プログラムの知識基盤は、「科学」を標榜していたが、さまざまな学問領域から借り集められた知識の諸断片、成功したと称される管理者の経験、個人的な成功物語や格言、未検証の原理等から成り立っていた。こうした知識基盤は、次の「科学の時代」に、「なぜうまくいくのか」という科学的・理論的な裏付けのない経験主義や事実主義以上のものではないと批判された。

---

[1] Murphy, J., "Preparation for the School Principalship: the United States' story", *School Leadership & Management*, Vol.18, No.3, 1998, p.362.
[2] 郭泳宇「アメリカにおける教育経営論の系譜　―その系譜と展開―」伊藤和衛編『教育経営の基礎理論』1974年、118頁。

3. 科学の時代（1947〜1985）

　社会科学や行動科学にもとづいて学校経営の科学や理論を追究し、学校経営の専門職化をめざし、大学院における管理職養成が急速に拡大した時代である。学校管理者は「科学的成果の適用者」だとみなされ、大学院の養成プログラムの内容は実務経験を基礎としたテクニック志向の内容から社会科学のディシプリンを基礎とした理論志向の内容へと変わる。ここでいう理論とは「管理者は何をなすべきか、いかにあるべきか」という価値論や哲学ではない。自然科学のように、客観的・数量的手法によって仮説−検証のプロセスを経て実証されうる「もし管理者がこれを行うならば、このような結果が生じてくるであろう」という形の一連の命題である。こうした理論は決して非実用的なものではない。「理論から切り離された行動は、ねずみが新しい迷路のなかを、でたらめに、ちょこちょこと走り廻るようなものである。すぐれた理論は精力の浪費を最小限にとどめ、電気ショック（ネズミに与えられる罰）をできるだけ受けないようにして、目標への通路を発見する力となるであろう」[3]。理論や研究は実践を裁定するものであり、それらの教授こそ学校管理者の力量形成に結びつくとみなされたのである。そして、養成プログラムを担当する教授陣も、元教育長や元校長といった実務経験者からほとんど実務経験のない学問研究の専門家へと変わっていく。プログラムの質の高さの指標として、社会科学的内容に大きな社会的信頼が置かれた。

4. 弁証法の時代（1986〜）

　科学的な研究や理論に基礎を置いた養成プログラムに対して、その内容・教授陣の質・教授方法・パフォーマンスの基準等の点で、疑問と批判が向けられた時代である。

　科学を信奉する研究者達は「学校組織にはなんらかの合理的、論理的、体系的な秩序が存在し、その秩序を発見しなければならない。さらに発見の方法は自然科学のように準実験的、数量的な手法に拠らなければならない」[4]

---

[3] グリフィス、D. 著、沖原豊訳『教育行政の理論』泉屋書店、1962年、17頁。
[4] Owens, R.G., *Organizational Behavior in Education*, ALLYN AND BACON, 1998, pp.81-82.

と考えた。しかし、アカデミックな（養成プログラムで教授される）世界観と実践家の世界観とは大きなズレがある。校長は具体的な日々の経験を具体例・隠喩・物語を通してコミュニケーションするし、学校を曖昧で渾沌とした場所として見ており、合理性の限界を知っている。だが、アカデミックな世界では理論と抽象的な関係性を強調し、モデルや科学の言語を使用し、合理性と規則正しさを強調する。こうしたズレの反省から、専門性の基盤として、個人的な経験・知識や暗黙知の重要性が見直され、「科学」や「理論」の再定義が議論されている。トレーニング面では、アカデミックな学習だけでなく、実践に基礎を置いた学習経験（インターン、Problem-Based-Learningなど）の正統性が再認識されている。また、養成プログラムの内容が、学校の中心的使命である教授・学習の質の向上と結びついていないことに対しても批判が向けられた。優れた学校管理者は、単なる経営者や組織マネジャーではなく、教授・学習と学校改善に自らの仕事の根拠を置く教育者でもあることがあらためて認められてきた。

このようにスクールリーダー教育は現在、'正'か'反'か（組織マネジャーか教育者か、理論か実践か、サイエンスかアートか等）ではなく、弁証法的な'合'への道を模索している。

第2節　スクールリーダーの専門性の知識基盤と大学院の役割
～教職大学院設立以前～

以上のようなアメリカにおける知識基盤の展開を念頭に置いて、わが国の教職大学院設立（2008年）以前におけるスクールリーダーの専門性の知識基盤と大学院の役割に関する議論を整理したい。

1．自律的学校経営以前の状況　－現場主義・経験主義と科学志向の分離－

戦後、わが国の学校管理職（スクールリーダー）は、児童生徒や教職員に対する教育上の指導助言を行う「教育者」と法律や規則に定められたことを正しく管理運営する「組織管理者」としての役割を期待されてきた。スクー

ルリーダーの専門性は教諭の専門性の延長線上に位置づくものと考えられてきた。この点では、この時期はアメリカの「観念主義の時代」に近い。

学校管理職（スクールリーダー）の専門性の主たる知識基盤は、学校現場における実務経験や行政経験（OJT）を通して獲得される暗黙知（学校運営の進め方、人間関係の構築、職員集団を動かすツボやコツなど）である。もう一つの主な知識基盤は、行政研修等（Off-JT）によって提供される組織の維持・管理に関する法的な知識や政策に関する情報である。

学校現場では、スクールリーダーの力量形成における大学院の役割への期待は弱く、「机上の学問を学んでも現場では役立たない」「頭でっかちな人をつくるだけ」等の現場主義・経験主義が根強かった。現場主義・経験主義は、概念や論理を極度に軽視し暗黙知のみを強調する知の方法である。しかし、これは①創造的な発想や実践を生み出しにくい、②前例のない状況へ対応できない、③アイデアを体系的・論理的に表現する力量がつかない、④自らの経験を反省し豊かにする機会に乏しい、といった問題点がある[5]。

一方、大学院において提供される知識基盤（教育経営学・学校経営学）は、学校経営の手法やテクニックではなく、理論を追究する「科学」志向であった。ただし、その学問的性格は、経験科学というよりも、「学校経営はいかにあるべきか」という価値論の強いものであった。

自律的学校経営の構築以前の時期を要約すれば、現場主義・経験主義（暗黙知）と「科学」志向（理論）が分離した状況だったと言える。

2．自律的学校経営のための手法的な知（処方箋）の開発・普及

1998（平成10）年の中教審答申「今後の地方教育行政の在り方について」以降、学校の裁量権限の拡大、学校のアカウンタビリティの明確化、保護者・地域住民の学校参加など、自律的学校経営の構築が進められる。これに伴い、組織マネジメントの発想を持った新たな学校づくりの中核を担うスクールリーダーの力量形成に強い関心が向けられた。

この関心に応えたのが、文部科学省のマネジメント研修カリキュラム等開

---

[5] 小島弘道編著『校長の資格・養成と大学院の役割』東信堂、2004年、256-257頁。

発会議が作成した『組織マネジメント研修（モデル・カリキュラム）』（2004年3月、2005年2月）である。この研修は、「管理」運営レベルだけでなく、「経営」戦略レベルの力量を高めるために、組織マネジメントをどうすればよいのかの手法的な知（処方箋）を開発し、各都道府県教育委員会の教育センターへの普及を通して学校現場への適用を図ったものである。そして、スクールリーダーの能力を発揮する領域を、①的確な環境状況の解釈とビジョンづくり（SWOT分析、ミッション探索など）、②ビジョン実現に向けた効果的なマネジメントのしくみの設計と活動の計画化（PDCAサイクルの展開・活用の手法など）、③年度の活動計画を実行する運用の努力とうまさ（コミュニケーション、会議の進め方など）と捉えて、手法的な知を体系化した。

　この手法的な知（処方箋）は、賛否両論があるが、学校経営はいかにあるべきかという価値論に留まっていた教育経営学（学校経営学）の実践的性格を高めるうえで、一定のインパクトを持ったと言えよう。

3．自律的学校経営を担うスクールリーダーの力量形成における大学院の役割　―弁証法の時代に向けて―

　同じ時期に、自律的学校経営を担うスクールリーダーの力量形成のために、大学院の重要性も唱えられた。大学院が担うべき役割を追求した代表的研究として、小島弘道編『校長の資格・養成と大学院の役割』（東信堂、2004年）が挙げられる。

　この研究は調査結果にもとづき、大学院が担うべき固有の役割を、学校経営の起点である「ビジョンの提示」を支えるコンセプチュアル・スキルの形成に見出した。そして、スクールリーダーの専門性の知識基盤として、野中郁次郎の知識創造モデルに依拠しながら、「知識創造の力」、すなわち、「暗黙知」（言語化していない・しがたい経験や五感から得られる直接的知識、特定の文脈に限定される現場の知）と「形式知」（言語化された明示的な知識、特定の文脈に依存しない概念や論理）の相互循環に着眼している[6]。

　具体的には、スクールリーダーとしての力量形成は、座学のように形式知

---

[6] 小島弘道編著『校長の資格・養成と大学院の役割』東信堂、2004年、256-258頁。

を一方的に伝授するだけでは難しく、現場に住み込んで実務経験によって暗黙知を積み上げていくOJTが基礎となる。しかし、自律的学校経営を行うためには「自分が実現したいものは何か」という思い（暗黙知）をコンセプトの形にし、教職員・保護者・行政を説得しうる学校ビジョン（形式知）へと創り上げなければならない。新しいコンセプトやアイデアは「何が本質か、何が原点か」を追究する姿勢から生まれ、コンセプトやビジョンを創るには暗黙知を形式知に変換する力（概念化能力）が必要である。

「暗黙知を豊かにする形式知はおそらく手法的というよりは、より分析的、哲学的、思想的なもの」[7]である。多数の文献を購読し、プレゼンテーションとディスカッションによって知的刺激を与えあう機会は、教育や学校の理念や価値観等の見識、ものの見方や考え方、哲学、思想を深めるとともに、自らの暗黙知（価値観や前提）を形式知化して絶えず吟味する姿勢や本質志向の姿勢を身につけるうえで重要である。それとともに、新しいコンセプトやアイデアを実際に学校現場で試行する機会、つまり、形式知を暗黙知化する学習プロセスも重要である。そのためのカリキュラムの構成原理として、Academic based Curriculumではなく、学校経営者として職務を遂行する上で必要な能力を形成することを目的とするPerformance-based Curriculumを提案している。

以上のように、教職大学院設立以前の議論では、大学院の固有の役割をコンセプチュアル・スキルの形成に、スクールリーダーの専門性の知識基盤を知識創造の力（暗黙知と形式知の相互循環）に見出しており、スクールリーダー教育の方向性を、処方箋の時代や科学の時代に求めるのではなく、弁証法の時代に向けて切り拓こうとしていたと位置づけることができる。

---

[7] 野中郁次郎著『知識創造の経営』日本経済新聞社、1991年、258頁。

第3節　教職大学院に期待される力量形成をめぐる議論
　　　～教職大学院で学ぶことの意義は何か～

　それでは教職大学院設立以後、教職大学院に期待される力量形成ないし教職大学院の役割をめぐる議論はどのように展開しているか。スクールリーダーの専門性（専門的力量）の知識基盤の観点から確認しよう。

1．教職大学院の特徴

　教職大学院は、これまでの既設の大学院（修士課程）と差別化し、新しい学校づくりの有力な一員となり得る新人教員の養成と地域や学校における指導的役割を果たし得るスクールリーダーの養成という二つを目的として、平成20（2008）年度より開設された。教職大学院制度創設の背景には、既設の大学院について「個別分野の学問的知識・能力が過度に重視される一方、学校現場での実践力・応用力など教職としての高度の専門性の育成がおろそかになっており、本来期待された機能を十分に果たしていない」（中教審答申「今後の教員養成・免許制度の在り方について」2006年7月）という厳しい評価があった。

　高度専門職業人としての高度な実践力を開発するために、教職大学院のプログラムは、これまでの既設の大学院のプログラムと比較して、次のような特色をもつ。

- 研究中心ではなく、事例研究や現地調査（フィールドワーク）等の実践的な教育方法を積極的に導入し、理論と実践の往還を目指した教育を行うこと。
- 実践的な教育を行うという観点から、研究者教員だけでなく、実務家教員を4割以上配備すること。
- 修了要件として、研究指導や修士論文を課さず、代わりに10単位以上（400時間以上）の実習を課すこと。
- デマンドサイド（例えば教育委員会）との連携を重視すること。

スクールリーダー養成を目的とした学校経営に関するコース（科目群）を

置いている教職大学院は、大学 HP の情報等に基づいて判断すると、現時点で27校中22校である（なお、国立の教育系大学院は「原則として教職大学院に段階的に移行する」という方向性が示されており、平成28年度には新たに18校が新設される予定である[8])。

2．教職大学院への批判　－教育センター化への危惧－

　こうした特徴をもつ教職大学院のプログラム（スクールリーダーの力量形成）に対して、次のような批判が投げかけられている。

- 教育内容について、「教育科学全体の学問を政策・制度上『実践領域』中心（学校経営学、カリキュラム開発論、教育臨床学など）に再編化し、伝統的な『理論領域』（教育史、教育哲学など）を捨象」[9]している。
- 教育方法について、「教職大学院のすべての科目に関して事例研究や現場における実践活動・現地調査（フィールドワーク）を求めた。それは伝統的な『講読』の方法により『研究知』を理解する科目の存在価値を否定」[10]するものである。
- 大学院における実践的指導力の獲得とは、「単なる技術や既成事実・知識の習得」ではなく、「『自らの暗黙知（価値観や前提）を絶えず吟味する姿勢や本質志向の姿勢を身につけること』、『教育や学校の理念や価値観等の見識、ものの見方や考え方、哲学、思想を深めること』」である[11]。

　これらの指摘は、教職大学院において、スクールリーダーの専門性の知識基盤として、「なぜ」「なんのために」を追求する研究知を軽視し、「どうすればよいか」という手法的な知や実践志向に傾斜していることへの批判である。正－反－合という弁証法の観点から見ると、これらの批判は、実践志向（反）に対立して科学志向（正）に戻ることの主張ではなく、教職大学院が「正（科

---

[8] 平千枝「発展・拡充時代の教職大学院に期待されること　教員養成改革の動向を踏まえて」『Synapse：教員を育て磨く専門誌』第46号、2015年、16-21頁。
[9] 篠原清昭「教職大学院制度のトリレンマ（三すくみ）：高度専門職養成の矛盾と葛藤」『Synapse：教員を育て磨く専門誌』第40号、2014年、49頁。
[10] 同上、49頁。
[11] 牛渡淳「教員養成『高度化』の意義と課題」、三石初雄・川手圭一編著『高度実践型の教員養成へ――日本と欧米の教師教育と教職大学院―』東京学芸大学出版会、2010年、15頁。

学志向）」の良き部分を捨象してしまっていること、その結果、教職大学院が教育センター化してしまうことへの危惧である。

3．教職大学院で学ぶ意義の再明確化

　現在の教職大学院のあり方に批判的な論者たちは、コンセプチュアル・スキルの形成を大学院の固有の役割として見出した小島らの研究（2004）を踏まえて、教職大学院が担うべき固有の役割、教職大学院で学ぶことの意義をあらためて明確化しようとしている。たとえば小島と浜田は、以下のように述べている。

3-1．戦略的視野・思考としての大学院知の獲得

　小島によれば、学校のビジョンや戦略を形成するためには「日本や世界の教育がどう動いているか、教育政策や教育行政の動き、学校内外の実態をキャッチして学校づくりのビジョンや戦略を設定する能力と戦略的視野・思考」[12] が必要である。こうした戦略的視野・思考は大学院教育によって担保されるスクールリーダーにとっての「大学院知」である[13]。

　「大学院知」とは、問題解決型の知、実践・課題対応型の知であるという点で「学術知」（＝学問研究を媒介として形成される知：研究方法など）と異なる。また、ことがらの本質と成り立ちの解明にかかわる研究知であるという点で「学部知」（手法的な知に近い）とは異なる。

　小島は、「大学院知」を身につけるために、教職大学院において学校の課題解決を目指す「課題研究」を重視している。なぜならば、大学院知（戦略的視野・思考）は「学校内外を取り巻く状況を踏まえて学校づくりの計画を構想し、実践しうる知であり、それを表現するのが課題研究であると考える」[14] ためである。

---

[12] 小島弘道「スクールリーダー教育における＜大学院知＞とは何か」『学校経営研究』第34号、2009年、1頁。
[13] 同上、3頁。
[14] 小島弘道「教師教育学研究における『大学院知』の視野」『日本教師教育学会年報』第20号、2011年、23頁。

3-2．「Know-Why」を考えつつ意思決定を行う力量の形成

　一方、浜田によれば、スクールリーダーには「社会全体やコミュニティの状況をさらに幅広い視野で捉えつつ、自身の組織の針路を思考し意思決定するための力量」[15]が必要である。

　しかしながら、学校現場でのフィールドワークを重視し、学生自身の在籍校の改善プラン作成をはじめとする実践性を強調する教職大学院のカリキュラムでは、「Know-How」ではなく「『Know-Why を考える場』であり、『Decision-Making の場』」[16]としての大学院教育を生み出すことは難しい。

　そこで浜田はケースメソッドに着目している。ケースメソッドは、「従来の修士論文による『学術的独創性』の追求とは異質であり、その意味で昔ながらの研究者養成をモデルにした大学院教育での知的経験とは異なる。ただし、それは研究を忌避することでは実現しない。研究者が研究的議論をベースにして蓄積してきた数多くの経営実践ケースを、それぞれの職務経験を持つ受講者が分析し、試行し、意思決定するトレーニングだからである。そこには、現場のフィールドワークでは得難い、極めて高度の『知的挑戦』が生起するに違いない」[17]と考えている。

　以上、教職大学院におけるスクールリーダーの力量形成をめぐる議論を確認してきた。現在の教職大学院に対して批判的な論者たちは、教職大学院が処方箋の時代に向かっていることを危惧し、科学の時代に戻るのでもなく、あらためて弁証法の道を明確化しようとしている。そのために、教職大学院の固有の役割である「コンセプチュアル・スキルの形成」の内実をより具体的に提示しようとしている。

---

[15] 浜田博文「大学院におけるスクールリーダー教育の課題『大学院によるスクールリーダー教育』の展開へ」『学校経営研究』34巻、2009年、42頁。
[16] 同上、40頁。
[17] 同上、41頁。

第4節　教職大学院における「理論と実践の往還」の4つのモデル

ここまで、スクールリーダーの専門性の知識基盤の観点から教職大学院の役割をめぐる議論を確認してきた。先述したように、何を専門性の知識基盤とみなすかが異なれば、教職大学院の特徴である「理論と実践の往還」のあり方が異なり、力量形成のあり方も変わってくる。本節では、こうした観点

図1　教職大学院における理論と実践の往還[18]

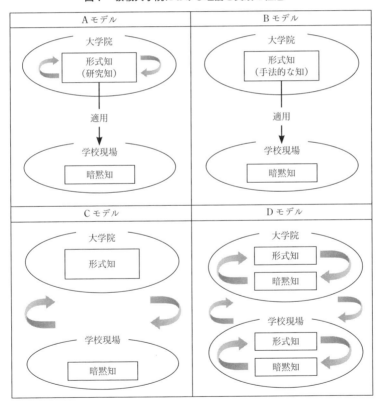

---
[18] 沖野清治・佐々木哲夫・西本正頼・大里剛「教職大学院における実務家教員のFDに関する研究（1）―先行教職大学院のインタビュー調査を手掛かりに―」（教育学研究紀要, Vol 61, 2015年, 548-559頁）の図を参考にして筆者作成。

から、教職大学院における「理論と実践の往還」のあり方を図1の4つのモデルに分類し、各モデルの特徴を明らかにする。

1．Aモデル

Aモデルは、大学院において形式知（研究知）を創造・獲得し、可能であれば、それらを学校現場の実践へ適用するというモデルである。このモデルでは、スクールリーダーの専門性の知識基盤は、形式知の中でも厳密性や客観性の高い研究知や理論である。その大学院教育は研究論文の作成が中心であり、そこで獲得した研究の力量が学校現場の実践でも生きるという前提である。アメリカの科学の時代の考え方や既設の大学院（修士課程）の考え方はAモデルに近い。

2．Bモデル

Bモデルは、「学校マネジメントをどうすればよいか（Know-How）」を考えて、既に創造された形式知を学校現場の実践へ適用するというモデルである。その専門性の知識基盤は、形式知の中でも手法的な知（処方箋）である。このモデルの場合、知識の客観性よりも、知識を適用して実際に学校現場の課題を解決することに力点を置いている。

Bモデルは組織マネジメント研修の考え方に近い。学校マネジメントの考え方・進め方を理解し、それを自分の学校の改善プランづくりや実践に適用するという図式である。

3．Cモデル

Cモデルは、暗黙知と形式知の相互循環を通じて新たな形式知を創造しようとするモデルである。Cモデルの特徴は、学校現場の実践から離れた大学院における省察を重視していることである。スクールリーダーの専門性の知識基盤となるのは、この省察の力（とくに暗黙知の形式知化）である。Cモデルの省察は、学校現場から離れて広い視野をもって学校内外の状況（国内外の教育の動向や教育政策など）を分析し、学校のビジョンや戦略を考えることに重きを置いている。小島や浜田の論はCモデルに立っている。

4．Dモデル

　Dモデルも、Cモデルと同様に、暗黙知と形式知の相互循環を重視するモデルである。Dモデルが、Cモデルと違うのは、実践から離れた省察ではなく、学校現場の実践の中で省察（暗黙知と形式知の循環）する力を高めることをねらいとしている点である。スクールリーダーの専門性の知識基盤となるのは、この実践の中の省察の力である。

　マネジメントの実践はアートないしクラフト（＝技）なので、理論を習得してそのまま適用できるというものではなく、実践（仕事）を通じた省察によって学習するものである。その際、新しいものの見方を与えてくれる理論やコンセプト（形式知）が無ければ、実践や経験から多くを学び取ることはできない[19]。こうした前提がDモデルにはある。そのため、力量形成の方法として、現場の実践から離れて行うケースメソッドよりも、実際の実践（仕事）を通じた省察によって学習を促進するアクション・リサーチや Problem-Based-Learning などに重きを置く。

　4つのモデルから見ると、前節で言及した教職大学院への批判は、Cモデルの立場からBモデルへの批判である。また、弁証法の道に向けたモデルには、Cモデルだけでなく、Dモデルもある。

　ここでは4つのモデルを提示したが、実際の教職大学院は、複数のモデルが組み合わさっていたり、組織としてモデルが統一されていなかったり（教員間の共通理解を欠いている）という状況もある。

第5節　「校長の専門職基準」への示唆

　最後に、これら4つのモデルの分類から得られる「校長の専門職基準」への示唆として、2点述べたい。
　第一に、専門職基準が前提とするスクールリーダー像についてである。専

---

[19] ミンツバーグ、H著・池村千秋訳『MBAが会社を滅ぼす　マネジャーの正しい育て方』日経BP社、2006年、317-322頁。

門職基準は、無意識的にヒーロー型リーダーを想定している感がある。ヒーロー型リーダーは、分析・意思決定によって学校のビジョンを策定し、そのビジョンを戦略→戦術→実践へと演繹的にブレークダウンしていくと考えるリーダーである。スクールリーダー像の観点から4つのモデルを見てみると、例えば、手法的な知を適用するBモデルや学校現場の実践から離れて分析・省察することを重視するCモデルは、ヒーロー型リーダーを想定しているように見える。一方、Dモデルは学校現場の実践の中で省察することを重視しており、協働型リーダーを想定している。専門職基準は、どのモデルに基づく教職大学院に対しても、その質を保証するとともに当該教職大学院の自由と創造性を確保することが求められるため、緩やかなものである必要がある。

　第二に、専門職基準の活用の仕方についてである。「理論と実践の往還」の考え方と専門職基準の活用の仕方は同型だと考えられる。AモデルとBモデル（知識適用）を前提とする場合、専門職基準は各教職大学院に対して何を教えるべきかを要求するチェックリストとして活用されるだろう。その場合、基準の内容をより詳細な態度や活動等に緻密化したり、基準の妥当性を示すエビデンスを集めたりすることに力点が置かれる。一方、CモデルとDモデル（知識創造）を前提とする場合、専門職基準は知識創造のプロセスとして活用されるだろう。専門職基準（コンピテンシーモデル）は優れた校長の行動や知恵（暗黙知）を形式知化したものであり、スクールリーダーはその基準を省察のために活用して自らの暗黙知を豊かにし、さらに基準自体を吟味・修正しながら学んでいく。今後、弁証法の時代に向けて、知識創造のための専門職基準の活用が求められる。

（山本　遼・曽余田　浩史[20]）

参考文献

浅野良一「『組織マネジメント研修』に見る校長の資質・能力」小島弘道編『新編校長読本』教育開発研究所、2004年、30-33頁。

---

[20] 本稿を作成するにあたっての分担は次のとおりである。はじめに、第1節、第2節は曽余田が担当した。第3節、第4節、第5節は山本が担当した。それを持ち寄って再度の議論を経て最終稿とした。

第3章
教育センターに期待される力量形成

第1節　問題と目的

　本稿の目的は『校長の専門職基準』の定めるような職能を教師が確保するまでに教育センターが果たす機能を検討することである。『校長の専門職基準』を用いての教職研修[1]に関する研究としては武井・高橋（2012）や波多江（2012）が存在する。武井・高橋（2012）は『校長の専門職基準』を教育センターの指導主事に示しつつ、管理職の職能を体系的な構造として評価することを求めることで、研修体系づくりにおける課題探求を行っている。また、波多江（2012）は『校長の専門職基準』を参考に職能開発の領域的なバランスを意識した研修実践報告を行っている。本稿ではこれらを参考としながらも、この15年ほどの間に大きく変わりつづけている教師教育の実態を整理しつつ、これまで教育センターの果たしてきた機能と今後の課題を論じる。

1．全国の学校管理職研修の実態は"ブラックボックス"

　平成26年に行われた管理職研修に関する調査報告では都道府県および政令

---

[1] 本章では教育センター等の行政が主催する研修を「行政研修」と呼び、それも含めつつ教師自身がそのキャリアで触れることができる研修の全体像を「教職研修」と呼ぶこととした。いわゆる教職員組合等による批判的な表現として「行政研修」という表現がなされることが多いが、ここでは法定研修とともに、自治体などの悉皆研修（例えば二年研、五年研など）も含める一方で、養護教諭協議会や校長会、教頭会等による研修と区別する意図でこのような表現を用いた。また、教職研修には行政研修以外の研修と教員免許更新講習、大学院進学、免許・資格の取得、管理職任用試験などの力量形成の機会全般を含むと理解できる。

市の66の自治体において6割超の教育委員会が"学校管理職候補者育成・確保に課題がある"と回答している。また、未だに一部の自治体では教育行政と校長会をあわせても校長研修を悉皆にしきれていない自治体が存在する。さらに新任校長の任用前研修は、文部科学省もその重要性を強調し、多くの教育委員会も積極的意義を認めているものの、実施できている自治体は全体の2割程度にすぎない（大林ら、2014）。

議論の主旨は大林ら（2014・2015）の議論に譲るとして、少なくともこのような校長研修や管理職研修の公的統計がないという現状を踏まえておく必要があろう。上述の調査対象は公立小学校、中学校、高等学校および特別支援学校に限った話であり、公立幼稚園と私立学校園についての管理職研修の実態は『Cinii』等で検索する限り研究成果もほぼ皆無である。当然ながら『校長の専門職基準』が対象とする管理職としての職能の全体像は、行政研修だけで議論しきれるものではない。地域の固有性や独自性の強い多様な教職研修に加え、個々人の人事異動等を経たキャリアの集大成として論じられる必要があろう。このような広大な議論は個々の調査研究や研究者の考察で進展するものでもなく、かといって"実証的研究の手に余る"と放置されるのも不適切であり、学会等での公開の議論で初めて進むものといえる。

ところで、管理職研修もあわせた行政研修の全体像についてまず整理したい。教員採用試験合格後の教師にとっての研修は教育公務員特例法に基づき初任者研修（第23条）と十年経験者研修（第24条）が法定研修として全国悉皆で実施される。また、「任命権者が定める初任者研修及び十年経験者研修に関する計画は、教員の経験に応じて実施する体系的な研修の一環をなすものとして樹立」（第25条）され、自治体ごとに「2年次経験者研修」や「5年次経験者研修」、「管理職研修」等を都道府県や政令市、中核市などの教育センターごとに悉皆として実施する場合もある。この他、自治体個々の判断で悉皆とされる研修もあれば、教師個々人の希望に応じて受講や選択の幅のある任意の研修の増加や、概ね十年経験者研修と時期が重なりやすい教員免許更新講習の制度化など大きな政策的変化が生じている途上である。

このような行政研修の全体像に関する検討を筆者らは2013年に行ったが、公開されている情報から見る限り、他の自治体との比較の上で体系化がなさ

れているのは法定悉皆である初任者研修と10年経験者研修までであった（高木・波多江、2014）。管理職や主任、主事といったリーダー層のいわゆる「職能研修」については、"任意か悉皆か"や"研修時間単位が半日か一日か"、"研修は職位就任前か就任初年度か、就任後毎年か"などが教育センターごとに異なり、表を作成する上での集計すら困難である。

2．教育政策が提示する教職キャリアの課題

　教育職員養成審議会（1998）では「初任段階」と「中堅段階」、「管理職段階」の3段階で教職のライフステージ（職業人としての各発達段階）区分を行い、職能の充実を求めている。近年ではこのような教師の職業人としてのキャリア全体像（以下「教職キャリア」）の検討がさらに注目された課題となされつつある。中央教育審議会（2012）では「養成段階」と「採用段階」、「現職段階」、「管理職段階」の4段階のライフステージを示し、中央教育審議会（2015）では「教員育成コミュニティ」という環境において「養成段階」、「採用段階」と「1～3年段階」、「中堅段階」、「ベテラン段階」と5段階のライフステージを示している。後者は"管理職段階"という表現を用いず、ミドルリーダー以降を範疇とした"ベテラン段階"とし、"十年経験者研修"や"管理職研修"をあわせた教職キャリア成熟期以降の貢献を期待している。また、教職キャリア全体の議論は養成や採用まで教師教育の範囲を広げ、現職段階でも大学院進学などの推奨をはかり（例えば、中央教育審議会、2012）、学校を従来のジェネラリスト組織からスペシャリストによる組織再定義を計る「チーム学校」論等（例えば、中央教育審議会、2015）を展開しつつある。

　以上のような教育政策の目標とする課題に対応できる学術研究の成果の蓄積があるかといえば、充分とはいいにくい。教職は小学校や中学校、高等学校以外にも特別支援学校や幼稚園、高等専門学校など学校種が多様で、それぞれ地域ごとに個性のある分掌や職位、人事異動ルールが存在する。加えて、それぞれの学校段階やキャリアルートごとに極めて多様な業務と専門的な職務が構成されている。これらの多様性に対し、どの程度の普遍性を持って議論するかと、どの程度の具体性を持って議論するかという、相反する職能のまとめ方の困難性はかなり以前より指摘されてきた（例えば、高旗ら、1992）。

そのためか、学術研究において教職の職能を包括的・体系的に議論した研究成果は管見の限り『校長の専門職基準』しか見当たらない。次節以降、教育センターの設立まで遡り、その経緯を提示し、教育センターがどのようなプレゼンスを有しているかを考える手がかりを得る。

第2節　行政研修の現状と課題

1．行政研修の理念と教師教育の課題

まず、法令における位置づけをおさえておこう。地方公務員法（以下「地公法」）第39条（研修）では「職員には、その勤務能率の発揮及び増進のために、研修を受ける機会が与えられなければならない」とされる。これを教職において具体的に規定したのが教育公務員特例法（以下「教特法」）第21条（研修）の「教育公務員は、その職責を遂行するために、絶えず研究と修養に努めなければならない」とする規定である。地公法39条が"任命権者の努力義務"にとどまるのに対し、職務遂行に不可欠な要素である研修を直接"教育公務員の努力義務"としてその自主性・自立性を強調している点が教特法での特徴である（文部科学省初等中等教育企画課 2012）。ここに他の公務員のように用意された行政研修だけでなく、任意であり独自の関心に基づいた研修への参加を通した個性的職能開発を推奨する教職の独自性がある。

そもそも教育センターは、調査研究機関として設立された。現行の教特法21条2項では「研修を奨励するための方途」として「図書・実験材料等の充実、研究会・講習会・講演会等の開催、見学・視察・内地留学等の機会の提供、研修費等の支給」を挙げ、人事権者の計画と努力を義務とする（文部科学省初等中等企画課 2012）。これが教育センターの設置管理の根拠に繋がり、現在では採用以降の教師教育実施の方が主たる使命となっている。

教育センターでの研修体系を概観した髙木・波多江（2014）は、①初任研と十年研といった法定悉皆研修にばかりに公刊情報が偏り、管理職研修の実態がはっきりしないこと、②多くの教育センターが教師のキャリアステージ観を提示しているが、このほとんどは教育センターごとの悉皆研修のテーマを反映させているものであり、キャリアステージ観自体を詳しく議論した形

跡はうかがいにくいこと、③全国的な統計が示されている初任者研修と十年経験者研修において近年は校内研修の時間が増加する一方で、校外研修つまり教育センター等で実施する研修が削減中であること、④校外研修実施時間状況は国の基準より全国平均の実施時間が3割程度少なく、一人職である養護教諭はさらにこの時間数より少ないこと、などが明らかにされた（高木・波多江、2014）。つまり「授業に支障のない限り」（教特法22条（研修の機会））という一文が示すように、法定悉皆研修においてすら教育センター等での校外に出張しての研修の実施が年々難しくなっているといえる。

　法定悉皆研修でもこのような状況であるが、教師の研修自体に例えば『学習指導要領』のような1コマの時間数設定や年間時数などの基準があるわけでもなく、地域の実情に応じてなされているものである。このような状況は法定悉皆でもなく実態を科学研究費補助金等の調査で把握せざるを得ない管理職研修においてもほぼ同様の実態と課題があるものと推察される。

　政策レベルについて、中央教育審議会（2015）では「教員育成協議会（仮）」や「教員育成指標（仮）」といった地域の教育委員会と学校、大学・大学院といった教員養成機関との協働で教員を養成し育成するための新たな体制づくりに関する方向性が示された。教職キャリアの内実形成についても、養成や採用段階を教師教育のスタートとして、初任者研修や十年経験者研修、管理職研修といった行政研修だけでなく、大学院進学や複数免許・資格の取得推奨といった行政研修と教職研修のつながりづくりが論じられている。このような政策の具現化を円滑に効果的にすすめること自体が今後の課題ともいえるが、数少ない教職キャリアの集大成を提案している理論としての『校長の専門職基準』は学術的提案と教師教育（行政研修や教師教育）実践との往還を果たす媒体となると期待できる。そこで、教育センターは教師教育の実施主体として強い期待がなされるが、単独で教師教育を展望する機能はなく（高木・波多江、2014）、教師教育の協働の一部と捉える必要があろう。

2．教育センターの機能の変遷と現代的課題

　教育行政や教育センターの行政研修はどのような貢献を果たしてきたのであろうか。現在の教育センター等は、当時の文部省通知に基づき「教員が計

画的に研修に参加できるよう、各段階で行われる研修の実施時期、内容等についても都道府県教育委員会において調整を図り、関連機関及び教育研究団体等に協力体制を確立するとともに、研修計画について予め教員に対して十分周知するよう配慮されること」（文部省初等中等局長通知、昭和57年5月31日『教員の採用及び研修について』）を使命とされる。これは現行の教特法第21条2項の文脈を詳細化したものである。この1982年（昭和57年）の通知に次ぐ形で初任者研修の実施義務が1988年（昭和63年）度、10年経験者研修の実施義務が2003年（平成15年）度、指導改善研修制度化が2008年（平成20年）度とすすめられ、順次機能が拡大してきたといえる（服部 2010）。しかし、これら行政研修の制度化以前より様々な教職研修が多数行われており、法定悉皆研修の導入により教師教育の体系づくりの初歩を踏み出すとともに個々の自治体の教職研修を体系的に整理する性格も強かったようである（灰谷、1981）。つまり教育センターの貢献は、様々な実施主体が複雑に提供していた教職研修に対して、多様性を阻害しない範囲で法定悉皆研修を教職研修の中核として位置づけ、調整を行ってきたことにある。

中央教育審議会（2015）では日本の教師の「学びあう校内研修」や「授業研究」といった「レッスンスタディ」の質の高さと自らの能力開発の意欲が他国教師と比べて高いことを指摘している。が、悉皆研修や教員免許更新講習といった"義務"や"強制"となる研修（多くは校外研修）等の導入は当然のように不満や葛藤が生じてきた歴史が見られる。そのような状況に寄り添い、従来からの研修実施主体者に極力公平感があり現実的な範囲の調整を求めて今日まで研修や教師教育の形をそれぞれの地域の実情に応じて進めてきたことに、教育センターの社会的貢献の主たる部分があるといえよう。

21世紀の小泉政権による構造改革は、教育センターの設置者自体にも変化を起こした。県費負担教職員の研修は追加的に市町村教育委員会も行うことができ（地教行法45条1項）、県費負担教職員事務は都道府県より政令市に特則として委任されているため、政令市の教育委員会が研修を行う（地教行法58条2項）こととなった。いわゆる三位一体の改革により基礎自治体の人口規模確保が課題となり、基礎自治体の数が約半分にまで統合される平成の大合併により政令市や中核市が急増したことも周知の通りである。また、県

費負担教職員の研修を中核市も実施ができるとの特則が設けられている（地教行法59条）。さらに、研修計画の樹立には基礎自治体の教育委員会も関与することができる（地教行法45条）こととなった。

例えば中核市が設置するなどの小規模な教育センターでの研修は課題点[2]が指摘されている。小規模故に教育センターだけで研修の全体が形成しきれず、服部（2004）が示すように教育委員会の学校教育課が学習関係を、人事課が資質や服務を、保健体育・スポーツ課などが健康・危機管理を複雑に分担しあうなど研修体系の複雑化が生じやすい。あわせて2003年ごろより順次強まった初任者研修の国庫補助負担金の一般財源化、つまり財政としての"紐付き"が外れることにより、地方自治体の財政力によっては行政研修全般の不安定化（予算や研修を担う人材の削減など）が表れやすくなった（服部2010）。当然ながら、教育センターの影響力は専従スタッフ数に左右される。

教育センターの主催する行政研修が『校長の専門職基準』の定めるような職能を育成する使命を担うが、このことをめぐる疑問点を3点にまとめたい。1点目は県や政令市、中核市といった教育センターごとに、それぞれどのような行政研修の効果と課題が感じられているかである。2点目はブラックボックスといえる研修体系のカリキュラムの内容（以下、「研修コンテンツ」）はどのように形成されてきたのかということである。3点目は方法論として"校外研修より校内研修を優先"する現在の方向性の再検討である。

第3節　行政研修をめぐる聞き取り調査

1．行政研修の実施主体の課題

まず、設置主体ごとの教育センターに関して整理したい。筆者が聞き取りを行ったのはA県とB県である。A県は政令市a市と中核市c市を有し、B県は政令市b市を有している。比較的広域の行政研修を担うA県とB県の教育センターに対し、自動車で最大でも一時間以内にセンターまで通勤可能な

---

[2] 多くの中核市の教育センターのホームページを見ただけで、ホームページのコンテンツの相対的な少なさや、研修実施状況において教育センター以外の様々な部局の行政勤務者らの肩書が列挙されていることなどが理解できる。つまり、人的資源に余裕がないのである。

域内を持つ a 市と b 市、c 市という教育センターの対比を確認できる。A 県および B 県ともに共通してあげられた点は、県の教育センターは受講者にとって移動が大変[3]であるため指導主事の側が出向く校内研修の形式に重点を置いている点である。一方でそれと同時に政令市と中核市の教育センターは域内での移動が短時間ですみ、教育センターでの研修つまり校外研修の形式に重点を置いている点である。あわせて、A 県関係者によれば中核市教育センターはちょうど服部ら（2004）が取り上げているような指導主事等の人的余裕がなく、研修の実施においても他の教育行政機関勤務者の調整を行うのが精いっぱいであり課題が多いことを指摘している。あくまで 2 つの県での実態であるが、域内がある程度限定的で人的スタッフをある程度確保できている政令市の教育センターの研修が実施者も研修参加者においても達成感があり有益性が高いと感じられているようである。

　ところで、A 県内の a 市および c 市の教育センターが設立された経緯は興味深い。当初 a 市と c 市は教育センターを敢えて設置せず、A 県教育センターを利用することとしていた。しかし、a 市と c 市の勤務の教員の研修参加の際のお弁当代と駐車料金が"県教育センターの責任範囲外にも関わらず参加している"ために若干高く徴収されたことで紛争が発生し、このことが A 県の教育センターが 3 つとなった原因と語られている。

　一方で b 市と B 県教育センターの対比の中で B 県教育センターは研修予算の多くが、講師謝金ではなく参加する広域にわたる教職員の出張旅費に関わるものである。ゆえに、B 県の教育センターでは、指導主事が希望する学校に対して学校運営も含めコンサルテーション的に関わる形で行政研修の充実を図っている。つまり、出張の財政的・労力的コスト削減の課題が原動力となり教育センターが主導する形で校内研修を実施しているといえる。

---

[3] 例えば、A 県教育センターホームページの交通アクセスでは「最寄りバス停下車徒歩15分。※路線バスは、午前中から開催される研修講座には間に合いません。」とされるが、実際は山歩きを30分以上強いられる。仕方なく県庁最寄り駅よりタクシーを使う際は片道8000円程度の費用となり、冬は凍結が頻繁に起こる。そもそも宿泊施設を併設した教育センターになるはずが予算削減で「山間の巡礼地」の呼ばれる施設となった。では、なぜこのような地に教育センターが置かれるかと言えば A 県の隅々から車で移動した場合に最も出張時間の公平な位置にあることが選定の理由となっている。

A県の教育センターのセンター長を務めた筆者と同僚の大学教員のN氏は「そもそも（教育センターは）、教師の一生の能力の開発なんて議論など行う余裕はなかった。"行政研修反対"の組合の対応や校長会等の研修との内容や日程の差別化、校外研修に教師を派遣することに不満のある学校現場や教師にやる気を持ってもらうことに尽力した」などと語ってくれた。逆説的ながらこのような課題に寄り添いつつ、教職研修全体像の中で行政研修を中核として位置づけていったことに教育センターの教師教育への独自の存在意義がある。学術的な理念と異なり出張の距離・時間や日常の職務からくる研修への多忙感・不満感、各々の地域の様々な団体との調整のなかで公平性や動機づけの確保の取り組みは重要な機能であろう。中央教育審議会（2015）は繰り返し研修の充実を図る上で多忙感・負担感への配慮を求めているが、このような機能は今後も教育センターに特に求められていくことになろう。

２．研修内容の形成経緯

　次に、現行の行政研修のコンテンツが体系化されてきた経緯について整理したい。前述のN氏は「もともと教育センターのカリキュラムの体系的な記録はなされていない」さらに「過去の記録を整理し分析すれば体系的な変遷を学術研究としてはまとめるができるであろう」という状況を語ってくれた。その上で「（研修の）法定化と自治体の研修趣旨の具体化だけで精いっぱいだった」と回答している。あわせて、A県については行政研修に反発する教職員組合の存在と、すでに早くから独自に研修を企画してきた校長会や教頭会、養護教諭の協議会、教職員組合といった各団体主催の既存の研修と内容や日程が干渉しないように注意と労力を払ったことを指摘している。つまり、少なくともA県の行政研修のコンテンツは独自の"初任者"像や"ミドルリーダー"像さらに"管理職"像を展望して形成されているのではなく、周囲の関係諸団体の研修や関係性に留意して形成されているといえる。

　川上（2013）は教育センターによっては教育委員会の教職員課や学事課などの下部組織の形態や、教育センターが独立性の強い組織である形態等、組織の体系や位置づけには様々な個性が存在することを指摘している。例えばb市の教育センターでは、B県教センターとまったく事情が異なり、政令市

の中でも成立が遅く、地理的にコンパクトな都市であるため、上記のA県のような複雑な形成過程を抱えていない。ゆえに、本書の他章でも説明されている通り、『校長の専門職基準』を参照した研修カリキュラムづくりに着手できる等、その機動力の高さがうかがえる。学術団体は教育センターの設立経緯や地理的条件を検討した上で、研修コンテンツ充実を支援するべきである。

3．行政研修の方法論の課題

　最後に、行政研修の方法論に関する課題を整理したい。もっとも大枠の研修の方法論の違いは校内研修と校外研修にあるといえる。中央教育審議会（2015）では校内研修をOJT（On the Job Training）とほぼ同義で用いており、校内研修を一層重視し研修の方法論の在り方について再検討を行うことを示している。また、公刊統計上の初任者研修や十年経験者研修の実施状況において、年々校外研修の実施時間が減少し、それを追認するような形で実施時間の基準も下げられつつある。一方でその分を校内研修で対応する状況が示されている（『初任者研修実施状況調査』等を参照）。この状況についてN氏は「教員研修の一般財源化（地方交付税交付金化）により以前ほど文科省の日数の厳しい指導がなくなり」、「現場に合わせて漸減する傾向」を説明してくれた。特に現場のニーズとしては「現場を離れての校外研修には無理がある」と学校現場が強く認識し不満のような要望があがっており、校外研修が漸減されていったことなどを証言している。この傾向は「一人職である養護教諭や基本的に小規模組織勤務を前提とする幼稚園教諭」で特に強く認識され、実際に文部科学省公刊統計でも初任研と十年研ともにこの職種においては研修日数基準や実施状況が低いことなどが確認できる。

　ただこのような状況について、聞き取りで多くの教育センター勤務者が、校外研修やOff-JT（Off the Job Training）の不足がそのまま放置されることや、校内研修やOJTで校外研修の趣旨が"代替可能である"という誤解がなされることへの危惧を語っている。前述の武井・高橋（2012）でも、『校長の専門職基準』の示すような広い領域でのバランスの取れた能力開発は校内研修やOJTだけで確保しきれないことを論じる。そうであるからこそ、教育センター主催の研修が欠かせないのである。B県の教育センターでは、教育

センター側が学校に赴くスタイルをとっていることは先述したが、このような行政研修の適応的な展開を踏まえると、校内研修と校外研修という区分は方法論の（研修実施の空間的な）違いでしかなく、研修のコンテンツを規定しているわけではない点に気づかされる。仮に校内研修であっても、校内での講演や資質の修養に関するような研修コンテンツであれば、それはOJT（職務遂行に沿った研修）ではなくOff-JT（職務遂行とは独立した研修）と理解する必要があろう。逆に、校外研修であっても教育センターや学会、研修の成果発表のような場で教育実践（つまり職務遂行状況）を報告・討議すれば、OJTであると理解する必要がある。つまり、行政研修としての修養（基本的知識・技能の習得）やOff-JTに関わるような研修コンテンツは必ずしも方法論としての校外研修で行う必要はないということである。

「職務実践に基づいた研修（OJT）が職務実践とは独立した学び（Off-JT）より優れているから校外研修の実施時間数が減少しているのではない」と教育センター勤務者は語る。あくまで学校現場や教師の多忙感への配慮として時間のかかる出張（校外研修）に抵抗感が示されることへの対応である。それに対して、A県やB県の教育センターのように広域の行政研修が課題になる場合、センター勤務の指導主事らが学校現場に出向いて研修を行うことになるが、その取り組みはOff-JTに位置づけられるコンテンツを校内（研修）で実施するものと捉えられる。校内研修と校外研修といった研修方法の違いは、教師教育の地域ごとの必要性や実情を踏まえた、教師教育のマネジメントに基づいて選択されるべきなのである。一方、『校長の専門職基準』が示すような各領域の職能が、どのような研修内容と方法によって効果的に形成されるかを検証することは、今後の大きな課題である。

第4節　総合考察

1．『校長の専門職基準』の可能性

　武井・高橋（2012）も波多江（2012）も『校長の専門職基準』をバランスの取れた職能形成を考える際の指標に活用している。しかし、筆者の聞取りの際に教育センター職員やその経験者に『校長の専門職基準』の現実的価値

を理解してもらうには時間がかかった。教師教育の現場への提供の仕方に課題があり、その克服に有意義であると考えられる『校長の専門職基準』の持ちうる具体的貢献の可能性について3点まとめたい。

1点目は『校長の専門職基準』が校長だけでなく教職の集大成として、養成場面から一生をかけて目指すべき職能の体系として位置づけることができる可能性である。例えば、よく知られているようにエリクソンは人間の一生涯の発達を8段階（ステージ）に分け、その段階ごとに発達課題を定義するとともに、その失敗による危機を提示し障害や健康と人格の発達の可能性とともに援助の在り方を考察した（例えば、Erikson.E.H, 1959）。また、スーパーはライフキャリアレインボー理論として7種類の人生の役割が年齢により異なった比重で期待され、そのバランスのとれた充実の重要性を主張した（例えば、Super.D.E., 1957）。これらは理論の提示当初は必ずしも科学的根拠を担保しきれなかったが、単体の研究では積み上げきれない大きな物語として総合的な仮説となり、後々の実証研究の仮説のよりどころとして検証が積み上げられている。『校長の専門職基準』はこのような大きな物語であり実証研究の参照元となる総合的な仮説としての役割を担うとともに、教師教育の実践に方向性と希望を与えるものになろう。できればそこに数量化で客観視でき、職能成長の推移が実感できるような工夫が有益であろう。

2点目は目的変数としての『校長の専門職基準』つまり、様々な職能が"どのような時期"に"どのように形成"されるかといった職能形成のプロセスの実態と課題の議論展開であるという点である。教師の主観的な能力形成の振り返りについては教育経営学や教育心理学などで積極的な研究が複数なされてはいるが、『校長の専門職基準』が示すような「教職生活全体を通じた総合的な」視点は今のところ充分に議論されていない。先に取り上げたように『校長の専門職基準』が数量化できた場合には、この前提となる説明変数を検討することで検証できる。例えば、この説明変数には今までのキャリアルート（人事異動の推移など）や過去の人事異動、校務分掌・校内人事における個性的な体験、経験した同僚性、過去に培われた人間関係のネットワーク、個々のキャリアステージ特有の課題など多数の要素が入ろう。これらの議論自体が将来の管理職を含めたスクールリーダー全体を"いかに育てるか"の

第 3 章　教育センターに期待される力量形成

議論を科学化し、教師教育の実践に希望を与えることになろう。

3点目は説明変数としての『校長の専門職基準』つまり、"どのような教育効果"があるかについて議論展開が可能な点である。いわば『校長の専門職基準』のメソットの提示である。現在、『校長の専門職基準』については職能形成の体系として"バランスのとれた職能"の参照モデルとしての成果が議論されている。一方で管理職に限らず教師の職能の領域が各々どのような教育効果であり学校経営への貢献が期待できるかについてはまだ議論途上である。先行研究の示唆をほんの一例でも取り上げれば、管理職の職能が直接教育効果を高めるのではなく、学校組織風土を改善して間接的に教育効果を向上させるとの指摘（露口、2001）や、勤務校の教職員の教育効果を高める道具的サポートだけでなくストレスを緩和・抑制する情緒的サポートにつながることなども指摘（迫田ら、2004）がなされている。このような『校長の専門職基準』の目的変数を提示することは、職能形成によって創られる望ましい学校の未来像を具体的に提示するという、未来に希望を示す作業である。

2．『校長の専門職基準』の数量尺度化による活用の期待

先に示したように項目化し、それを数量化するという尺度作成をはかれば、具体的に『校長の専門職基準』の内実とその効果、さらに育成の在り方について教育センターをはじめとした教師教育の現場に伝えることができる。また、学会が教育センター等に貢献できるだけでなく、このような教師教育の現場から成果と課題のフィードバックを得られるものと期待できる。

ところで医療分野では EBM（Evidence Based Medicine）という概念がある。臨床場面で非専門家に説明をする場面においても、先端科学であり基礎研究の場においても、数量で示される科学的根拠が演繹と帰納の双方向性を確保し臨床と実践の往還を可能にすると考えるわけである。『校長の専門職基準』を質的・量的実証科学に適用可能なものに改善がなされれば、教師教育における実践と学術団体による研究理論の往還を可能にする道具たりうると期待ができる。協働で教師教育を構成する主要な主体であり、『校長の専門職基準』の示すようなバランスの取れた職能の集大成に至る教職キャリアの育みをマネジメントする存在として、教育センターの今後のさらなる貢献が期

待される。

（高木　亮／波多江　俊介）

引用・参考文献

Erikson.E.H 1959 *Identity and the Lifecycle*（邦訳、小此木啓吾・小川捷之・岩男寿美子『自我同一性 —— アイデンティティとワイフサイクル ——』1973年。）

灰谷純一郎「教職員研修の体系化に関する一考察」『日本教育行政学会年報』7、1981年、pp.37-50。

波多江俊介「スクールリーダー研修開発について —— 「校長の専門職基準」を手がかりに ——」『九州情報大学研究集録』14、2012年、pp.113-120。

波多江俊介・高木亮「教師の精神疾患による病気休職の関連要因の探究」『九州教育経営学会紀要』19、2013年、pp.75-81。

服部晃・高口努・小山徹・石川英司・益子典文「教員研修の総合化」『日本教育情報学会第20回年会』2004年、pp.58-61。

服部晃「教員の研修体系に関する研究課題」『日本教育情報学会第26回年会』2010年、pp.222-225。

川上純朗「高度専門職にふさわしい生涯職能成長を実現する教員研修プログラム体系の開発」『教師教育研究』6、2013年、pp.39-78。

熊谷愼之輔「成人学習論とスクールリーダーの職能発達」淵上克義・佐藤博志・北神正行・熊谷愼之輔［編］『スクールリーダーの原点－学校組織を活かす教師の力』金子書房、2009年。

文部科学省初等中等教育局『管理職研修の現状について（チームとしての学校・教職員の在り方に関する作業部会）』（平成27年4月21日）、2015年。

文部科学省初等中等教育企画課「教育公務員特例法概説第6回」『教育委員会月報』576（平成24年9月号）、2002年、pp.65-68。

大林正史・佐古秀一・江川克弘「将来の学校経営に必要とされる校長・教頭職の知識・スキルに関する研究」『鳴門教育大学学校教育研究紀要』29、2014年、pp.21-29。

大林昭英（研究代表）『学校管理職育成の現状と今後の大学院活用の可能性に関する調査報告書（調査研究等特別推進経費調査研究報告）』国立教育政策研究所、2014年。

迫田裕子・田中宏二・淵上克義「教師が認知する校長からのソーシャルサポートに関する研究」教育心理学研究52（4）、2003年、pp.448-457。

Super, D. E. 1957 *The psychology of careers: An introduction to vocational development.*（日本職業指導学会（訳）『職業生活の心理学－職業経歴と職業的発達－』誠信書房、1960年。）

高木亮・波多江俊介「教育センターにおける研修体系の検討」日本教育経営学会第54回大

会発表資料、2014年。
武井敦史・高橋望「『校長の専門職基準』の活用可能性 ── 静岡県指導主事研修の実施結果を手がかりとして ── 」『静岡大学教育学部研究報告（人文・社会・自然科学編）』63、2012年、pp.145-160。
露口健司「校長の教育的リーダーシップが児童パフォーマンスに及ぼす影響」日本教育行政学会年報26、2001年、pp.123-136。
中央教育審議会『今後の地方教育行政の在り方について（答申）』（平成10年9月21日）、1998年。
中央教育審議会『学校の組織運営の在り方について（作業部会まとめ）』（平成16年12月20日）、2004年。
中央教育審議会『教職生活の全体を通じた教員の資質能力の総合的な向上方策について』（平成22年6月3日）、2012年。
中央教育審議会『これからの学校教育を担う教員の資質能力の向上について ── 学びあい，高めあう教員育成コミュニティの構築について ── 』（平成27年12月21日）、2015年。

第 4 章
大学公開講座に期待される力量形成

第1節　大学公開講座という力量形成機会

1．本章の目的と背景

　本章では大学公開講座を通した力量形成に着目し、研修プログラムの成果と職位別のニーズの違いについて明らかにしたい。とりわけ、九州大学「学校管理職マネジメント短期研修プログラム」は、後述するように10年の蓄積があり、研修プログラムが定着しつつある点で特色がある。このため、この研修プログラムを通して得られた結果を手掛かりとすることとしたい。

　地方分権と学校の自律性の確立の流れの中で、学校経営に携わるスクールリーダーの力量形成は重要性を増している。このような中、日本教育経営学会「スクールリーダーの資格任用に関する検討特別委員会」は2003年に「学校管理職の養成・研修づくりに向けて」と題した提言を発表し、新しい時代の学校管理職（とりわけ校長職）に求められる力量を整理するとともに、新しい力量形成の場としての大学院の機能に言及している。

　それによれば、「学校管理職は独自の専門性を要求される創造的な仕事」であり、「教員の一つのキャリアとして自覚的、主体的に選択され、形成されるべきもの」とされている。そのうえで、大学院での研修に期待される専門的知識や高度な思考力・判断力として2つの側面を挙げ、「一つは、現場では身につけられない力量の形成であり、例えば経営・組織論に関する専門的知識や、学校教育の今日的課題を広い視野からとらえ論理的に分析する力量などである。いま一つは、現場である程度身についた力量をより発展させること

であり、長期的な視野に立った教育計画を構想する力量や子どもの発達と教育に関する専門的知識などである」としている。

　また、2009年には日本教育経営学会実践推進委員会が「校長の専門職基準」を発表し、順次改訂が進められている。その中では、校長は「教育活動の組織化のリーダー」に位置づけられ、そのために求められる専門的力量の内容を7個のスタンダードとして明確化している。また、この基準を資格・養成・研修等の制度確立に向けた指針として活用することが提言されている。

2．管理職研修及び公開講座の現状

　前項に述べた各種動向に対応して、研修教材・プログラムの開発が様々な方面から行われている。一例として、独立行政法人教員研修センターは産業能率大学の連携により「組織マネジメント研修」教材を共同開発し、2002年より教職員等中央研修講座にて使用されるようになった（木岡編2007: p. iii）。研修プログラムについては、2004年に開始された兵庫教育大学と兵庫県教育委員会の連携による「学校管理職・教育行政職特別研修（ニューリーダー特別研修）」（加治佐編2008）を皮切りに、大学・大学院を主体とした管理職養成研修プログラムが各地で展開されている。

　大学公開講座方式による研修プログラムは、北海道大学「スクールリーダーシップ研修」（2008年度終了）[1]、九州大学「学校管理職マネジメント短期研修プログラム」[2]、京都大学「E.FORUM 全国スクールリーダー育成研修」[3]、京都教育大学「学校経営に関する講座」[4]など各地で実施されるようになった。

---

[1] 北海道大学「スクールリーダーシップ研修」
　http://www.edu.hokudai.ac.jp/koukaikouza/（最終アクセス日：2016年1月31日）
[2] 九州大学「学校管理職マネジメント短期研修プログラム」
　http://www.education.kyushu-u.ac.jp/~schoolleaders/~maneken/（最終アクセス日：2016年1月31日）
[3] 京都大学「E.FORUM 全国スクールリーダー育成研修」
　http://www.educ.kyoto-u.ac.jp/e-forum/（最終アクセス日：2016年1月31日）
[4] 京都教育大学「学校経営に関する講座」
　http://career.kyokyo-u.ac.jp/training-program/lecture_01.html（最終アクセス日：2016年1月31日）

また、兵庫教育大学をはじめとする各地の教職大学院での実践では、優れた実践事例に関する授業やインターンシップが行われるなど（加治佐編2011）、理論と実践の往還によるリーダー養成が試みられている。さらに、教育センター等による研修の高度化も進行している。高知県教育センターでは、教頭研修が3つのステージに分かれており、3年間をかけ合計16日間の研修が組まれている[5]。

このように研修提供主体が増加・多様化する中で、大学が研修を提供する意味や、大学公開講座ならではの研修成果とは何かを問い直すことが必要であると考えられる。研修を受ける教員にとっては、大学公開講座方式での研修は、従来の研修と比べて、大学教員や大学を身近に感じ、大学ならではの資料やアカデミックな発想に触れる機会となるであろう。大学にとっては実施そのものが地域貢献の実績となるうえ、多様な現職教員との出会いの機会となり、研究上のメリットを享受することが可能となる場合がある。

他方で、管理職、あるいは管理職を目指す教員は、その力量が高まれば高まるほど学校を離れることが難しくなる面がある。研修の実現には本人の自発的な意志を引き出すプログラム上の魅力が不可欠であると同時に、任命権者や校長による支援も必要となる。

大学公開講座をはじめとする新たな研修プログラムは、その開発や実践に外部資金がしばしば投入され、継続性や質の維持に課題を抱える場合がある。大学公開講座が一定の評価を確立するためには、現職の教員はもちろん、従来から研修を提供してきた教育委員会や教育センター、そして大学のそれぞれにとってプラスとなる研修プログラムと運営体制を構築することが求められるであろう。

3．九州大学「学校管理職マネジメント短期研修プログラム」

九州大学の「学校管理職マネジメント短期研修プログラム」（以後「本研修」）は、2006年度の開講以来本稿執筆時点まで10年間継続されて開講され

---

[5] 高知県教育センター「管理職の研修体系」
http://www.pref.kochi.lg.jp/soshiki/310308/files/2015032400122/file_20153242105312_1.pdf（最終アクセス日：2016年1月31日）

ており、自治体の後援、研修歴への位置付けなど、定着へ向けた歩みを確かなものとしている。本研修は、毎年の科目見直し時に「校長の専門職基準」を参照しながら開講科目の調整を行い、当該基準に基づいて受講者アンケートのフィードバックを行っており、受講経験者からの支持も厚い。

本研修は、夏期休業期間に行われる5日間のプログラムである。研修プログラムは前半3日間と後半2日間に分かれており、2006年度から2013年度においては前半を7月下旬に開講し、その後の学校での勤務から生じた気付きを8月中旬に行われる後半日程につなげるプログラムとなっている[6]。

研修対象は開講時より「教頭・教務主任等」と設定されている。近年は主幹教諭・指導教諭の制度化もあり、近年はそれら新たな職に任用された教員の受講が増加している。

受講者の募集は、研修プログラムの実施要項を各教育委員会、教育事務所を通じて各学校に配布し、学校からの受講希望を各教育委員会で取りまとめる方式で行っている。応募多数の場合、各教育委員会による選抜が行われる年度もある。

受講料は九州大学の規定に従って1万400円が徴収されている。受講料を有料とする研修形態は、免許状更新講習に先んじて導入されたものである。これは、先に引用した提言「学校管理職の養成・研修づくりに向けて」において学校管理職を「一つのキャリアとして自覚的、主体的に選択され、形成されるべきもの」とする考え方とも合致するものである。

研修の各科目は90分で構成されており、1日4コマを基本に、オリエンテーション、閉講式を含め全20コマから構成されている。講師としては①大学関係者（各地の大学の教育経営学・教育行政学・教育方法学研究者や、九州大学の他部局の教員など）、②学校・教育行政関係者（福岡県教育庁の担当者など）、③教育関係NPO、民間研修会社等の職員などから構成されている。

研修プログラムは、大学の社会連携プロジェクトとして受講者の受講料や大学の経常的な予算をもとに運営されている。このため、同一の枠組みで10

---

[6] ただし、2014年度からは、会場確保の都合により前半を7月末に実施し、週末を挟んで8月初旬に後半を実施する連続日程で開講されている。

年間にわたって研修を開講することが可能となり、研修に対する信頼につながっている。また、10年の蓄積の中で、研修修了者が管理職となり、校内のミドルリーダーに受講を勧めることも増加し、スクールリーダーとしての展望をもった意欲の高い教員が集まりやすい傾向がある。

第2節　公開講座への期待──受講者アンケートの分析から──

1．受講者アンケートの概要と受講者の構成

　受講者アンケートは、各研修に対しての授業評価と研修内容に対する受講者の認識（期待しているものと得られたもの）から成り立っている。アンケートは毎年実施し、研修内容の調整に役立ててきた。平成23年の開講よりマークシートの導入によりアンケートを毎日実施し、きめ細かに対応する体制がとられてきた。

　受講者人数は、1年あたり60人前後となっている。内訳は、福岡市・北九州市各10名前後と福岡県内の7教育事務所からそれぞれ5名ほどとなっている。職位については、主幹教諭の受講が最も多く、次いで教頭・教諭の順になっている。教職経験年数については、教諭が20年強、主幹教諭が25年程度であり、多くの受講者が40代から50代であることが推測される。

表1　受講者の構成（職位別）

	2011年度	2012年度	2013年度	2014年度	2015年度	総計
副校長			1		1	2
教頭	13	19	21	19	21	93
主幹教諭	20	26	27	22	33	128
指導教諭	2	3	3		3	11
教諭	10	7	9	8	6	40
指導主事		1				1
総計	45	56	61	49	64	275

表2　受講者の構成（校種別）

	2011年度	2012年度	2013年度	2014年度	2015年度	総計
小学校	27	38	42	33	40	180
中学校	17	20	16	17	23	93
その他	1	1	3	1	1	7
総計	45	59	61	51	64	280

表3　受講者の経験年数（職位別）

	2011年度	2012年度	2013年度	2014年度	2015年度	総計
副校長			28.00		36.00	32.00
教頭	28.92	29.21	28.43	29.21	27.71	28.66
主幹教諭	27.65	26.54	25.78	23.50	25.42	25.74
指導教諭	23.50	21.00	25.67		23.33	23.36
教諭	21.40	26.43	19.11	19.25	21.33	21.33
指導主事		25.00				25.00
総計	26.44	27.11	25.74	25.02	25.86	26.03

2．受講者は何を期待しているか

　受講者に対して「本研修を受講した目的は何ですか？あなたの考えに最も近いところにマークしてください」と尋ねた結果を集計したのが図1である。受講者は各項目について5段階で評価し、最高段階の「あてはまる」を5、最低段階の「あてはまらない」を1として集計した。その結果、期待度が高い項目は、「幅広い知識・教養」「教職員間の協働」「ビジョン形成」「教育政策」であった。このうち「教職員間の協働」については、主幹教諭・教頭・教諭の順に平均値が高くなっている。実務での必要度が平均値を規定していると考えられる。また、「ビジョン形成」については、職位に応じて平均値が高くなる傾向があった。

　期待度が相対的に低い項目は、「参加者間ネットワーク」「特別支援教育」「保護者との関係」「地域連携」「職場外の学習環境」といった項目が並んでいた。これらの項目は、教諭時代に各自でノウハウを蓄積しているか、あるい

第4章　大学公開講座に期待される力量形成　　　125

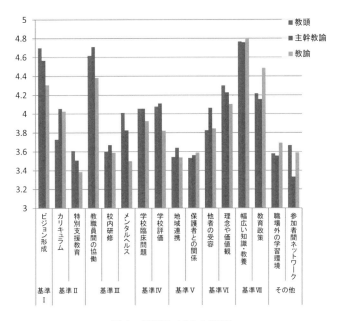

図1　研修に対する期待

は他の研修機会での知識獲得を期待しているため、本研修での受講ニーズが相対的に低くなっていると考えられる。

専門職基準との関係で見ると、基準ⅡやⅤに位置づく内容群のニーズは比較的小さい傾向がある。

3．研修から得られたもの

研修5日目には、研修から得られたと思う内容について尋ねるアンケートを実施している。「以下の項目について、本研修に参加してどの程度成長できたと思いますか？」の設問を前節と同様の選択肢により5段階で尋ねた結果が図4である（「大いに得られた」を5、「まったく得られなかった」を1として集計）。

得られたものの平均が最も高かった項目は、「幅広い知識・教養」であり、受講者の期待したものと一致している。研修を総体的にみて、各受講者とも

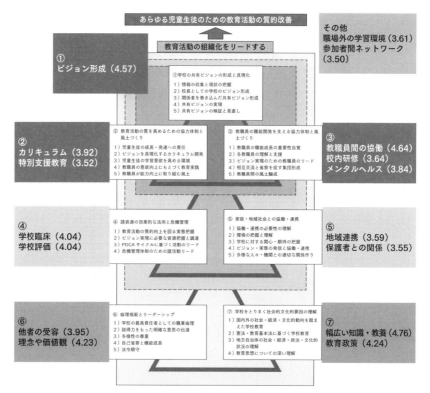

図2 研修に対する期待（専門職基準との関係）

何らかの力が付いたという印象を持っていることがうかがえよう。

その具体的内容に近い項目として、「他者の受容」という項目が最も高い値を示している。この項目は職位に関係なく高い結果を示している。また、「教職員間の協働」についても、おおむね職位に関わらず高い傾向を示している。

3番目に高い「ビジョン形成」については、期待度と同じく、職位に応じて「得られたもの」の結果も高い傾向がある。職位に応じた階層性があることがうかがえる。

第4章　大学公開講座に期待される力量形成　　　127

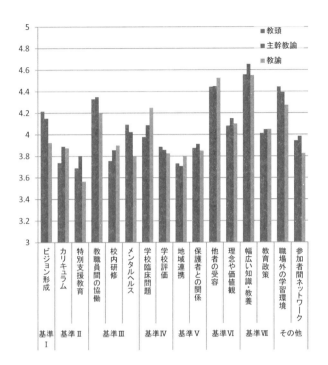

図3　研修から得られたもの（職位別）

4．期待と得られたものの比較
4-1．受講者全体の傾向

　回答データの各項目の平均値を標準化し、横軸を「期待」、縦軸を「得られたもの」として描画した散布図が図4となる。この図では、第一象限を「期待が高く、相対的に得られたものも多かった要素」、次いで第二象限を「あまり期待していなかったが、得られたものが相対的に多かった要素」、第三象限を「期待が低く、得られたものも相対的に少なかった要素」第四象限を「期待が高かったのに、得られたものが相対的に少なかった要素」として解釈することができる。

　第二象限の項目は、期待度に比べ得られたものが相対的に多かった項目であり、「職場外の学習環境」「他者の受容」がプロットされた。第四象限は、

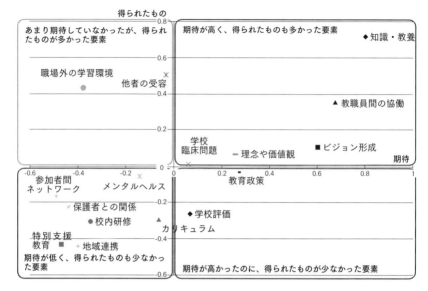

図4　期待と得られたものに関する散布図

　第二象限とは逆に得られたものが期待度を下回った項目であり、「教育政策」「学校評価」が挙げられた。
　これを主成分分析により分析すると、第1主成分の得点は、受講者ニーズを踏まえた総合的な満足度、第2主成分の得点は、受講者の期待水準からの乖離として解釈することができる。第1主成分の得点が高いのは「協働」や「ビジョン形成」であるが、第2主成分は負の値を示している。これらの項目は、受講者の期待水準に比べるとまだ改善の余地があるものと思われる。また、第2主成分得点が低い学校評価、教育政策などについても、改善が必要と考えられる。

4-2．職位による違い

　上記の結果を職位別に集計し、第1主成分得点により並べたものが表6である。「ビジョン形成」については、教頭・主幹教諭では上から3番目であるのに、教諭においては7番目となっている。前項までに見た通り、研修受講

表4　固有値と寄与率

	第1主成分	第2主成分
固有値	1.622	0.378
寄与率	0.811	0.189
累積寄与率	0.811	1.000

表5　各研修項目の主成分得点

項目	第1主成分 （総合満足度）	第2主成分 （期待水準からの乖離）
幅広い知識・教養	2.1965	0.20179
教職員間の協働	1.45095	-0.65648
ビジョン形成	0.96286	-1.28678
他者の受容	0.76691	1.75989
理念や価値観	0.44469	-0.47104
教育政策	0.30106	-0.82937
職場外の学習環境	0.20851	2.45964
学校臨床問題	0.10257	-0.12265
メンタルヘルス	-0.2732	0.19848
学校評価	-0.32998	-1.05965
カリキュラム	-0.54493	-0.81094
参加者間ネットワーク	-0.90263	0.78057
校内研修	-0.92868	-0.06539
保護者との関係	-0.9288	0.44206
地域連携	-1.22964	-0.38392
特別支援教育	-1.2962	-0.1562

前の期待についても他の職位よりも低い傾向があったが、「得られたもの」の平均がさらに下回っている点がその要因となっている。逆に、「教育政策」や「学校臨床」は、教頭では7番目以降に挙がっているが、教諭では4番目、5番目となっており、職位が下がるほど満足度が上がる結果となっている。

　これら職位と研修に対する評価の違いは、今後のスクールリーダー研修のシークエンスの検討に生かすことができると考えられる。

表6 研修に対する期待と得られたもの（職位別）

職位	項目	期待	得られたもの	第1主成分
教頭	幅広い知識・教養	4.77	4.56	1.51
	教職員間の協働	4.62	4.33	0.98
	ビジョン形成	4.70	4.22	0.89
	他者の受容	3.83	4.44	0.31
	理念や価値観	4.30	4.08	0.24
	職場外の学習環境	3.58	4.44	0.05
	教育政策	4.22	4.01	0.04
	メンタルヘルス	4.01	4.09	-0.05
	学校臨床問題	4.05	3.98	-0.19
	学校評価	4.08	3.89	-0.31
	参加者間ネットワーク	3.67	3.94	-0.66
	保護者との関係	3.53	3.88	-0.91
	カリキュラム	3.73	3.74	-0.92
	校内研修	3.60	3.76	-1.04
	特別支援教育	3.61	3.69	-1.13
	地域連携	3.54	3.73	-1.13
主幹教諭	幅広い知識・教養	4.76	4.65	1.65
	教職員間の協働	4.71	4.35	1.11
	ビジョン形成	4.57	4.15	0.64
	他者の受容	4.06	4.45	0.58
	理念や価値観	4.23	4.15	0.27
	教育政策	4.16	4.05	0.03
	学校臨床問題	4.05	4.09	-0.01
	職場外の学習環境	3.56	4.39	-0.06
	学校評価	4.11	3.86	-0.32
	カリキュラム	4.05	3.89	-0.33
	メンタルヘルス	3.83	4.02	-0.36
	校内研修	3.67	3.86	-0.79
	保護者との関係	3.56	3.91	-0.82
	参加者間ネットワーク	3.33	3.98	-0.96
	特別支援教育	3.51	3.80	-1.06
	地域連携	3.64	3.71	-1.06
教諭	幅広い知識・教養	4.79	4.55	1.53
	教職員間の協働	4.38	4.20	0.52
	他者の受容	3.85	4.53	0.47
	教育政策	4.49	4.05	0.39
	学校臨床問題	3.93	4.25	0.11
	理念や価値観	4.10	4.10	0.06
	ビジョン形成	4.31	3.93	0.00
	職場外の学習環境	3.69	4.28	-0.10
	カリキュラム	4.03	3.88	-0.38
	学校評価	3.82	3.83	-0.68
	校内研修	3.59	3.90	-0.81
	保護者との関係	3.59	3.85	-0.89
	参加者間ネットワーク	3.59	3.83	-0.93
	地域連携	3.54	3.80	-1.03
	メンタルヘルス	3.50	3.80	-1.07
	特別支援教育	3.38	3.56	-1.57

第4章　大学公開講座に期待される力量形成　　　131

第3節　公開講座での学び──アンケート自由記述の分析から──

１．大学ならではの学び

　公開講座型の研修開講のメリットとして、受講者が大学教員や運営に携わる大学院生を身近に感じる点が挙げられる。研修会場内では最低限の規律を守ることが要請されるものの、クールビズでの受講、ゆとりのある休み時間の設定、時間になったら講師が不意に授業を始める点など、大学らしい雰囲気の中で研修が展開されている。

　また、授業後の任意参加の機会として、大学院生との交流の時間、九大名所をランニングでめぐるツアーなどが開催されており、昼休みには研修担当講師が昼食をとりながら受講者と交流することも少なくない。このような中で研修内容について大学のスタッフと直接意見を交わす機会がおのずと生まれ、受講者が考えを深める契機になっている。さらに、講義中のグループワークなどを通して職階や任命権者の異なる受講者とのつながりが生まれる点は、大学で開催するからこその利点と言える。さらに、そのような出会いを生み出すことができる受講者数を確保できるのも、大学公開講座の特長であると言えよう。

　　「日頃とはちがう環境で学生に戻った気分で楽しく受講できています。ただし、学校の課題、現在の置かれている立場は十分認識して、講義に臨みたいと思っています。自覚をしっかりと持ち自分の問題として考え、自己研鑽していきたいと思います。」（2013年度受講者）
　　「本研修で学んだことを職場でぜひ実践していきたいという思いを新たにしました。個性あふれる先生方の講義は楽しく話を聞いていて飽きないものでした。学ぶことの素晴らしさも再認識しました。」（2015年度受講者）
　　「長い研修だと思っていましたが、終わってみればあっという間でした。知らない先生ばかりでどうしようと思って一日目を迎えましたが、県内のいろいろな先生と交流できたこと、様々な先生方の実践に生かせ

る研修を受けられたことを感謝しています。」(2013年度受講者)
「受講者相互の関わりを深めたり講師の先生方とお話出来たりする機会を設けていただくのはとてもありがたいことだと思いました。」(2015年度受講者)

さらに、大学での研究活動に興味を持ち、それをもとに実践を再検討しようという意見も散見される。そのような受講者の中には、受講後に社会人院生として修士課程に出願する場合が少なくない。

「常に研修をしていかなくてはと思っていますが、現実は日々の業務をこなすのに精いっぱいで専門書を開くには至っていませんでした。それでも、テーマ研究で提案されている考えはどの理論に基づいているのかを確認しておこうと考える機会となりましたし、自分なりに実践でうまくできていたことと重ねて、それがどの考え方とつながっていたのかを確かめることもできました。大学を出て以来、実践の中で身につけたものを単なる偶然で済ませず、根拠となる理論と関連付けていくことがこれから先においても重要と痛感しています。」(2013年度受講者)

受講者も大学ならではの学びを求める傾向がある。以下のように、他の研修機会でも触れる情報の重複は避けてほしいという意見が見られることがある。

「申し上げにくいのですが、…中略…主幹教諭研でも教頭研でもその他部分的にはそれぞれの課題研修でくりかえし聞いているものでした(配付資料も同じ)。ちょっともったいないです。ここに来ている理由は仕事にアカデミックな部分を求めたいからなのですが。」(2012年受講者)

2．職務への適合

他方で、「大学ならではの学び」として想起されがちな、抽象的な理論を展

開する研修は、受講者の満足度が必ずしも高くない。幅広い知識として想定される内容は、必ずしもアカデミックな学びとは限らないといえる。

> （抽象的内容を扱っていた研修に対し、）「どこへ向かってどう考えを作りながら聴講すればよいかわかりませんでした」（2013年度受講者、括弧内は筆者による加筆）
> 「X時間目は一方的な講義が多く、眠気をさそった。できれば演習、ワークショップを取り入れ、いろんな先生方と情報交換する場があるとよかったと思います。テンポのある授業をのぞみます。」（2014年度受講者、冒頭部は筆者により伏せ字とした）
> 「X時間目の講座は、禅問答というか、哲学的で少し難しかったですが、自分なりに答える、よいきっかけになりました。」（2015年度受講者、冒頭部は筆者により伏せ字とした）
> 「今日は理論が多かったので、もう少しワークショップ型の形式の方がよかった。」（2015年度受講者）

また、以下のように直接的な答えやスキルを求める傾向も垣間見える。受講者としては、実践ですぐに使える引き出しを増やすような内容を求める傾向にあると考えられる。

> 「ケーススタディを行いましたが、学校改善の具体策などの示唆がほしいと思いました。学校現場では同様のケースは多発しています。経験することで学ぶしかないのでしょうか。」（2015年度受講者）
> 「本日も即応用できる内容で、大変ためになりました。」（2014年度受講者）

このように、学校管理職マネジメント短期研修プログラムでは「大学ならではの学び」と「職務に適合した学び」の双方が絡み合いながら展開されていることが見て取れる。

第4節　校長の専門職基準への示唆と本分析の課題

1．「校長の専門職基準」からみた研修プログラムの課題

　本節では、「学校管理職マネジメント短期研修プログラム」で実際に行われている内容を「校長の専門職基準」に照らして検討することとしたい。

　各年度の科目を基準に従って分類したものが以下の表7となる。実際の研修は、1つの時間が複数の基準にまたがって構成される場合もあるが、科目名や主な内容をもとに研修1コマを1つの基準に分類した。

　研修項目の中で、基準Ⅰのビジョン形成に関する科目の設置が困難であり、年度によっては開講なしとなっている。もちろん、校長に求められる力量の頂点としての基準Ⅰの性質を考えれば、直接的に基準Ⅰを伸ばすというより、職務経験や他の領域の研修の中でおのずと身に付く面もあり、研修方式上もOff-JTの中で取り扱いにくいという限界がある。しかし、2節に取り上げたような受講者の期待と得られたもののギャップを考えれば、時間を増やしての開講が望まれるところである。

　また、これに関連して、研修プログラムの中では基準Ⅳのリーダーシップに関する講義との境界が不明確である。管理職としての学校改革は、リーダーシップの発揮場面でもあり、共有ビジョンの具現化プロセスでもある。逆に言えば、現在の研修プログラムは基準Ⅳのもう一つの柱となっている倫理規範に関連する内容が薄いといえるだろう。

　また、基準Ⅴについては、開講科目が少ないうえに、2節にも述べたようにニーズが比較的小さい。専門職基準に照らせば、受講者に学校と地域との関係の再考を促すような科目の設置が求められるであろう。

　前項に述べた研修科目の変遷は、受講者のアンケート結果や実施条件の制約を踏まえた最適化の結果ともいえ、言い換えれば、研修に集まりやすい受講者のもつ資質や職務経験に依存して項目が作られるようになった結果ともいえる。校長登用前の教員に対する研修項目がⅡやⅢに集中している一方で、2節に触れたように受講者の課題意識は基準ⅠやⅥ、Ⅶなどにある点で、研修プログラムと受講者の求めるものに若干のミスマッチが存在する。

第4章　大学公開講座に期待される力量形成

表7　研修の科目構成の変遷

	2011年度	2012年度	2013年度	2014年度	2015年度
基準Ⅰ		・次世代リーダー演習	・次世代スクールリーダー論 ・実践〜学校刷新	・次世代スクールリーダー論	・次世代スクールリーダー論
基準Ⅱ	・カリキュラムマネジメント1 ・カリキュラムマネジメント2 ・校内研修・授業研究と学校づくり1 ・校内研修・授業研究と学校づくり2 ・特別支援教育	・カリキュラムマネジメント1 ・カリキュラムマネジメント2 ・授業研究 ・特別支援教育	・カリキュラムマネジメント ・授業研究	・カリキュラムマネジメント ・授業研究 ・「気になる子」の心の理解 ・学習環境デザイン論	・カリキュラムマネジメント ・学びのユニバーサルデザインとICT活用 ・子ども・教師の「個」性と教育経営
基準Ⅲ	・コーチング1 ・コーチング2 ・ファシリテーション入門	・コーチングスキル1 ・コーチングスキル2 ・ファシリテーション入門1 ・ファシリテーション入門2 ・コミュニケーション演習1 ・コミュニケーション演習2	・コーチングスキル1 ・コーチングスキル2 ・ファシリテーション入門1 ・ファシリテーション入門2 ・学校力構築ストラテジー演習 ・課題教員支援ストラテジー演習	・コーチングスキル1 ・コーチングスキル2 ・ファシリテーション入門1 ・ファシリテーション入門2 ・学校力構築ストラテジー演習 ・課題教員支援ストラテジー演習	・コーチングスキル1 ・コーチングスキル2 ・ファシリテーション入門1 ・ファシリテーション入門2 ・学校開発力をどう高めるか
基準Ⅳ	・学校臨床1 ・学校臨床2 ・組織マネジメントと学校評価1 ・組織マネジメントと学校評価2	・組織マネジメントと学校評価の活用1 ・組織マネジメントと学校評価の活用2 ・危機管理演習	・学校臨床心理学1 ・学校臨床心理学2 ・危機を管理する学校マネジメント	・学校臨床心理学1 ・学校臨床心理学2 ・危機を管理する学校マネジメント	・学校臨床心理学1 ・学校臨床心理学2 ・危機を管理する学校マネジメント
基準Ⅴ	・地域連携1 ・地域連携2	・地域連携	・防災教育	・防災教育	・防災教育 ・地域と教育
基準Ⅵ	・リーダーシップ1 ・リーダーシップ2	・リーダーシップ1 ・リーダーシップ2	・リーダーシップ1 ・リーダーシップ2	・リーダーシップ1 ・リーダーシップ2	・学校組織のリーダーシップ1 ・学校組織のリーダーシップ2
基準Ⅶ	・教育改革の今日的課題 ・本県の教育課題と施策	・本県の教育課題と施策	・本県の教育課題と施策 ・教育と哲学	・本県の教育課題と施策	・本県の教育課題と施策 ・Teach For Japanの取り組み

今後、このような側面にアプローチする研修プログラムを開発することや、OJT と Off-JT の間を埋めるプログラムを開発することが求められる。それらの能力は、大学での講義のみで一朝一夕に身につくことが期待されるものではない。本書第Ⅱ部3章で取り扱われたような教育センターでの研修プログラムや、教員の自主的な研修機会などとの関係の中で、大学での学びという刺激が有益に位置づく体制を模索し続ける必要があるだろう[7]。

なお、「校長の専門職基準」の課題として、「チーム学校」などの最新の政策からもたらされる組織構成の変容への対応や、「校長の専門職基準」に基づいた力量形成のシークエンスの明確化などが考えられる。後者の課題については、本分析のような研究を蓄積することが必要となるであろう。

2．本分析の成果と課題

本稿では、九州大学の「学校管理職マネジメント短期研修プログラム」を手掛かりとしながら、大学公開講座に求められる力量形成について考察した。

受講者アンケート結果からは、職位別に受講者のニーズや研修の有用感に違いがみられることが明らかになった。協働に関する知識やスキルはどの職位も高いが、教諭は教育政策や学校臨床問題に関する内容について、教頭はビジョン形成に関する内容について、有用性が高いとする傾向が見られた。

ただし、本稿で分析したアンケートは、受講者が受講直後に抱いた感想を回答したものであり、学校に戻って別の効果を実感している可能性がある。このような学びの効果を把握することが課題である。

また、各項目の満足度や期待水準に関する分析は、研修プログラム内での相対評価である。本分析ではこれ以外の研修内容についての考察を行うことができなかった点も課題である。

---

[7] 近年、本書に扱うように教育センターでの研修体系を「校長の専門職基準」に基づいて組み替える事例や、教育センターで研修を行う外部講師と大学公開講座を担当する講師が重なる例などが生じている。第Ⅱ部3章に述べられたように、教育センターそのものでは教師教育の展望機能が弱いとすれば、革新的な研修を開発することも大学の役割となるだろう。その点で、修了者を継続的にかかわらせる取り組みなど、新たな試みを取り入れる余地を残しながら、公開講座が展開されていく必要があると思われる。

今後は、スクールリーダーに求められる資質力量の変化、スクールリーダーの資格に関する議論の動向、Off-JT の研修技法の開発状況などを見極めながら、研修の質を高めていく必要がある。

（金子　研太）

参考文献
- 加治佐哲也編著（2011）『学校管理職養成スーパープログラム —— 先進教職大学院の実践に学ぶリーダー養成 ——』学事出版。
- 加治佐哲也編著（2008）『学校のニューリーダーを育てる —— 管理職研修の新たなスタイル ——』学事出版。
- 木岡一明（2007）「マネジメント研修カリキュラム等開発会議と学校組織マネジメント研修」、木岡一明編著『ステップ・アップ 学校組織マネジメント』第一法規、p. iii。
- 日本教育経営学会（2013）「校長の専門職基準［2009年版一部修正］」
　http://jasea.sakura.ne.jp/teigen/2003_kanrishokuyoseisystem_index.html
- 日本教育経営学会スクールリーダーの資格任用に関する検討特別委員会（2003）「学校管理職の養成・研修システム作りに向けて」
　http://jasea.sakura.ne.jp/teigen/2003_kanrishokuyoseisystem_index.html
- 押田貴久・加藤崇英（2015）「先行研究の検討」『新しい時代に対応する学校管理職マネジメント研修に係る研究報告書』pp.7-10、http://www.mext.go.jp/component/a_menu/education/detail/__icsFiles/afieldfile/2015/12/14/1364417_01.pdf

第 5 章
校長会に期待される力量形成

第1節　課題設定

　本稿は、校長会が校長の力量形成に果たしている機能及びその機能と「校長の専門職基準（以下、専門職基準）」との関連を明らかにすると共に、現在「専門職基準」を活用した研修を行っている校長会の関係者に対するインタビュー調査等を通して、専門職基準の有用性を探究することを目的としている。

　日本教育経営学会は、2006年実践推進委員会の立ち上げ以降、校長を高度専門職として位置づけ（牛渡2015）、「専門職基準」の内容検討、策定、改訂作業を行ってきた。特に第三期実践推進委員会においては、内容の一部改訂、専門職基準を基にしたケース教材の開発を行って来た[1]。この他、専門職基準がどのように受け入れられているかについて、都道府県教育委員会、政令指定都市教育委員会及び教育センターに対して研修の実態と校長の専門職基準の認知状況等に関するアンケート調査を実施し、状況把握と専門職基準に対する期待や有用性を探ってきた。本稿においては、「校長会の機能」に焦点を当てるが、「校長会の機能」を明らかにするための基礎作業として、まず校長会とはどのような機能を有する組織であるのかという点について明らかに

---

[1] 日本教育経営学会実践推進委員会編『次世代スクールリーダーのための「ケースメソッド入門」』花書院、2014年、日本教育経営学会実践推進委員会編『次世代スクールリーダーのための「校長の専門職基準」』花書院、2015年。

していきたい。

　校長会の現状から定義すれば、校長会は校長職が加入する任意加入団体であるといえる。校長職を先に述べた牛渡の位置づけに沿って今後を見据えた場合、「高度専門職」である校長が集まる校長会は「高度専門職団体」と位置付けられることになる。こうした位置づけが可能か、他の専門職団体との比較を行うなどその社会的役割についても検討を行う必要があろう。

　「校長会」に関する先行研究を見ると、全国校長会で発表されている各学校の実践研究報告[2]や、平井（2004）の校長会の職能開発システムについて分析を行った歴史研究は見られるが、校長会の組織や機能に関する調査研究については、管見の限り堀内・鄒（2004）、萬谷（2014）に限られる。

　堀内・鄒（2004）による研究は、従来から校長の意思決定や職務遂行に大きな影響を及ぼしてきた校長会が、自律性確立に向けた動きにどのような役割を果たしているか、また果たすことが可能か、という課題意識の下、アンケート調査を実施・分析している。調査を通じて、堀内らは①校長会のもつネットワークを生かした校長相互の情報交換システムを強化し、校長会を通じた自己研鑽機能を高めること、②地域社会や保護者との連携も強化し、校長自らが校長会組織を通じてより広く、より客観的な外部社会との接点を構築すること、③リーダーシップが評価されている校長を中心に、新任校長の経営力量の向上に資する研修や指導コンサルティングのシステムを立ち上げることなどを提言している。堀内らが「研究レベルにおいて校長会の組織実態が全く明らかにされてこなかった」と述べているように、調査研究レベルで校長会組織や機能を対象とした調査研究はなく、その意味でも堀内らの調査研究は貴重なデータであるといえる。

　萬谷（2014）は、大杉他による共同研究「学校管理職育成の現状と今後の大学院活用の可能性に関する調査」の中で、研修機能に着目して校長会・教頭会の規定分析を行った他、都道府県・政令指定都市教育委員会を対象に実施した「義務教育諸学校の学校管理職任用・育成に関する調査」の結果から

---

[2] 例えば、毎年発行されている全国連合小学校長会『研究紀要』信行社、日本中学校長会機関誌『中学校』（毎月発行）等。

第5章　校長会に期待される力量形成　　　141

都道府県教育委員会が管理職候補者育成について校長会は肯定的な評価を受けていることや、全日本中学校長会事務局に対する聞き取り調査を通して、研修の実態や課題について明らかにしている。また、当該研究は、「校長会・教頭会が学校管理職の資質能力向上に果たしている役割・評価」を明らかにすることを目的としているもので本研究と共通する部分がある。

　萬谷が行った規定分析などから、校長会等が会員の資質能力向上を目的としていること、都道府県レベルの校長会においても規定の上で研修機能を有しているものがあることが明らかになっている。これらの点は非常に参考になるが、校長にとって身近な県レベルより規模の小さい校長会による研修機能については触れられていない。また、規定分析や事務局に対する聞き取り調査だけでは、校長会が規定上有している機能や取組内容の確認に留まっている。すなわち、実際校長会に入会している校長が校長会によりどのような力量を身につけたのか、また校長会は現在次世代管理職候補の養成をどのように行っているのかという点については明らかになっていない。

　これらのことを踏まえ、第2節においては、校長会の概要等を整理した上で、校長会を専門職団体として捉えた場合の課題や他専門職団体と比較したときの特徴などを確認する。第3節においては「専門職基準」を使用した研修を行っている校長会等の関係者に対するインタビュー調査を通して専門職基準の活用の可能性を模索する他、全国・都道府県レベル・市町村レベル・行政区ごとの校長会の機能の違いについても明らかにしていきたい。

第2節　校長会の機能と特徴

1．校長会組織の検討

　表2-1-1は、国立・公立学校における校長会を小学校、中学校、高等学校、特別支援学校の校種ごとに整理したものである。私立学校については、「校長会」は存在しないが、日本私立小学校連合会、日本私立中学・高等学校連合会、私立特別支援学校連合会等、各校種ごとの私立学校連合会が調査研究や教員の資質向上のための研修、各団体との連携等の役割を担っている。

　国立においては、全国国立大学附属連盟の組織として校長会・副校長会が

表2-1-1　全国規模の校長会等

	国立	公立	公立その他
小学校	全国国立大学附属学校連盟校園長会 全国国立大学附属学校連盟副校園長会	全国連合小学校長会	全国公立小・中学校女性校長 全国特別支援学級設置学校長協会
中学校		全日本中学校長会	
高等学校		全国高等学校長協会（専門科ごとに全国規模の部会を設置） 公益社団法人全国工業高等学校長協会	
特別支援学校		全国特別支援学校長会	

置かれている。当該連盟の対象となる校種は幼稚園、小学校、中学校、高等学校、特別支援学校である。全国国立大学附属学校連盟の目的は、「会員相互の協力により、附属学校の使命達成を図り、もって、わが国教育の振興に寄与すること」と規定されており、具体的な事業として、①附属学校の目的、組織及び運営に関する調査研究、②教育に関する調査研究、③研究集会及び協議会の開催、④年鑑、会報及びその他教育に関する出版物の刊行、⑤各種教育団体との連絡、協力、⑥その他連盟の目的を達成するために必要な事業を行っている。

公立に関しては、全国連合小学校長会、全日本中学校長会、全国高等学校校長協会（中等教育学校、特別支援学校高等部を含む）[3]、全国特別支援学校校長会の他、全国レベルで設置されている校長会として全国特別支援学級設置学校長協会、女性校長会（全国公立小・中学校女性校長会）、退職校長会などもある。上記の校長会はすべて任意団体であるが、公益社団法人格を有する校長会（公益社団法人全国工業高等学校長協会）も存在する。

小学校、中学校、高等学校の全国校長会の目的・構成・事業内容等を見ると（表2-1-2）、会の目的として「職能の向上」について規定しているのは小学校のみであるが、事業内容や部会・委員会などの組織体制を見ると会

---

[3] 高等学校においては、全国高等学校校長協会の下部組織として、専門科ごとの団体も存在する。

第5章 校長会に期待される力量形成　143

表2-1-2　全国校長会の目的・構成・事業等

	目的	構成	事業内容	部会・委員会
全国連合小学校長会	この会は、組織団体の連合期間として、職能の向上と初等教育の充実刷新を図り、もって民主的で文化的な国家の建設に寄与することを目的とする。	各都道府県小学校長会で組織する。	①関連団体の連絡・提携に関すること ②学校の管理・運営に関すること ③教育上必要な研究・調査に関すること ④教育制度ならびに教育行政に関すること ⑤教職員の地位・待遇の向上に関すること ⑥教育振興に関する注意の喚起 ⑦他団体との連携・提携に関すること ⑧その他、本会の目的達成に必要な事業	1．対策部 2．調査研究部 （教育改革委員会、教育課程委員会、現職教育委員会、人権教育委員会、特別支援教育委員会、健全育成委員会、標準法委員会、施設設備教材委員会、教員養成委員会、給与年金等委員会） 3．庶務部 4．会計部 5．広報部
全日本中学校長会	全国各都道府県中学校長会相互が緊密な協調を保ち、中学校教育の振興を図り、国家社会の発展に寄与することを目的とする。	第3条　本会の構成は、各都道府県中学校長会の連合体とする。	①教育に関する研究調査 ②研究協議会の開催 ③教育に関する世論の喚起及び振興 ④各種印刷物の刊行 ⑤教育諸団体との連絡協力 ⑥その他、本会の目的達成に必要な事業	1．総務部 2．会計部 3．教育研究部 4．教育情報部 5．生徒指導部 6．編集部 7．事業部 8．予算対策部 9．給与対策部
全国高等学校長協会	第2条　本協会は、高等学校、中等教育学校及び高等部を置く特別支援学校の教育の振興を図ることを目的とする。	（組織） 第5条　本協会は、部会及び都道府県の公・私立の高等学校長協会をもって構成する。	第3条　本協会は、前条の目的を達するために、次の事業を行う。 (1) 教育に関する調査研究 (2) 関係行政機関等及び関係諸団体に対する建議、要望又は意見の公表 (3) 会誌・会報等の発行 (4) 会員の研修 (5) その他本協会の目的達成に必要な事	1．教育課題検討委員会 2．就職対策委員会 3．大学入試対策委員会 4．管理運営研究委員会 5．教育課程研究委員会 6．生徒指導研究委員会 7．人権教育委員会 8．編集委員会 9．国際教育交流委員会

員の研修（高等学校）が規定されている他、資質能力や研修について扱う現職教育委員会（小学校）、教育研究部会（中学校）などが置かれている。高等学校に関しては、教育課題検討委員会や、管理運営検討委員会等部会の中で学校の実態に関する調査研究が行われている[4]。この他、調査結果等に関する情報提供・共有機能、政策に対する意見表明等の機能を有していることがわかる。

公立学校においては、全国規模の組織の下、都道府県校長会が置かれているほか、地方区（北海道・東北・関東・中部・近畿・中国・四国・九州）、郡市町村、規模によっては区（特別区を除く）ごとに存在している。

2．専門職団体（職能団体）としての校長会の特徴

一般に、専門職とは高度な専門的な知識・技術が求められる職業であり、専門職団体（職能団体）とは、特殊技能や資格を必要とする職業ごとに組織された団体のことを指す。我が国においても、様々な専門職が存在するが、ここでは弁護士／弁護士会及び医師／医師会との比較を通して校長／校長会の特徴を明らかにしていきたい。

まず、加入の任意・強制について述べる。弁護士／弁護士会については、弁護士としての登録にあたって弁護士会に入会することが義務づけられている（弁護士法 第八条 弁護士となるには、日本弁護士連合会に備えた弁護士名簿に登録されなければならない、同法 第九条 弁護士となるには、入会しようとする弁護士会を経て、日本弁護士連合会に登録の請求をしなければならない）が、校長会、医師会に関しては任意である。

加入率を見ると、弁護士／弁護士会は当然ながら100％であるが、医師の医師会は5割程度であり、医師と比較すると校長会への加入率は90％を超えており総じて高いことがわかる。

法的な位置づけに関しては、弁護士、医師については労働基準法第14条に

---

[4] 女性校長会については、会の目的として明確に職能の向上を掲げている「会員相互の研修と連携互助により、女性校長の地位及び職能の向上を図り、もって学校教育の振興に寄与することを目的とする。」

第5章 校長会に期待される力量形成

表2-2-1

	校長会	日本弁護士連合会	日本医師会
任意・強制	任意	強制	任意
加入率	小学校（99.4%） 19826名/19926 中学校（99.6%） 9404名/9436名 （会員数／公立校長数）	100%	53.6% 167029／311205
労基法における専門的知識を有する労働者	該当しない	該当する	該当する
資格・特徴	・教育公務員 ・全員が教員免許を有しているわけではない	・全員弁護士資格を有している	・全員医師国家資格を有している
法人格	なし	弁護士法人	公益社団法人

規定されている「専門的知識等を有する労働者」に該当するが、教員、校長職はこれに該当しない。

　他方で、校長会の会員は全て教育公務員であり、公務員の中では「教育公務員の職務とその責任の特殊性（教育公務員特例法第1条）」が認められている職業といえる。また、2000年に行われた学校教育法施行規則の改正により校長の資格要件の緩和以降民間人校長の登用が行われていることから、全員が「教員」としての専門性を有しているわけではないという点も大きな特徴の一つである。この点について、専門職団体としての役割を担う組織として校長会がどのように「専門職」としての地位を獲得し団体として質的な能力保障をどのように行っていくかは大きな課題である。

3．校長会による専門職基準の活用

　次に、全国規模の校長会の専門職基準に対する認識について触れておきたい。2009年に行われた日本教育経営学会実践推進フォーラムにおいて、全国連合小学校長会前会長の池田氏、日本中学校校長会生徒指導部長の大江氏を

コメンテーターとして招聘し、専門職基準に対する印象や期待と課題について意見を頂いている（牛渡2010）。その中で、学校運営ではなく校長を学校経営の責任者としてまた専門職として明確に打ち出した専門職基準を歓迎していること、他方で、国民が校長職の仕事を再認識することに意義を感じている他、専門職基準を今後活用・普及していくために必要な貴重な意見を頂いている。しかし、全国校長会との意見交換はこのフォーラム以降行われておらず、全国レベルでの普及・活用には至っていない。

他方で、都道府県レベルの校長会においては、専門職基準を活用した取組を模索・実践している動きが見られる。この動きの背景には、日本教育経営学会員が管理職研修等で専門職基準を紹介または教材として使用するなど草の根的な活動がある。次節では、専門職基準を活用した取組を行っている事例を取り上げ、活用の実態と今後の可能性を模索する。

第3節　校長会の力量形成機能──質的調査を通じて

1．調査目的・分析視点の設定

本節においては、校長会役員に対するインタビュー調査及び参与観察を通じて、以下の3点を明らかにすることを目的としている。

第一に、校長の視点から見た校長会の機能の解明である。また、多くの校長は全国、地方区、都道府県、市町村等多くの校長会に入会しているが、規模による機能の違いなどについても明らかにしていきたい。特に、人材育成機能については自身のキャリアと対照した時にどのような機能を有していたのか、また今後次世代スクールリーダーを育てる立場としてどのように受け止めているかなど複数の視点から分析を行う。

第二に、校長職と関連団体（教頭会、行政等）との関係である。校長の職務とも大きな関わりがある関連団体への政策提言機能も含め、明らかにしていきたい。

第三に、専門職基準と校長会の関わりである。なぜ、専門職基準を知ったきっかけや、活用したいと考えた経緯や理由について明らかにし、校長会における専門職基準活用の可能性に関する示唆を得たい。

2．調査対象及び調査手続き

インタビュー対象者は、A県にある政令指定都市であるA市立小学校のA校長である。A校長は、県校長会の副幹事長を務めており、その中で専門職基準を用いた研修会の企画・運営を行っている。このことからA校長を対象とすることで、校長会の機能の実情を明らかにできるだけでなく、校長会による校長職専門職基準の活用事例についても示すことが可能となる。調査手続きとしては、A校長に対して調査依頼及び質問予定項目を送付し、了承を得た後指定頂いた日時に学校に赴いた。調査は、平成28年2月3日、A小学校校長室で行った。また、会議の参与観察は平成28年3月4日に行った。

3．調査結果
3-1 キャリアと校長会等以外の任意団体との関わり

A校長は、講師経験を経て1982年4月から正規採用となり、教諭として4校の移動を経験し、4校目の際教務主任となるとともに、大学院（社会人）に入学している。その後、県教育センター、その後の学校で教頭職を3校6年経験した後、校長職に就いている。現在校長職について3校6年目である。

A校長が、上記のキャリアの中で校長会等職位や役割に関わる任意団体に加入したのは40歳であった。加入したのは「教務主任会」である。それまでは自校の中で教育実践を行うことのみであったが、教務主任会に加入したことで「他校の先生と勉強するようになった」と述べている[5]。

また、「教務主任会」とは別に県内には「教務等研修会」という会が存在した。この会は、35歳以上のミドルクラスの教員でかつ校長の推薦があった教員が集まる会である。現在教務等研修会はA県校長会の主導の下置かれている研修会の一つ[6]で「校務運営研修会」と名称変更している。なお、会の中で行うレポート作成や発表、意見交換については、教務主任になる前の2年

---

[5] 教務主任会では、月に1回の研修会があり、その中で活動報告や情報交換を行うものであった。
[6] 教務等研修会は、報告書をまとめ、レポートを基にした意見交換を行い、校長、教頭等からの指導・助言を受けるものである。校長、教頭については全員ではなく当番の校長教頭が指導・助言者として入ることとなっている。

間が大学院に在籍した際の経験が生きた[7]と述べている。
　教頭就任後は、全国レベル（全国公立学校教頭会）、九州地区全国公立学校研究会、市教頭会及び区の教頭会に加入した。配属された区レベルの教頭会では月一回の研修会、市の研究大会などがあった。また、教頭就任後3年目には教頭会の役員を経験し、九州レベル、全国レベルの研究大会に参加している。

3-2　校長職就任以降の校長会等との関わり

　校長職就任後は、全国校長会（全連小）、地方区校長会、県校長会、市校長会、区校長会に加入している[8]。それぞれの組織との関わりについては、規模により機能が異なると述べている。
　その中でも「校長会の末端組織でかつ一番身近なものは区の校長会です。」と述べている。区レベルの校長会会議は年間8〜9回程度行われている。会議では前半がテーマ別の検討会、後半は情報交換が行われている。A市内各区の活動・研修報告[9]を見ると研修テーマは区ごとに異なっており区の実態に応じた研修・発表・意見交換等が行われていることがわかる。
　A校長は、この情報交換が経験年数の浅い校長にとって役にたっていると認識している。また、A区内については、今年度18校中8校が新任校長というこれまでにない状況となっている。このため、ペア制をとり、日常的な実務の相談等きめ細かな対応がとれるようにしている。
　市全体で行う会議は、総会が年に3回（4月、5月、1月）開催され校長会のあり方や方針について定めている。発表会は年に1回開催されている。市の発表会については、市内7区から一人ずつ発表が行われており、テーマについては運営要綱に沿ったものである。
　県レベルの校長会については、大会開催が年1回、郡市代表校長研修会が年4回、地区会長研修会が年5回行われている。この他、A県の独自の取組

---

[7] A校長が在籍していた大学院の同期生には、校長、指導主事、教諭等校種も含めて様々な職位の教員がおり、この点についても刺激になったと述べている。
[8] なお、A県内の校長は全て全国、地方区、都道府県、市町村等の校長会に入会している。
[9] A県小学校校長会『平成26年度研究紀要』、郡市活動／研修報告より

として平成13年から二年次校長研修を行っている。[10] この研修会は任意であるが、出席率は9割以上であり熱心に参加しているという。

地方区以上のレベルについては研究発表、交流がほとんどである。地方区、全国大会がそれぞれ年に一回開催されている。県大会までは全員参加であり、地方区や全国については校長会の規定により、県の2割または1割等参加率が決められている。地方区、全国大会の情報については県、市校長会の広報部が情報をまとめ、会員に発信することで情報共有を図っている。

3-3 校長会と他団体・行政等との関わり

次に、校長会と他の任意団体・行政等との関わりについて述べていく。

まず同じ公立義務制学校長である中学校校長会について述べる。県校長会においては、会の中で小中連絡会を設けており、担当者が年に二回行い校長会の中で報告が行われている。この他、後述する行政に提出する要望書については中学校校長会と連携しまとめている。

教育委員会と校長会の関係については、市、県、それぞれ意見交換、懇談会を行っている。また、市教育委員会が新しい施策を実施する際は、必ず教育委員会が校長会に説明に来ており、必要に応じて施策の構想段階で意見を求められるケースもある。

県レベルの政策提言などについては、県の中学校校長会と小学校校長会の対策部が連携しまとめた要望・意見を整理し提出している。意見の内容は①教員定数や処遇、人材配置、②特別支援教育の推進、③耐震化等施設補強、④生徒指導等学校の教育活動全般にわたるものである。提出した意見については、教職員課、義務教育課等担当窓口から回答を毎年得ているが、実現しないことがほとんどであるという。しかし、A校長は「意見表明を止めてしまうと、全て教育委員会にお願いします、任せますという状況を生むこととなる。」と述べており、例え、要望の多くは改善に向かわなかったとしても意見表明をするということは重要であると感じている。

---

[10] 初年次の校長研修は教育委員会が実施しているが、2年目も必要であろうという意見が出た。だが、教育委員会はその他様々な研修を担当することになるので校長会に委託されたという経緯がある。

3-4 校長会の管理職候補者育成機能について

次に、管理職候補の育成機能について述べる。A県では、教頭会による研究大会に校長会からも代表者が参加するなどの交流は行っているが、日常的にはつながっていない状況であるという。また、教頭会については、「もう管理職ですから、職務についても細かくは言わない」と述べている。

現在A県校長会による管理職に必要な力量形成については、A校長自身が教務主任になった際に参加した教務等研修会の後継組織である校務運営研修会がその役を担っているという。この校務運営研修会は、その前身である教務等研修会から数えるとA県では40年程続いている組織である。当初は、校長会の中に位置付いた組織ではなかったが、その会が発展的解消をした際、県校長会がミドル育成、次世代管理職育成のため引き取った経緯がある。

現在、校務等運営研修会の目標は「校務運営研修会の組織、運営等に関する指導助言を行う組織として校務運営研修会代表会をおき、大量採用時代を迎えることからも人材の発掘、並びにミドルリーダーを育成する。会員は、各学校の学校教育目標具現化、学校の活性化のためにどのように参画するか日頃の実践に基づき提案・協議等を行い、よりよい方途を探りながら研修を深め、自らの資質能力の向上をめざす」と規定されており、ミドルリーダーの育成に主眼を置いている。

しかし、A校長は校務運営研修会に入ったからといって「校長にならなくてもいいです。あくまでスクールリーダー、ミドルを育てる取組です」と述べている。管理職にならない人もいるし、また全員が管理職になれるわけでもない。力は付けるが「将来校長になった時のための勉強をしていると言うよりは今必要なことを学んでいる場」であるという。[11]

現在A県内の井小学校校長は毎年120名程度が入れ替わる状況にある。現在の候補者も教頭経験、指導主事経験もあり、「それなりに優秀だと思うんですが、校長の職務はまた違う」と述べている。A校長は、校長になる前に、校長の職務を総合的に理解することが必要だという。また、近年の新たな取

---

[11] このことについてA校長は、管理職試験の予備校や勉強会的な位置づけではなく、「学校運営、学校経営になにができるか学ぶ場所です」と述べている。

組として県校長会の広報部が中心となり、様々な校長職の実務を行っていくためのノウハウを次世代に継承するための教材として、平成26年度より『校長会実践事例集』を発行している。

　この事例集を提案したのは、現在の校長会会長である。この事例集作成のねらいは「継承」である。この実践事例集は、平成26年度に関しては、校長会のメンバーのみで編集・執筆を行ったが、客観的な視点から実践をまとめることが必要という意見から平成27年度については大学の研究者が編集に関わりまとめている最中という。

3-5　A県校長会と専門職基準

　校長は、現在の専門職基準について「私はこれでほぼカバーできていると思いますよ。一つのよりどころにしています。」と述べている。

　以前は危機管理が無いと感じていたが、2009年改訂版以降含まれるようになり、現在は校長職に求められる内容の基本的なものが網羅されていると認識している。

　A校長は新任校長研修を受けた際に初めて専門職基準に出会い、「これはいいと思った」と率直に述べている。以降、A校長は仕事をする際に現在は基準2と3の内容に取り組んでいる等、専門職基準から職務を整理するようになったという。校長会全体の認知度はまだ低いが、現在専門職基準を使用した2年次校長研修が行われており、その出席率も9割と高かったことから、徐々に広がるだろうとA校長は予想している。また、校長の間で専門職基準を使った勉強会をやりたいという要望も上がっているという。

　現在は計画段階だが、専門職基準を活用した校長の自主サークル等の活動を構想しているという。専門職基準を活用する理由は、校長の職務を体系的に学べる点であるという。現在行われている緊急課題に対応するための研修や実践発表も重要であるが、他方で系統立ててやっていこうという取組も必要だと述べている。

　この他、校長会の参与観察を行った際、A県校長会長の講話（「タイトル：これからの教育の方向と校長会の役割」）においても、専門職基準と校長の力量形成について触れ校長会内での共通理解を図っていた。

具体的には、①A県の校長、そして教員が現在大量退職・大量採用時代に突入していることに触れ、危機感を持って校長職養成を行っていかなければならないということ、②校長に求められる力量構造として専門職基準を引用し、校長に求められる力量や、校長を養成するための制度枠組みがない中、校長を育てる役割を担うのは「校長会」であると示していた。

第4節　結語

本稿は、校長会等が校長の力量形成に果たしている機能及びその機能と専門職基準との関連について論じることを目的とし、全国レベルの校長会の規定の検討、他の専門職（職能）団体との比較、そして県レベルで専門職基準を活用している自治体の事例研究等を行った。

本稿で明らかになった点として以下の3点を指摘したい。

第一に、校長会は、校種ごと全国レベルから区レベルまで存在し、それぞれが開催する研究発表会や研修会を通して校長の力量形成の機会を提供している点である。本稿で扱った事例においては、一番身近な区校長会において実務に必要な情報やメンター的役割を果たすペアの校長からの指導助言を受けながら学んでいる他、市、県、地方区、国レベルの校長会においてはそれぞれの最新の情報等を学んでいた。この他、校長会が中心となり、次世代リーダー、ミドル養成のための育成組織が置かれ、力量形成を図るなどの取組も見られた。

第二に、専門職団体としての校長会の特徴を描出した点である。校長会は任意団体であるが、非常に高い加入率を有していること、そして弁護士、医師と比較すると、校長は「教育公務員」であるが、教員免許を持たない校長も存在するという特徴があるという点などである。今後、専門職としての地位を獲得するための方策の一つとして日本教育経営学会が示す専門職基準の活用が考えられるのではないだろうか。

第三に、キャリアに即した専門職基準活用の可能性である。A市においては、校長会による二年次研修において活用しているが、それ以外の研修テーマについては、持ち回りが主で、単発的に緊急の課題への対応が入る。しか

し、管理職基準を示すことで校長の職務を総合的に理解し、基準を一つ一つ理解していくことで体系的に職務を学べるというメリットがある。

　10年後の教員の年齢構成、管理職・ミドルリーダーの早急な人材育成、管理職試験の制度運用（受験資格の緩和等・試験制度の倍率維持）、早急な20代〜30代教員のマネジメント能力育成等々、実質的な学校経営に関する課題は山積の状況にある。学校組織の管理運営を安定化させるためには、それらを担う人材育成が最も重要になってくる。これらを議論する上で、どのような「校長（職）」やマネジメント層を人材育成していくのか、そのためのプログラムについて専門職（職能）団体としての「校長会」が何を提言するのか、校長会に期待される役割は今後とも大きくなるであろう。

　「校長の専門職基準」の小結では、「校長候補者から現職校長までを含む各キャリア・ステージに即して、それに関係している様々な人や機関等によって次のように活用されることを期待している」と述べている。全国レベルの校長会だけでなく、各都道府県に存在する校長会等が、職能団体として各種行政・研修機関に対する人材育成への政策要望・提言活動において、「校長の専門職基準」を用いることは議論の架け橋になり得るのではないだろうか。

　行政機関（教育委員会）−研修機関（教育センター・大学院等）−職能団体（校長会・教頭会）の三者が連携しながら専門職としての校長の職業的社会化＝専門職化を促進することにつながればと思う。

　本稿で扱った事例は一つに留まっている点や専門職基準を活用した研修を受けた受講生側の意識については確認できていないため受講生側が感じた有用性については確認できていないことなど、多くの課題が残されている。今後調査対象をさらに広げ、専門職基準の可能性を探るとともに専門職団体としての校長会の役割を掘り下げて行きたい。

（日高　和美）

参考文献
・牛渡淳「〈実践推進フォーラム〉校長の専門職基準──「教育活動の組織化」の専門性確立を目指して──」日本教育経営学会編『日本教育経営学会紀要』第52号、pp.204-212、第一法規、2010年。

- 日本教育経営学会実践推進委員会編『次世代スクールリーダーのための「校長の専門職基準」』花書院、2015年。
- 平井貴美代「職能開発システムとしての校長会の歴史と課題」小島弘道編著『校長の資格・養成と大学院の役割』、pp25-38、東信堂2004年。
- 堀内孜・鄒 萍萍「校長会の組織実態と学校の自律性確立課題－全国公立小中学校校長会に対する質問紙調査を通じて」、京都教育大学紀要104巻、pp.13-29、2004年。
- 萬谷宏之「第二節　校長会・教頭会」『学校管理職育成と今後の大学院活用の可能性に関する調査報告書』（研究代表者　大杉昭英）pp.99-102、2014年。https://www.nier.go.jp/shochu/seika/pdf/kyoinyosei_201403b.pdf#search='%E8%90%AC%E8%B0%B7+%E7%AE%A1%E7%90%86%E8%81%B7+%E6%A0%A1%E9%95%B7%E4%BC%9A+%E5%A4%A7%E5%AD%A6%E9%99%A2'

参考資料
- 全国連合小学校長会HP（http://www.zenrensho.jp/）
- 全日本中学校長会HP（http://www.zennichu.org/）
- 全国高等学校長協会HP（http://www.zen-koh-choh.jp/info/info.html）
- 全国国立大学附属学校連盟HP（http://www.zenfuren.org/renmei.html）
- 日本弁護士連合会HP（http://www.nichibenren.or.jp/bengoshikai.html）
- 日本医師会HP（http://www.med.or.jp/）
- A県小学校校長会『平成26年度研究紀要』
- A市小学校校長会『平成27年度運営要綱』
- A県小学校長会『実践事例集』
- A地方区小学校校長協議会『研究大会要録』

第Ⅲ部

校長の力量形成環境の整備

第 1 章
校長昇進管理と人事計画

はじめに　学校管理職の能力形成とキャリアパス

　学校管理職に限らず、何らかの職業能力を開発する方法としては、教育や訓練を通じた意図的・直接的な働きかけと、経験等を通じた無意図的・間接的な働きかけの二通りが想定できる。本章で扱う配置と職務経験を通じた能力開発とは、日常的には無意図的・間接的な能力開発という性質を持つ一方で、どの職場に配置してどういった経験を積ませるかという点については意図的に働きかけることができるという特徴が指摘できる。
　いわゆる「専門職基準」に基づく学校管理職の能力形成というものを想定したとき、まず思いつくのは教育・訓練を通じた直接的な関与であろう。一方、配置と職務経験を通じた能力形成も想定できるが、あくまで間接的な関与であるため、能力形成にどの程度の影響力があり、教育・訓練との組み合わせがどの程度可能かなどについては検討すべき点も多い。そこで本章は、配置と職務経験を通じた校長の能力形成について検討し、キャリアの振り返りに専門職基準を活用し、能力形成の一助とする余地について指摘を行う。
　学校管理職の育成について、職務経験等を通じた無意図的・間接的な関わりの余地を検討するうえで、一般教員から管理職へのキャリアが連続的か否かは重要な要素と言え、専門職基準の運用にも影響する。たとえば、もし教員経験のない者からも広く管理職が選ばれたり、教員資格と独立して管理職の資格が運用されたりするなど、連続的なキャリアを想定しない制度のもとで専門職基準を運用するのであれば、基準には管理職の的確性を保障する機

能が期待される。

　しかし、現行制度は一部の例外（たとえば民間人校長）を除き、教諭経験者の中から内部的な選抜を経て管理職が登用されている。もちろん管理職の選考・選抜は行われているものの、その前提には連続的なキャリアが想定されているため、現行制度における管理職人事の過程には純粋に適格者を「選ぶ」という要素だけでなく、連続的なキャリアの中で適格者を「育てる」という要素を含めることが求められる。

　企業組織等において長期的な雇用を前提に人材を育成する制度としては、いわゆるFTP[1]（Fast Track Program）としてのCDP（Career Development Program：キャリア開発プログラム）やジョブ・ローテーション[2]が挙げられる（奥林2003）。公立学校教員の人事においても、学校組織や教育行政機関での勤務経験を通じた能力の伸張が指摘される。そこでは組織やポストに求められる適格者を選抜し配置するという論理だけでなく、その組織やポストの経験を通じて人材を育成するという論理が働き、両者のバランスが図られている[3]。教員人事において言及される「適材適所」とは前者の、そして「異動は研修」という表現は後者の側面を示すものといえるだろう。

　しかし、では具体的な検討として、学校管理職についてどのようなキャリアの蓄積（どのような職場でどのような役割を経験してきたか）がどのように能力形成に影響を与えるのかについては、十分な整理がない。教諭から校長に至る教職のキャリアを連続的にとらえる現行教員人事制度では、蓄積してきたキャリアの違いに応じて適格者の「育ち方」にも違いが生まれているということが前提になる。したがって専門職基準についても、これを選抜の指標とすることで管理職の適格性を保障するという方法ではなく、キャリアの蓄積で獲得・形成してきた各々の資質能力と専門職基準を比較考量し、その後の能力形成に向けた指標として管理職の適格性を保証するという運用が

---

[1] 将来の経営者候補の早期選抜育成を目的としたプログラムをいう。
[2] 人材育成を意図して教育的な見地から計画的に従業員を異動させること。
[3] とはいえ、この二つの論理は矛盾をはらむ（佐藤・藤村・八代2015）。たとえば人事考課において、評価を従業員にフィードバックして能力開発を促進する「育成の論理」に対して、考課による昇給・昇格に差を付けてインセンティブを与え、人件費を効率的に配分する「選抜の論理」を考えてみてもわかるだろう。

期待される。

　このように、現状の教員人事制度にあわせて専門職基準の運用を考えるうえでも「キャリアに応じた能力形成」の状況を明らかにする必要がある。そこで以下ではまず、具体的なキャリアパターンのひとつとして教育委員会経験（教育行政経験）を取り上げる。管理職に必要とされる資質能力のひとつとして学校経営における「法規」の参照行動に着目し、キャリアパスに応じてどのように行動が違うかを検証して「キャリアに応じた能力育成」の一端を示す。そのうえで、キャリアを通じた人材育成の可能性や限界、キャリアの連続性を前提としたときの「校長の専門職基準」活用の方向性について検討を行う。

　学校管理職へのキャリアアップに際して、教育行政経験が有効であることは以前より指摘がある（小島・北神・水本・神山1992）。ただし、そうしたキャリアが具体的な学校経営能力や学校経営行動に対してどのような違いをもたらすのかについては、ながらく検討が行われていない。教員による教育行政経験として指導主事職に関する研究も行われているが、職務内容や学校支援に向けた機能のあり方についての関心がもっぱら高く（押田2008、小林2012、光島2014など）、「配置（職務経験）を通じて人材育成を図る」という側面から人事をとらえる研究は少ない。わずかに教育行政経験を経た教員のキャリアを追ったもの（川上2013）がある程度であり、教育行政研究と学校経営研究の接点として校長の人事研究をとらえる（榊原2010）なかで、最も直接的な接点といえる異動と職務経験のもつ効果の検証は進んでいないといえる。

　つまり教育行政職の経験が校長に至るキャリアの中でどのような機能を果たし、学校経営（能力・行動）に何をもたらすのか、また何をもたらさないのかについて具体的な検討はいまだ不十分であり、校長の専門職基準の活用を考えるうえでも、その再検討が求められていると言えるのである。

　以上のような関心から、本章ではまず学校経営における法的事項の参照行動の違いを例に、学校管理職のキャリアと学校経営行動の関連性を考察する（第1節）。続けて、実際の教員人事行政（特に校長人事）において、そうした人材の育成がどう考慮されているのかを示し（第2節）、そのうえで昨今の

分権化の中で考えられる運用上のリスクや限界を示し、専門職基準の活用について改めて考察する（第3節、第4節）。なお、このうち「はじめに」と「第4節」は川上が執筆し、「第1節」から「第3節」については、細畠が主に執筆した。

第1節　キャリアに応じた学校経営行動の違い

1．法規の参照行動とキャリアによる傾向の違い

　この節で扱うスクール・コンプライアンスとは、「校長の専門職基準」においても基準6（倫理規範とリーダーシップ）の「法令遵守」や基準7（学校をとりまく社会的・経済的・政治的・文化的状況の把握）における「憲法・教育基本法等に基づく学校教育のあり方の思索」に該当する。

　校長に至るキャリアの中で、スクール・コンプライアンスを意識し、学習する時期について、筆者のうち細畠が行った聞き取り調査（X県内で3年以上の経験を有する小中学校長40名を対象とするもの）[4]では、全員が管理職登用試験や指導主事登用試験を学習の契機としていた。この状況から考えると、教育行政経験者（≒指導主事登用試験経験者）の方が比較的早くに法規の学習を開始しており、また指導主事登用後は学校現場よりも日常的に法規を参照するような職場（教育委員会事務局等）を経験するため、そうした経験を経て校長となった者の方が、スクール・コンプライアンスに関する実務に長け、そうでない者と意識にも違いが出るであろうことが想定される。

　細畠の調査では、校長が学校経営において「法規」を参照するかどうか、そして参照する「法規」はどのようなものかについても整理したが、その結果は上記に指摘したようなキャリアに応じて異なる傾向を示すものであった。すなわち「現場たたき上げ」よりも「教育行政経験者（指導系よりも管理系経験者）」は法規をよく参照し、その対象も（国の）法令レベルまでさかのぼるものとなっている。一方でいわゆる「現場たたき上げ」の管理職については、参照すべき法規として市町村の学校管理規則レベルを想定している者が

---

[4]　より詳細な調査内容については、別稿（川上・細畠2016）を参照。

【表1】校長による法規の参照状況

校種・職歴	内容	法規を紐解くことがよくある	法規を紐解くことが時々ある	法規をまったく紐解かない
指導主事経験者	中学校長（10人）	2	5	3
	小学校長（10人）	4	4	2
学校現場のみ経験者	中学校長（10人）	0	2	8
	小学校長（10人）	2	1	7
	計（40人）	8	12	20

多いということも明らかになった。

　具体的に見てみよう。「校長になり、法規を紐解くようなことはありましたか」という問いに対して、「よくある」と即答し、意識して法規を参照していた者が8名、当初の回答は曖昧だったが詳しく聞き取る中で法規の参照場面が「時々ある」ということが判明し、それほど強く意識しない中で法規を参照していた者が12名、「まったく紐解かない」とした者が20名であった。キャリアに応じた分布は【表1】の通りである。

　指導主事経験者に「よくある」と答えた者が多く、一方で学校現場のみの経験者に「全く紐解かない」と答えた者が多いことが分かる。

　このうち「全く紐解かない」の回答について、指導主事経験者でこのように回答したのは県教育委員会事務局や市教育委員会事務局での管理主事経験、市教育委員会の人事担当指導主事及び課長以上の役職経験者であった。彼らは、これまで法規に基づいた判断を求められる立場で教育行政に携わってきた経験から、法令・法規に関する知識等を既に十分もっており、わざわざ法規を紐解かなくても大筋は理解しているという趣旨で「紐解かない」という旨の回答を行っていた。

　一方学校現場のみ経験者による「全く紐解かない」という回答は、校長になっても法規について必要性を感じたことがないという趣旨のものであり、「何かあれば市教委に問い合わせれば十分である」や「市の指導主事の判断を聞くことで、自らが法規を紐解くようなことはしない」といった回答がみられた。また、法規以上に設置者の定める学校管理規則等を意識している傾向

【表2】校長が具体的に法規を参照する場面（複数回答）

分類（内容項目）			中学校長 指導主事経験者	中学校長 学校現場のみ経験者	小学校長 指導主事経験者	小学校長 学校現場のみ経験者	計
（ア）教職員に関する課題	（A）服務に関すること	特例法、地公法等による研修・出張に関すること	3	2	2	2	9
	（B）労働条件、身分上に関すること	(a) 週休日の振り替えや休暇、勤務時間等に関すること	7	4	7	4	22
		(b) 体罰、地公法に基づいて教職員に禁止されていること	6	4	10	2	22
（イ）教育活動を進めるうえでの課題			2	2	1	2	7
（ウ）児童・生徒に関する課題			3	1	1	2	7
計			21	13	21	12	67

が強く、その意味でも校長として法規の必要性を感じていないという傾向が示される回答となっていた。

　このように、管理職までのキャリアにおいて教育行政経験があるかどうかの違いは、学校運営において法規を参照するかどうか、また参照する「法規」の示す対象の違いがどのようなものか（国レベルの法規・命令なのか、設置者レベルの規則なのか）、といった点に反映されていた。

2．具体的な法規の参照場面とキャリアによる傾向の違い

　また細畠の調査では、日常的な学校経営において、どのような事項について法規を参照するのかについても質問しており、その結果は【表2】のようであった。

　これをみても、全体的に指導主事経験のある校長が比較的多くを「法規の参照場面」として挙げていることが分かるが、このうち（ア）「教職員に関する課題」の（B）「労働条件、身分上に関すること」については（a）「週休日

の振り替えや休暇、勤務時間等に関すること」(b)「体罰、地公法に基づいて教職員に禁止されていること」ではこの傾向が顕著であった。

このうち「体罰、地公法に基づいて教職員に禁止されていること」については指導主事経験のある校長20名のうち16名が法規を参照すると回答している。聞き取りの中では、体罰に関する校内での研修会において体罰の禁止に関する学校教育法の規定を説明するケースのほか、地方公務員法での信用失墜行為の禁止、秘密を守る義務、職務に専念する義務、政治的行為の制限など教職員の非違行為について説明するケースなどが挙げられ、そのつど法規を参照するとの回答があった。

また、指導主事経験者を中心に、毎学期末に県教育委員会や市教育委員会から出される綱紀粛正の通知について内容を伝達する際に法規を参照し、コンプライアンスの観点から説明するというケースも挙げられた。綱紀粛正の通知があった際、本文のみの読み上げや、ただ目を通しておくようにとの指示だけではなく法規に基づいた説明が必要であると判断し、それぞれの内容に関係する法規の説明を加えて注意喚起を行っているという例であるが、こうした伝達方法にも、キャリアの違いが反映される傾向にあった。

というのも、県・市の教育委員会等から発出される通知文の内容について、上記のように職務上必要な法規に関連づけて説明を行う校長は指導主事経験者に多く、そうでない校長は同じ伝達内容（たとえば綱紀粛正）を、人として生活上必ず守らなければならないこととして、法的説明よりもモラル面からの説明を行う傾向にあった。そうした校長の聞き取りからは、法規の側面から通知を理解することは重要であるものの、法規を話題に出すことは職場の雰囲気を堅苦しくするという認識を読み取ることができた。こうした発言から想定されるのは、教育行政経験のある校長は職場の雰囲気を若干「堅く」することを覚悟しつつ（もしくはそれに気づかずに）法規の説明とあわせた伝達を行う傾向にある一方、現場経験の影響が強い校長はそうした雰囲気の「堅さ」を忌避して、社会人や教員としてのモラルの側面から伝達を行う傾向にある、ということである。

このように、同じ内容を「コンプライアンス」として説明・伝達するか「モラル」として説明・伝達するかについても、キャリアの違いが影響する様子

が見出された。このことは、校長として学校経営上何らかの判断をする場面に限らず、教職員への伝達においてもキャリアの違いが反映されるということを示している。専門職基準に照らした校長の学校経営行動を考えるうえで、校長に至るまでのキャリアの影響力を考えるべきであることが示唆されるのである。

　このほかにも、市町村の校長会が毎年行う学校行事の内容等を（法規に基づいた判断ではなく）曖昧な慣例に基づいて「昨年通り」「例年通り」と判断しているようなケースや、学校間で対応をそろえなければならない事案で「昨年通り」「例年通り」となるようなケースにおいて、保護者や地域住民に根拠が説明できるよう（ただ「校長会で決めたから」とならないように）、法規を参照する（校長会全体に法規の参照を求める）といった事例からは、法規の参照が「前例踏襲型」の学校経営の相対化につながっている様子も見出すことができる。

　こうした調査結果は、キャリアの違いに起因する認識の違いが単なる法的知識の参照行動にとどまらず、学校経営観や学校経営の具体的行動にも影響している様子を示している。教員から管理職へとキャリアが連続する現行制度のもとで、校長の専門職基準を活用する前提として、これは見逃せない点と言えるだろう。

　なお、このようにキャリアの違いが個別の学校経営に影響を及ぼす一方で、管理職の配置傾向として、法に基づいた経営手法に通じた管理職は課題が生じがちな（法に基づいた対応や危機管理が求められたり、教育委員会との連携が意識されがちな）学校に配置される一方、「学校管理規則」をもっぱら法規ととらえる管理職については、問題の起こりにくい（比較的落ち着いた）学校に配置される傾向もみられる。キャリアに応じた管理職としてのタイプの違いが配置にも反映されることで、ますます経営行動とキャリアとの対応関係が強化されるという側面が指摘できよう。

第2節　「計画的な人事」の可能性とその条件

　以上の検討から、校長の経営行動の違いには、その地位に至るまでのキャ

リア（直接本人がどの職場を経験してきたか）の違いが反映されている様子が観察された。これに加えて、一部では「教頭時代の上司の影響」など上司－部下関係の影響も確認できた。

先の細畠の調査においても、法規の参照を日常的に必要とする職場を経た者が、校長としても法規の参照に意識的であるというケースに加えて、キャリアの途中で上司だったもの（教頭在職時の校長など）の「指導」や「薫陶」が、経営行動に影響しているケースがあった。このことは、教育委員会レベルで「育成を視野に入れた管理職配置」の可能性を広げるものとも言える。つまり直接本人をどういった職場に配置するかだけでなく、どういった上司と組ませるかによっても、職場での経験を通じた能力伸張が期待できることになるからである。

では実際の教員人事行政において、人材の育成はどのように考慮・実践されているのだろうか。そして、今後どのような可能性を持つだろうか。

1．異動・配置による校長育成

外部から教員を経ずに管理職に参入するキャリアがごく例外的であることなどを根拠に、一般の教員から管理職に至るキャリアが連続的であることは既に述べた。しかし、選考試験によってキャリアが区切られているという点では純粋にキャリアが連続的とも言いにくい。連続的なキャリアをとりつつも、企業組織等でいうFTPのように、キャリア初期から管理職や教育行政幹部への育成を意識した配置の要素も強くない。教育行政経験や特定の学校での勤務経験がFTP的に扱われることはあるが、明示的な早期選抜というほど管理職登用年齢に大幅な差を生み出しているわけではない。このことは、経験の蓄積を通じて管理職としての業務特性や意識を徐々に身につけるという要素が薄いことを意味し、ここにはある種の断絶があることを示している。

したがって人事行政（配置の工夫）を通じた管理職の人材育成については、選考試験通過後に観察されることになる。もちろん一般教員においても配置の工夫を通じた人材育成の要素はあるが、管理職の育成と一般教員の育成は連続的とはいえない。

管理職選考後の配置に際しては、選考に合格したという点では一定の水準

をクリアしているが、校長職を命じられるすべての者が教育的な価値基準や判断力、言動・行動力が同じ（程度）というわけでもない。また校長職を数年積み重ねるだけで、力量の充実した校長や手本となるような校長が育成されるわけでもない。したがって力量や特徴にあわせた配置、育成を意識した配置の可能性を指摘することができるが、そうした配置における市町村教委の役割が高まりつつあるのも、近年の特徴と言える。

ある市教委からの聞き取り[5]によれば、校長の配置計画を明確なルールとして内規にしたり文書にまとめたりといったことはしていないという。しかし各市内では、明示されないルールのような形で管下の小・中学校を「中心校」「拠点校」「困難校」「中規模校」「平均的な学校」「小規模校」「市街地校」のように分類している。こうした分類において、新任校長の配置場所はまず「平均的な学校」「小規模校」「市街地校」など比較的学校運営上課題の少ない学校となり、そこでの学校経営の状況が校長職としての勤務評価になるとのことであった。この評価は、その後（校長としての「2校目以降」）の勤務校を決定してゆき、最終的には「困難校」や「中心校」の経営にあたれるような人材の育成を図っているとのことであった。

また、教頭職段階からの配置については、上記の区分でいう「困難校」や「中心校」などで上記の力量形成を経た校長の学校経営に接するとともに、多様な課題や対応策についても知ることが、管理職としての発想のひろがりや育成につながるとの考えがあるという。このように特定の性質を持った学校での教頭職経験を管理職育成に活用しようという考えに加え、管理職としての行政的な判断力や心得等を身につけさせるため、教育委員会（教育行政）経験者である校長の下で教頭職をさせるという「育成」も想定されており、このケースでは校長職としての任用のみならず教育委員会幹部職員としての任用も視野に入れていた。

こうした「育成」的な配置を経験し、教頭職を経て市教委幹部職員となり、その後「中心校」の校長となった者は、聞き取りにおいて、県教委経験のあ

---

[5] 以下の聞き取りも、学校経営行動（法規の参照行動）に関する調査（予備調査及び本調査）の際に行われたもので、2015年7月から8月の期間に細畠が実施した。

る校長の下で教頭として勤務した際、校長が子供たちに話す内容や、職員会議等での校長からの指示を記録するように指示されたことを回想していた。すでに他校で教頭業務を経験していたこともあり、当時は事務処理などで忙しい中で仕事を増やすのかとの感想を持ったという。しかし、校長講話や指示事項をまとめていくうちに、自分自身が管理職としてまた教頭として欠けていたことの数々を知ることとなったほか、校長となった後に当時の校長の意図を改めて理解し、意図的に育てられたということに気づかされたと回顧している。彼は現在校長職を務めている中でも、当時教頭として学んだ学校経営判断上の材料集めや物事への考え方が大いに役立っていると、感謝をもって振り返るとともに、校長となり人を育てることの難しさを痛感しているということを語っていた。

　このように管理職選考後（教頭・校長の各段階）においては、どのような職場（学校や教育行政機関）に配置するか、またどのような上司のもとに配置するか、という点で管理職の人材育成的な意図が働くケースが確認された。しかし校長としての業績評価について、いまだに市町村教委（の担当者）によっては「無難に学校運営をした」ことだけが評価される向きがあることも否定できない。したがって、管理職に至るまでに経験した職場の性質や上司の影響が、専門職基準に照らした校長の状況や具体的な学校経営行動に影響を与えうるものの、その影響力を活かした配置戦略がすべての学校にとられているとも言い切れず、実際の対応関係はある程度の幅をもって捉える必要が指摘できるのである。

2．「育成」的配置を進めるうえでの配慮

　ただし、上記のような「育成」的な意図をもって若手管理職を登用してゆくことについて、他の管理職適齢期教員の管理職ポストを「奪って」配置するという側面があることにも留意が必要である。たとえば標準的なタイミングよりも3年（1校分）、6年（2校分）と早い段階で登用される若手校長がいれば、これによって1人ないし2人の校長ポストを他の者に経験させることが叶わなくなる。したがってFTP的な早期登用を行ったり、一定の意図をもった配置を通じて管理職養成を行ったりする場合、対象となる者がそうし

た配慮に値する人材なのか、もしくはそうしたコストを払って育成すべき人材なのか、という点が問われることも忘れてはならない。

したがって、計画的・戦略的な管理職人事方策を進めるにあたっては、対象者選抜の妥当性（コストを払うに値する人材か）が問われる。そして、計画的・戦略的な異動や配置の結果として身についた能力が発揮できるように校長の配置を決める際も、単に「無難にする」「波風を立てない」学校経営を実現するのでは人材育成のコストに見合うとは言えず、学校をよくしたり後進を育てたりといった効果を産むような配置をして人材育成にかけたコストが回収されなくてはならない。

さらに、適格者を長期的に校長へと育成する過程において、市町村教委には管下の学校の課題を詳細に分析し、課題解決に対応できる適材がどのようなものか、それぞれの環境でどのような力量向上が期待できるか、といった点を把握する力が求められる。また同時に、校長のこれまでのキャリアを生かし、スタッフの構成等も十分考慮した配置計画を策定する力も求められる。これらを可能とするためにも、「無難にする」「波風を立てない」学校経営をもっぱら評価するような傾向を脱し、各校長の実践力や管理運営能力を公平・公正な立場で評価することが求められる。さらにいえば、この評価結果の本人開示ができれば、校長経験年数や管理職までのキャリアに頼りきって「頭打ち」感のある校長を再度刺激する材料にもなると考えられるのである。

3．校長の力量向上に向けた支援

こうした教育行政による的確な判断と支援は、管理職の力量向上にも寄与する。たとえば教育困難校と評価される学校について、市町村教育委員会は個々の事案に象徴されるような表面上の課題ではなく、その原因となっているような真の課題を調査・分析し、その対応策に沿って適切な人材を配置してゆくことが大切であろう。「校長が変われば学校が変わる」と言われるが、設置者・学校管理者としては、力量の評価に基づく適切な配置を進める一方で、力量がある校長に任せきりにするのではなく、どの校長が学校運営にあたっても安定するような環境や条件を整えることが大切になる。

一般的に考えれば、学校経営上の課題が多い「困難校」は、学校経営の専

門的力量を伸ばす環境としてあまり適切でないことは想像がつくが、こうした働きかけで管理職をサポートできれば、勤務する管理職や教員の能力伸張の機会にもなりうる。実際にそうした環境を経験した校長は、勤務する市の教育長が学校でのトラブルなどにおいて常に校長の意見を聞き、経営判断の後押しをしていたことや、教職員に向けては、校長の管理運営上の判断や指示に従うことが何よりも大切だとメッセージを発していたことを回顧している。そしてこの校長は、上記のような関係性を得たことが学校経営能力（特に経営判断や教員への指導に関する専門性）を意識的に伸ばすきっかけになったと語っていた。校長職が「孤独」といわれるのは、児童・生徒を守り、保護者・地域からの信頼を裏切らないためには、補佐役たる教頭や他の教職員に対して厳しく指導しなくてはならない時があるからであるが、そうした「孤独」の中で能力を伸ばすには教育長や教委からの補助や支援が重要といえる。先の校長の例でいえば、経営判断のサポートをすることに限らず、校長としての意見や判断を聞いて尊重すること、教職員向けにメッセージを発することなども補助や支援に含まれるといえ、安心感を保障する中で期待感を伝えるようなかかわりが、校長に限定して求められるような諸能力を伸ばし、発揮するうえでの支えになったと分析できるだろう。

　したがってより正確にいえば、人事行政の担当者としては管理職や教員の配置に際して管理職や教員の育成を意図した配置に加え、課題に対応した適材の充当と、さらに配置後の新たな課題を分析して配置した校長に支援を行うことが大切である。これらの組み合わせによって、育成を意図した配置と課題に対応した配置の両立が図られるのである。

第3節　分権化と広域異動

1．「狭い」人事の課題

　管理職に限らず教員の配置に際しては県と市町村の間で調整が発生するが、近年の傾向はこの調整において市町村の意向をより意識的に汲む方向にある。これまで述べたような形で配置を通じた能力伸張を図るべく、日常的に支援を継続し、機会をみて各種の研修機会を提供してきた市町村教委にとって、

「自分の手」で育成した教員を自らの市町村内で管理職として登用したいという志向は捨てがたく、また育成の過程で能力等をよく知った者が管轄下の学校運営の責任者となるのは、学校の設置者・管理者たる市町村教委にとっては安心する材料とも言える。しかし、管理職登用に際してどうしても候補者が育ってきていない地域にとっては、他地域で育った教員を管理職として迎え入れなければならない場合があるほか、広域的な人事異動が定着している地域では、より日常的に同様の事態が生じる。

こういった広域異動が行われる際、各地域で共有している学校運営上のルールが異なるケースがある。たとえば法的に定められている事項以外について多様な解釈と運用が各市町村教委の判断に委ねられているような分野では、キャリアを積んできた地域と異なる地域に着任した管理職が、ルールの解釈の違いから教職員との間に小さなトラブルを生むケースがある。また、そうした小さなトラブルを契機に校長と教職員との確認事項が増えた結果、両者に若干の摩擦が生じる場合があるという。こういったトラブルは、ルールが共有される狭い範囲で異動と能力形成が行われれば発生せず、教員・管理職の育成を狭い範囲で進めるメリットとも言えるだろう。

しかし一方で、管理職選考に向けた推薦を市町村教委が行い、かつ元々の異動範囲も狭いような状況下においては、教職員に対して「物わかりのよい管理職」「人気ある管理職」という意味を間違え、たとえば公印の管理を明確にしなかったり、教職員の服務管理のような運営上のルールを曖昧にするなど、表面的に「自校の教職員が気持ちよく働ける環境を作り上げている」ような校長の評価が高くなるケースも見受けられるという。より一般的にいえば、評価に関するルールや情報が、限定された関係者の中で過度に共有されると、そうした関係者にとってのみ「良い」とされる行動が取られるようになる結果、適正な学校運営を享受すべき保護者や児童生徒のことが考慮されなくなる事態があるという。こうした学校運営では、トラブルの際も個々の教職員に責任の一端が及ぶリスクを抱えており、狭い範囲の意向を重視した人事が行われる際の懸念といえる。

2．専門職基準の活用

これに対し、より広域的な異動が行われたり、より標準化された（地域事情に特化しない）評価基準が運用されたりすれば、学校の責任者たる校長がどのように評価されていて、選抜や配置において適材と認めた理由が何なのか問われるようになり、人事の各過程でもこれらの明確化が求められる。人事も含めた教育行政や学校経営の分権化が進展していく今後、校長の評価やそれにもとづいた配置計画を、関係者以外からも認められるような確かなものとしていかなくては、市町村教委が受ける学校設置者・学校管理者としての評価の視線に耐えられないおそれが指摘できるだろう。

したがって、こうした説明責任に応えつつ、市町村の教育長や教委が責任を持って人事計画や配置を進め、その効果を検証することが求められる。管理職の選考から距離を置いた専門家団体たる学会が「校長の専門職基準」を掲げることは、そうした運用における基準となる妥当性を持っているということも指摘できるのではないだろうか。

なお、教員から管理職へのキャリアが連続していることは、こうした管理職としての能力や専門性の判断において、教員としての指導能力が関わってくることも意味する。ある人事担当（管理主事）経験者は、小学校においても中学校においても、教諭時代に教科指導がきちんと出来ていた管理職は、危機においても「大崩れ」することはないと説明していた。人事担当者として、市町村教育長が高く評価し、強く推薦する教員についても、教諭時代に教科指導をよくしてきたか、研究授業などをよく行ってきたかと問うていたという。特に市町村間の広域交流の中で新たに管理職を任命する場合、その「交流要員」には教科指導がきちんとできる者を充ててきたと説明していた。

こうしたエピソードが意味することは、教科指導から類推される学級経営も含め、いわゆる「職員室の担任」として教頭職をとらえたときに、教科指導や学級経営の能力が職員室経営の能力に関連しているという実感を、当の配置担当者が持っているということである。同様のことは校長についても指摘でき、学級経営において「（表面的に）目立つ」子供への指導や出来事への対応だけでなく、目立たない子供や目立たない出来事にも気づくことが重要であるように、謙虚な考え方や行動をとる教員も含めた職員組織の把握が大

切であると指摘していた。

　このような教諭としての指導において重視される「気づき」の感度が管理職においても重要視されるという指摘からは、学校管理職の採用・配置が教員のキャリアから完全には分断されていないことの意義を挙げることもできそうである。逆に言えば、こうした「気づき」に関する調査や評価を短期間に行う手法が定着しない限り、教職外部の者を管理職（候補）に迎えるという人事戦略の定着には課題が残るということが指摘できるかもしれない。近年の「民間人校長」採用戦略が、完全な外部者ではなく、元教育関係者や自治体行政関係者など、そうした（「気づき」感度のような）要素についても時間をかけて評価できる関係性から人材を求める傾向にある点などは、そうした実情を反映したものととらえることもできそうである。

第4節　配置による育成の限界と、専門職基準の活用に向けて

　これまで配置の工夫を通じた管理職の人材育成について、その現状と今後の可能性や運用上の留意点等について指摘してきたが、最後にその限界についても指摘しておきたい。

　ひとつはポストの総数に関する制約の問題である。ある職務経験が校長養成にとって有効だとしても、その経験ができるポストは必要な学校管理職の総量に比べて不足すると考えられる。たとえば教育行政職員としての経験が学校管理職養成のうえで重要だったとしても、すべての学校管理職ポストに教育行政経験者を配置できる状況にないのは明らかであろう。

　そこで重要になるのは、先に挙げた「上司－部下関係」を通じた育成も含めた、機動的な人事行政となるが、そこにも制約が存在する。すなわち組織の人材配置においては、将来的な人材の育成ばかりを考えた運用（「育成の論理」による人事）を追求するのは難しく、現時点での職務遂行能力から、ポストに要請される人材を配置する運用（「選抜の論理」による人事）も無視できない。これら二つの論理のバランスや妥協が求められることになることを考えると、職務経験を通じた人材育成の余地については、さらに狭く見込んでおく必要が生じることになろう。

また、職務経験を通じた人材育成についてまわるもう一つの問題として、研修や選抜試験・資格試験のように、ある能力が身についているかを直接的に確認しているわけではないことが挙げられる。すなわち特定のポストを経験することが、ある能力の伸張を促す可能性が高いと指摘しうる一方、それが全員に保障できるわけでもない（同じ経験を通じても、期待されたほど能力が伸張しないケースも考えられる）ため、キャリアに応じてある視野や能力が身につく、というのは「確率」の問題であるとも言える。この点はキャリアに頼った人材育成に内在する限界であり、運用上も自覚が求められる。あるキャリアを経験しているはずなのに、身につけてほしかった能力や視野が身についていなかった、といった事態の生じるリスクを考えておかなくてはならないのである。

　こうした現行制度下を前提に学校管理職人材の育成を考えたとき、連続的なキャリアが構築される制度ゆえに、校長の専門職基準は人材の適格性を（外部的に）判断したり保障したりする性質において運用することは難しい。代わりに、さまざまなキャリアを通じて各自が身につけてきた能力がさまざまであるという前提に立ち、管理職への適格性をもう一度見直す（キャリアの中で、身についてきた資質能力と身についていない資質能力とを見極め、今後の自己研鑽の基礎とする）といった、省察的な活用こそが現実的であると指摘できるだろう。今後は、専門職基準とキャリアとの関係性（それぞれの専門職基準が、どのようなキャリアステージにおいて獲得されることが期待されるか）を概観・整理するとともに、それぞれの教員や管理職が自己のキャリアを振り返りながら能力構成を見直せるようにし、そうした自己の見立てに応じた能力育成手段や経営フォローの方策を検討してゆくことが求められているのではないだろうか。

（川上　泰彦／細畠　昌大）

【参考文献】

奥林康司〔編〕（2003）『入門　人的資源管理』中央経済社

小島弘道・北神正行・水本徳明・神山知子（1992）「現代教育改革における学校の自己革新と校長のリーダーシップに関する基礎的研究（その4）――校長職のキャリア・プロセスとキャリア形成――」『筑波大学教育学系論集　第16巻第2号』

押田貴久（2008）「指導主事の職務に関する研究 ―― 指導主事の職務観と小規模教育委員会における職務実態の分析をもとに ―― 」『東京大学大学院教育学研究科教育行政学論叢 第27号』

川上泰彦（2013）『公立学校の教員人事システム』学術出版会

川上泰彦・細畠昌大（2016）「学校経営の中で求められる法的知識とその学習機会 ―― 現職校長への聞き取り調査から ―― 」『兵庫教育大学研究紀要 第48巻』

小林清（2012）「市町教育委員会における指導主事を通した学校支援の在り方 ―― 教育行政職員・校長を経験した教育長のインタビュー調査から」『学校経営研究 第37巻』

榊原禎宏（2010）「校長人事研究の認識枠と課題」『教育行財政研究 第37号』

佐藤博樹・藤村博之・八代充史（2015）『新しい人事労務管理〔第5版〕』有斐閣アルマ

光島正豪（2014）「地方教育事務所の現状と今後の展望 ―― 学校訪問における指導主事の役割を中心に ―― 」『学校教育学研究 第26巻』

第2章
女性登用施策の可能性と課題

はじめに

本稿は女性公務員、女性教員の管理職登用状況及び都道府県女性登用施策[1]の運用実態を分析し、女性登用施策による女性教員の管理職としての育成の可能性と課題を明らかにすることを目的とする。

日本政府は、「男女共同参画2000年プラン」（1996年12月男女共同参画推進本部決定）を策定し、これに基づき男女共同参画社会の形成に向けて関連施策を推進してきた。1999年に「男女共同参画社会基本法」が制定され、これに基づき策定された「男女共同参画基本計画」（2000年）では、「女性地方公務員の採用、登用、職域拡大及び能力開発について積極的に取り組むよう要請する」と明記した。また、「男女共同参画基本計画（第2次）」（2005年）においては、「「2020年までに、指導的地位に女性が占める割合が少なくとも30％程度になる」との目標を踏まえ、女性地方公務員の採用、登用、職域拡

---

[1] 本稿でいう「女性登用施策」は女性の管理職への登用のための目標設定や、人事方針・政策を指し、具体的には以下の2点を指す。第1に、明文化しているものは自治体の「男女共同参画基本計画」である。女性管理職登用の促進に関して、男女共同参画社会基本法の第二条の二の条文は「積極的改善措置 前号に規定する機会に係る男女間の格差を改善するため必要な範囲において、男女のいずれか一方に対し、当該機会を積極的に提供すること」が定められている。これに基づき、自治体によって、「男女共同参画基本計画」を通じて、「公務員の女性管理職の登用を促進する」、「学校における女性管理職の登用を促進する」という施策が策定される。第2に、明文化していないものは自治体の女性職員、または女性教員を積極的に登用する人事方針・政策（一部の自治体は人事方針・政策を公表している）・姿勢（知事（人事課）、県教育長（教職員人事担当者）の意識とその取り組み）である。

大及び能力開発について積極的に取り組むよう要請する」こととした。さらに、2010年12月閣議決定された「第3次男女共同参画基本計画」(以下、「第3次計画」と略す)では、「各地方公共団体における採用及び管理職への登用について、具体的な中間目標を設定するなど女性職員の登用が積極的に進むよう協力を要請」し、「女性職員の職域拡大を図るなど職務経験を通じた積極的なキャリア形成を支援するとともに、中途採用、人事交流等を通じて女性の管理職への登用を協力に推進するよう要請する」ことを言及した。また、第3次計画では、はじめて教育に関する成果目標が提起され、初等中等教育について教頭以上に占める女性の割合を2020年までに30％とすると明記した。

こうした日本全体の動きの中で、比較的早く男女平等だとされた教育界において女性の職場における地位や役割がより一層平等なものになったかという問いへの関心が研究界でも高まった。たとえば、女性管理職の登用に着目する研究では、都道府県別の女性校長、教頭の輩出率の比較から、女性教員を登用する任命権者の意識・姿勢の差を指摘するものがある[2]。しかし、あくまでそれは都道府県別の女性管理職輩出率の差を根拠とし、昇任プロセスのメカニズムを明らかにした上での主張というわけではない。その主張をするためには、女性教員を積極的に登用する姿勢の表現である女性登用施策や選考の基準が自治体に存在するかどうか、そしてそれらが女性教員の管理職へのキャリアに影響を与えているのかどうかを細かに検討しなければならないのである。

この点、河野・村松らは、公立小中学校以上に女性管理職が少ない高校へ着目し、都道府県別に女性校長の現状、都道府県の女性管理職に関する政策を検討することで、都道府県の女性管理職の政策・現状の多様性を示している[3]。しかし、女性登用施策がどのようにして女性教員へ影響しているか、またその課題は何かについて検討を行っていない。

---

[2] 池木清「公立学校の教員人事は男女平等か」『女子教育研究』第21号、1998年1月。
[3] 河野銀子・村松泰子編著『高校の「女性」校長が少ないのはなぜか—都道府県別分析と女性校長インタビューから探る—』学文社、2011年。河野銀子・池上徹・高野良子・杉山二季・木村育恵・田口久美子・村上郷子・村松泰子「学校管理職モデルの再検討—公立高校の女性校長を取り巻く状況に着目して—」『山形大学紀要(教育科学)』第15巻第3号、2012年2月、pp.243-258。

公立学校教員の人事については、県教育委員会が任命権を有している。したがって、都道府県教委が女性管理職の登用に主に関与するため、具体的な任用制度と運用方法が人事権者ごとに異なっている。女性教員の管理職としての育成・登用を理解するためには、このような教育界内部の力に加え、教育界外部から加えられる女性登用施策の圧力をも射程に入れねばならない。

　本稿は以上の理解を踏まえ、まず都道府県知事部局女性管理職（課長クラス以上）の登用状況を概観し、女性登用施策の実効性があった自治体を析出する。このうえで、都道府県全校種の女性管理職（教頭職以上）の登用状況を概観し、上記の知事部局と同じく登用の進んだ自治体と、知事部局の登用と比べ逆に進まない自治体を選定し、女性登用施策がどのようにして女性管理職の育成・登用へ影響を与えているかについて検討する。

　なお、本稿では「昇任」とは、その職員が現に占めている職より上位の職に任命することである。地方公務員の昇任は、原則として競争試験によることとされている[4]。教員については、都道府県、政令指定都市教育委員会の教育長の選考によって行うことになっている[5]。また、女性地方公務員及び女性教員の「管理職への昇任」は昇進や昇格によって職業上の地位が上昇することを指し、知事部局では女性公務員が課長クラス以上（7級以上）になる過程、教育行政部局では女性教員が教諭から教頭（副校長）、そして校長になる過程を言う。

---

[4]「地方公務員法」―（任命の方法）
　第十七条　職員の職に欠員を生じた場合においては、任命権者は、採用、昇任、降任又は転任のいずれか一の方法により、職員を任命することができる。
　2　人事委員会を置く地方公共団体においては、人事委員会は、前項の任命の方法のうちのいずれによるべきかについての一般的基準を定めることができる。
　3　人事委員会を置く地方公共団体においては、職員の採用及び昇任は、競争試験によるものとする。但し、人事委員会の定める職について人事委員会の承認があつた場合は、選考によることを妨げない。
　4　人事委員会を置かない地方公共団体においては、職員の採用及び昇任は、競争試験又は選考によるものとする。
[5]「教育公務員特例法」―（採用及び昇任の方法）
　第十一条　公立学校の校長の採用並びに教員の採用及び昇任は、選考によるものとし、その選考は、大学附置の学校にあつては当該大学の学長、大学附置の学校以外の公立学校にあつてはその校長及び教員の任命権者である教育委員会の教育長が行う。

第1節　女性公務員と女性教員の管理職登用状況の検討

　本節では、まず都道府県別の女性管理職率の変動を確認する。各都道府県の知事部局の女性管理職の割合、またその伸び率は女性登用施策の実効性を図るよい指標であると考えられる。「男女共同参画基本計画」が策定された翌年（2001年）、第2次計画（2005年）、第3次計画（2010年）と2014年の各都道府県の女性地方公務員の登用状況を見てみよう。

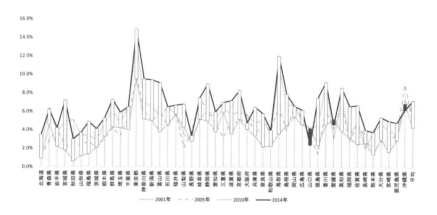

図1　女性地方公務員の管理職率（課長クラス以上）の伸び状況

※2001年度、2005年度、2010年度、2014年度内閣府男女共同参画局が実施した「地方公共団体における男女共同参画社会の形成又は女性に関する施策の推進状況」調査より筆者が作成。ここでいう管理職率は管理職全体のうちの女性管理職の割合を指す。

　図1のように、計画の策定以来、女性公務員の管理職率はほとんどの都道府県で伸びている。山口県、愛媛県、沖縄県のように女性管理職率が減った県は例外的存在である。一方、都道府県によって、伸び状況がかなり異なっている。このように、都道府県によって女性登用施策に対する受け止め方は必ずしも一致していない。

　次に女性学校管理職率の変動を確認する。

　図2のように女性教員の管理職率が伸びたのは27都道府県である。全体と

第 2 章　女性登用施策の可能性と課題

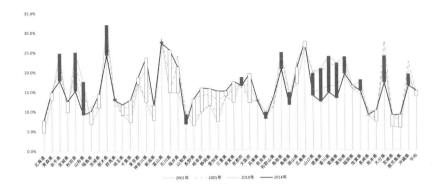

図 2　女性教員の管理職率（教頭職以上）の伸び状況

※2001年度、2005年度、2010年度、2014年度文部科学省が実施した「公立学校校長等の登用状況」調査より筆者が作成。ここでいう管理職率は管理職（教頭職以上）全体のうちの女性管理職の割合を指す。

して女性教員の管理職への登用は知事部局の女性公務員の管理職登用より進んでいない。女性登用施策の実施にあたって、教育行政部局の方がハードルが高いといえる。

上記の検討から明らかになった両部局とも施策の進む県、知事部局だけ進む県のうち、二つの事例（両方進む県：X県、知事部局だけ進む県：Y県）を抽出し、次節からヒアリング[6]及び資料検討を通じて、女性登用施策がどの

---

[6] 二つの自治体へのヒアリング調査は電話インタビューによる。手続きとして、X県、Y県男女共同参画推進課を通じて、知事部局の人事担当者、教育委員会教職員課小中学校人事担当者、県立高校人事担当者、それぞれに調査の主旨、質問項目等を事前確認してもらったうえで、電話を通じて、筆者が発問し、担当者による回答を行っていた。一人当たりのインタビュー時間は20分から1時間の間である。そのうえで、筆者がインタビュー内容をデータ化し、それぞれの担当者にメールにて確認・修正・補足記入してもらい、研究資料として活用できるという了承を得たうえで、本稿のヒアリング資料に至った。

※インタビュー一覧

自治体	男女共同参画推進課	人事課	教職員課（小中学校）	教職員課（県立高校）
X県	2015年11月26日	2015年11月26日 2016年1月6日	2015年11月27日 12月14日 2016年1月12日	2015年11月26日 12月14日 2016年1月12日
Y県	2015年11月25日	2015年11月25日 12月11日	2015年11月26日 12月12日	2015年11月27日 12月12日

ようにして女性公務員、女性教員の育成・登用へ影響しているか、また女性公務員の育成・登用を促進したが、女性教員の育成・登用へ促進できなかった要因を分析する。

第2節　女性公務員、女性教員の管理職登用が両方進んだ自治体事例

1．X県女性管理職の登用状況

以下、両部局とも進んだX県を事例とする。

X県の選定理由は以下による。X県は2001年から年に一回「X県女性職員の職域拡大等に関する連絡会議」を開催し、女性職員の登用等について全庁的に協議を行っている。2001年度から2014年度の本庁女性管理職の割合をみると、表1のように、本庁も、知事部局全体も確実に伸びている。とくに本庁の女性管理職率の伸びは他都道府県と比べてもトップクラスに入る。

表1　X県知事部局女性管理職登用状況

X県		2001年度	2005年度	2010年度	2014年度
本庁	管理職数（うち女性数）		589 (27)	435 (32)	499 (47)
	女性管理職率	2.8%	3.8%	7.4%	9.4%
全体	管理職数（うち女性数）		1510 (92)	997 (70)	1048 (100)
	女性管理職率	5.2%	6.1%	7.0%	9.5%

※全体は本庁・支庁・地方事務所を指す。

一方、表2のように、2005年度〜2014年度のX県の学校種別女性管理職の割合を見ると、いずれも著しい伸びであった。

表2　X県全校種女性教員・管理職の状況

X県		2005年度	2010年度	2014年度
小学校	学校数	409	331	329
	教員数（うち女性数）女性の割合	10248（6647）64.9%	8631（5585）64.7%	8887（5663）63.7%
	管理職数（うち女性数）女性の割合	818（146）17.8%	661（185）28.0%	656（220）33.5%
	主幹教諭数（うち女性数）女性割合		1247（804）64.5%	1244（887）71.3%
中学校	学校数	221	179	175
	教員数（うち女性数）女性の割合	6129（2531）41.3%	5153（2177）42.2%	5274（2239）42.5%
	管理職数（うち女性数）女性の割合	440（32）7.3%	356（40）11.2%	348（29）8.3%
	主幹教諭数（うち女性数）女性割合		879（213）24.2%	871（275）31.6%
高校	学校数	90	68	67
	教員数（うち女性数）女性の割合	4743（1113）23.5%	3753（990）26.4%	3712（1052）28.3%
	管理職数（うち女性数）女性の割合	377（32）8.5%	452（50）11.1%	456（72）15.8%
	主幹教諭数（うち女性数）女性割合		951（121）12.7%	958（137）14.3%
全校種	女性管理職の割合	12.7%	20.3%	23.6%

※2005年度、2010年度、2014年度「X県学校基本調査」より筆者が作成。

このように、X県は全体として、女性管理職の登用の先進自治体といえる。以下、女性登用施策の実態を述べる。

X県の各計画では、女性登用施策が表3と表4の通り明文化されている。高い目標値の設定なども実行する姿勢の表れであると考えられる。

表3　X県女性登用施策の内容

分野	内容
知事部局の女性登用	県職員・教職員における管理職への女性登用の推進 2014（平成26）年度までに、県幹部職員における女性の割合20％をめざして、女性職員の職域拡大を図るとともに、能力や意欲のある女性の管理職への登用を積極的に進めます。 ・女性職員の職域拡大と管理職への登用を推進するための「県庁行動計画策定・推進等委員会議」の開催 ・「新しい人材育成マスタープラン」に基づく女性職員登用の推進 ・性別によらない職員交流の実施
女性学校管理職の登用	2017（平成29）年度までに、初等中等教育機関の教頭以上に占める女性の割合27％をめざして、公立の小学校、中学校、高等学校等においても、能力や意欲のある女性教員の校長・副校長等への登用を積極的に進めます。

※「新しい人材育成マスタープラン〜人事制度改革の基本方針〜」(2009年)、「X県男女共同参画推進プラン（第3次）」(2013年)より筆者が作成。

表4　X県女性登用に関する目標値の設定と現状

項目	設定当時 （年度）	目標値 （年度）	現状値 （年度）
県幹部職員（課長級以上）における女性の割合※	11.9％ (2012)	20％ (2014)	13.1％ (2014)
初等中等教育機関の教頭以上に占める女性の割合	21.8％ (2012)	27％ (2017)	23.6％ (2014)

※対象は、知事部局、教育局、議会局、人事委員会事務局、監査事務局、X県海区漁業調整委員会事務局における課長級以上の職員。「X県男女共同参画推進プラン（第3次）」(2013年)、「X県の男女共同参画年次報告書」(2014年版)より筆者が作成。

2．知事部局と教育行政部局の女性登用施策の実態
2-1．知事部局女性登用施策の実態

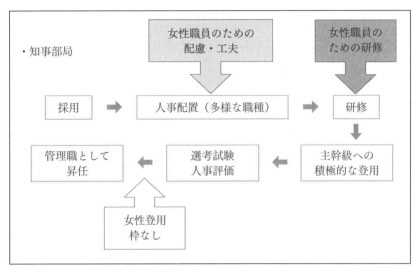

図3　X県（知事部局）女性登用施策の実態及び昇任の仕組み

　図3のように、X県人事課の管理職人事担当者によれば、まずは、管理職候補者の育成のため、人事配置を行い、女性職員にも多様な職種経験をさせている。課長級（行政職給料表（1）7級相当職）以上の管理職になるためには、底上げが必要であり、主幹（行政職給料表（1）6級相当職）級や副主幹（行政職給料表（1）5級相当職）級への女性職員の積極的な登用も進め、管理職としての能力を高め、そのうえで、選考試験を通じて、有能な人材を管理職として登用していくというシステムをとっている。なお、選考試験の受験資格として主幹級以上で、在級年数、人事評価や研修受講等の一定の要件があるが、上記資格要件を満たす県職員ならば、誰でも昇任試験を受験できる。

　このように、X県の女性登用施策は管理職の登用枠を設けるというより、育成を中心としており、女性の管理職候補者人材の育成の結果が女性管理職の輩出につながっている。

一方、女性の場合、出産や育児などによって、キャリアを中断することもある。また、女性職員の管理職昇任試験の受験率が低いという課題がある。このため、働きやすい環境づくりを進めており、女性職員が仕事と子育てと両立する人事配置の工夫（異動先の希望の尊重など）、男性職員の育児への参加の意識向上・支援をしている。また、女性職員への配慮とともに、県全体の環境整備も行っている。これらは、有能でも管理職を目指さない人材の確保のための環境整備へのアプローチである。

2-2．教育行政部局の女性登用施策の実態

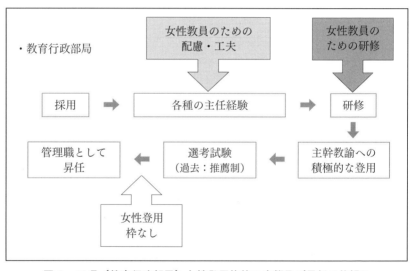

図4　X県（教育行政部局）女性登用施策の実態及び昇任の仕組み

　図4のように、教育行政部局の場合、X県教育委員会の学校管理職人事担当者（小中学校担当、県立高校担当）によれば、県教委として女性教員を管理職に積極的に登用する方針がある。また、県全体も男女共同参画政策があり、その中で女性学校管理職登用の目標値が設定されている。女性教員の意識を向上させるために、毎年、女性教員のための研修会を実施している。2015年の実施状況は表5の通りである。

第2章 女性登用施策の可能性と課題

表5 女性教員を対象とした研修の実施状況

女性教員のための研修	「X県公立学校女性教員セミナー」
目的	「X県男女共同参画推進プラン」の基本理念に基づき、中堅女性教員を対象として、学校運営等に関する研究協議を行い、教育に関する、時代を見据えた中・長期的な視野と識見を広め、適正かつ効率的な学校運営を担う教員として意識の醸成及び資質の向上を図ること。
対象者	X県公立学校の教員経験10年以上で、原則35歳以上49歳以下の教員で、校長が推薦する者
日程と研修内容	2015年9月30日 午前の部：「これからのキャリアデザイン」というテーマで講話（講話者：X県女性教育委員） 午後の部：「職場における女性の活躍とワークライフバランスの実現に向けて」というテーマでグループごとに研究協議（各グループ助言者：現職女性校長）

※X県教育委員会教職員人事課担当者からいただいた資料のもとで筆者が作成。

　教職員人事課担当者によれば、上記の女性教員の学校運営への参画、管理職への意識向上のための研修会のほか、主幹教諭という「教諭の延長線＋学校経営的な仕事」をさせる必要があるといい、女性の主幹教諭の登用も積極的に行っている。X県小中学校の場合、主幹教諭の女性率は5割以上である。主幹教諭という職により、女性教員にとっても管理職を目指しやすくなったという[7]。

　X県では、公立小中学校教頭選考試験を行うようになったのは2012年である。受験資格として年齢と勤務年数等の要件があるが、受験資格要件を満たせば、誰でも受験できる。選考試験制度の導入までは、管理職の登用に関して、学校長の推薦（具申）、市町村教委の推薦（内申）のうえで、県教委が適

---

[7] 本節ではインタビュー調査の結果に基づき、主幹教諭の女性登用の推進を中心に論じたものである。先行研究（例えば、小島ら（1992））では、指導主事の経験も管理職へ昇任に影響を与えていることが指摘されているが、X県の場合、「指導主事に関して、特に女性を積極的に登用するということではなく適材適所の人事配置を進めている。」という回答を得た。指導主事の経験による女性教員の管理職へのキャリア形成の影響に関しては、また別稿で論じる。

格者を登用するシステムであった。なお、県立高校の管理職選考試験制度もほぼ同様であることを確認した。

そのほか、職場環境の整備と校長への指導も行っている。仕事と子育ての両立という女性教員の個人事情があり、人によっては、管理職を目指さなくなる。これに対し、職場環境の整備として、女性教員へのサポート体制を学校組織として作る必要があるとの考え方を明確に示している。また、校長に対し、優秀な女性教員をできるだけ校務分掌を通じて、多様な経験をさせるよう指導をしているという。

以上のように、X県では、女性教員の意識・能力開発の研修会や学校経営への参画の機会作り（例えば、主幹教諭の登用）などを通じて、女性教員を管理職候補者として育成している。さらに、女性教員にとって重要な職場環境づくりを推進している。

第3節　女性公務員の登用が進んだが、女性教員の登用が進まない自治体事例

1．Y県女性管理職の登用状況

Y県は2001年度～2014年度の知事部局の女性管理職率の伸びは著しい。それだけではなく、男女共同参画のほかの指標[8]を見る限り、Y県の男女共同参画は最も進んでいる自治体の一つであるといえる。だが、学校の女性管理職の登用は進んでいない。

表6と表7のように、Y県は全体として、女性管理職の登用の先進自治体とはいえ、女性教員の管理職への登用が停滞ないし後退している。

以下、Y県の女性登用施策の概要を述べる。

表8のように、Y県の場合、県職員の女性管理職の登用について言及があるのに対して、女性学校管理職の登用について明確な言及がない。一方、表

---

[8] 内閣府男女共同参画局：「都道府県別全国女性の参画マップ」
　http://www.gender.go.jp/policy/mieruka/government.html
　（最終アクセス日：2015年12月3日）

第2章　女性登用施策の可能性と課題

表6　Y県知事部局女性管理職登用状況

Y県		2001年度	2005年度	2010年度	2014年度
本庁	管理職数（うち女性数）		237 (15)	280 (18)	287 (21)
	女性管理職率	3.7%	6.3%	6.4%	7.3%
全体	管理職数（うち女性数）		504 (33)	535 (58)	541 (65)
	女性管理職率	3.6%	6.5%	10.8%	12%

※全体は本庁・支庁・地方事務所を指す。

表7　Y県全校種女性教員・管理職の状況

Y県		2005年度	2010年度	2014年度
小学校	学校数	174	146	134
	教員数（うち女性数）女性割合	2677 (1618) 60.4%	2522 (1497) 59.4%	2504 (1491) 59.5%
	管理職数（うち女性数）女性割合	317 (108) 34.1%	281 (90) 32.0%	260 (71) 27.3%
	主幹教諭数			
中学校	学校数	61	62	61
	教員数（うち女性数）女性の割合	1499 (596) 39.8%	1411 (576) 40.8%	1458 (593) 40.7%
	管理職数（うち女性数）女性の割合	126 (10) 7.9%	126 (9) 7.1%	126 (12) 9.5%
	主幹教諭数			
高校	学校数	25	24	24
	教員数（うち女性数）女性の割合	1298 (363) 28.0%	1190 (345) 29.0%	1105 (329) 29.8%
	管理職数（うち女性数）女性の割合	73 (3) 4.1%	73 (3) 4.1%	73 (6) 8.2%
	主幹教諭数（うち女性数）女性割合		10 (2) 20%	7 (0)
全校種	女性管理職の割合	23.7%	21.4%	20.7%

※2005年度、2010年度、2014年度「Y県学校基本調査」より筆者が作成。

表8　Y県女性登用施策の内容

分野	内容
知事部局の女性登用	県は、能力・実績に基づいた女性管理職の登用を引き続き進めるとともに、市町村においても取組が進むよう、様々な情報を提供し意識の向上に努めます。
女性学校管理職の登用	該当なし

※「第3次Y県男女共同参画計画」(2012年度〜2016年度)より筆者が作成。

表9　Y県女性登用に関する目標値の設定と現状

項目	設定当時	目標値	現状値
県の課長相当職以上に占める女性の割合	10.8% (2010)	12%程度 (2016)	12% (2014)
小中学校の教頭以上に占める女性の割合	24.3% (2010)	30%程度 (2016)	21.6% (2014)
高等学校の教頭以上に占める女性の割合	4.3% (2010)	10%程度 (2016)	8% (2014)
特別支援学校の教頭以上に占める女性の割合	43.5% (2010)	40%程度 (2016)	45.8% (2014)

※「第3次Y県男女共同参画計画」(2012年度〜2016年度)より筆者が作成。

9のように、計画では、県の女性管理職、全校種の女性管理職に関する数値目標がそれぞれ設定されている。目標値の設定を通じて、女性登用の促進の姿勢を示していることがわかるが、「県の課長相当職以上に占める女性の割合」の現状値を見ると、すでに達成している一方、「小中学校の教頭以上に占める女性の割合」の現状値は設定当時（2010年）より減っている。

2．知事部局と教育行政部局の女性登用施策の実態

2-1．知事部局女性登用施策の実態

　図5のように、Y県人事課の管理職人事担当者によれば、知事は女性管理職の登用を促進する方針を示している。そのために、人事課では、女性登用に関して人事異動、配置を考慮するようにしている。以前、女性の職員は会

第2章　女性登用施策の可能性と課題

計や庶務関係の仕事に就くことが多かったが、現在では、男女の区別なく、多様な部局や職務が経験できるよう配慮している。このような取組を進めた結果、女性職員も係長や課長補佐といった職位に就いているので、管理職予備軍が作られ、それがトップクラスの登用状況につながったという。

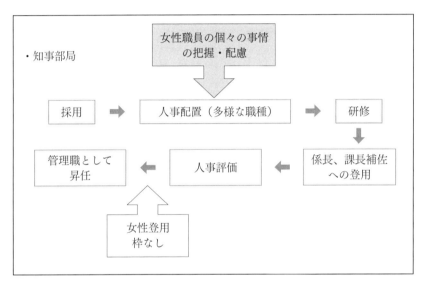

図5　Y県（知事部局）女性登用施策の実態及び昇任の仕組み

また、女性職員の場合、結婚や家庭との両立などの事情もあることから、人事異動、人事配置を行う際に職員の個々の事情を考慮するようにしている。

なお、Y県の管理職の公務員の昇任の場合、選考試験は行っておらず、人事評価やこれまでの職務経験、各部局の部局長からの推薦等を基に適材適所の登用を行っている。部局長からの推薦については女性の推薦枠は設けていないが、高い登用率から知事の強いリーダーシップがあると言えるだろう。

このように、Y県知事部局の女性登用施策も登用に焦点を置くより、女性職員の育成に力を入れている。「職員の個々の事情を考慮する」ことから、人事課が各職員の情報を把握していること、またそれに合わせた育成、サポートを可能にしている。

2-2. 教育行政部局の女性登用施策の実態

　図6のように、Y県教育委員会の学校管理職人事担当者（小中学校担当、県立高校担当）によれば、県全体では男女共同参画という意識があるという。それが後押しになり、県教委も優秀な女性を管理職として登用する方針である。公立小中学校の場合、具体的に県教委は、市町村教委、校長への声掛けをして、優秀な女性教員を発見し、管理職へ積極的に登用しようとしている。また、県教委として校長に対して、女性教員も含め将来を担う管理職候補者の育成について指導しているが、校務分掌のことは基本的に校長に任せているという。また、大学院等の研修派遣への女性教職員を起用するようになったという。

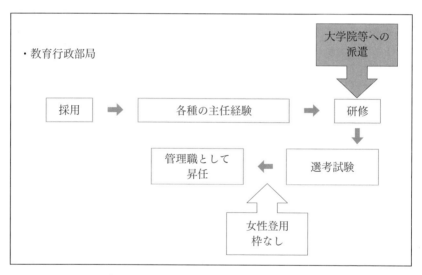

図6　Y県（教育行政部局）女性登用施策の実態及び昇任の仕組み

　Y県の女性学校管理職の割合が低くなっていることに対して、「教職員の中の女性の絶対数が少ないこと（県立高校の場合）」、「育休の取得等により、女性教員自身の職能成長や学校経営への参画の時期に損失がある（公立小中学校、県立高校の場合）」ことや、「管理職になることを希望する女性が少ないこと（公立小中学校、県立高校の場合）」などを答えている。一方、「今は、

男女に関わらず、管理職としてふさわしい人材を登用している。割合に関しては、あまり重視していない。」という。

男女共同参画の各指標を見ても、知事部局の女性登用施策、その登用率を見ても、Y県は先進的自治体といえる。この県全体の動きに県教委がうまく乗ることができなかった。公立小中学校女性管理職率はむしろ停滞・後退している。もちろん、停滞・後退の要因は、上記のように、女性教員の管理職試験の受験者が少ないことや女性教員の子育て期による職能成長機会の損失など、多様であると考えられるが、Y県教委の女性登用施策は優秀な女性教員人材がいれば登用するという姿勢にとどまっており、女性人材を育成するための環境整備等へのアプローチがなかったこととも関連しているだろう。

なお、2014年度末「公立学校教職員人事異動方針」では、はじめて「女性の登用に努める」という文言を明記するようになったが、具体的な登用の仕方等はまだ模索中であるという。

第4節　おわりに

本稿は都道府県女性公務員、女性教員の管理職登用状況を分析し、また、事例調査を通じて、自治体女性登用施策の運用実態及び女性教員の管理職として育成・登用への影響を明らかにした。以下、本稿の結論を述べる。

まず、都道府県女性公務員、女性教員の管理職登用状況の比較から、女性登用施策は知事部局のほうが浸透、実行しやすいことがわかった。その理由は知事部局が直接人材プールに働きかけられるのに対し、教育行政部局の方が人材プールに働きかけるまでの階層が多く、回路も複雑であることが考えられる。図7のように、県全体として女性登用施策を実行する方針がある場合、知事部局は女性職員の採用、職域拡大、意識・能力開発につながる研修、さらに管理職候補者づくり（課長補佐、係長等への登用）を通じて、人材プールへの働きかけを積極的に行っている。この点、本稿の二つの事例ともに明らかにしている。県人事課の担当者がいうように、女性登用枠は存在しないが、女性職員への育成、さらに職場環境改善を通じたキャリア支援により、優秀な女性管理職候補者の輩出につながっている。この女性登用政策の重点

は登用自体ではなく、女性職員をいかに人材育成システムを通じて育成していくかである。そして、ここで、留意すべき点は知事部局の場合、上記一連の女性職員向けの育成が組織内（一つのピラミッド内）であり、人事情報の収集のしやすさ、働きかけやすさは女性登用施策を実行するうえでの要件になっている点である。

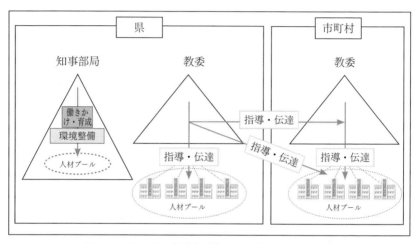

図7　知事部局と教育行政部局の女性の育成と登用

　一方、教育行政部局の場合、二つのピラミッド問題が存在する[9]。つまり、県教委として知事部局とともに女性登用施策を掲げ、行動するスタンスであっても、女性教員の主任等への任命や、女性教員の意識の喚起、管理職候補者づくりなどの一連の育成は学校長への指導・伝達（県立高校の場合）、市町村教委や学校長（小中学校の場合）への指導・伝達によるものである。なぜならば、教育行政部局の育成しようとする人材プールは組織内（教委ピラミッ

---

[9] これまでの教員人事行政研究（例えば、中村・岡田2001、川上2003など）では、都道府県教委と市町村教委の間、出先機関である教育事務所も人事情報収集や調整などの重要な役割を果たしていることが指摘されている。このことから、女性登用施策の実行の際、自治体によって教育事務所という経路を通じさらに複雑になる可能性があると考えられる。本稿の事例においてこのような知見を得ることができなかったため、また別稿で論じる。

ド内）にないからである。女性教員の育成の意識があっても、市町村教委への指導・意思伝達、学校長への指導・意思伝達というソフトな手段しかとることができないのが任命権のある県教委の実態、かつ課題である。

　X県の場合、県教委として女性教員のための研修会の実施のほか、女性教員の主幹教諭への積極的な登用を行うことで高い女性管理職登用の姿勢というより、高い女性教員の育成の姿勢を示している。一方、校長に対して、優秀な女性教員をできるだけ校務分掌を通じて、多様な経験をさせるよう指導していることから、校長の高い意識・姿勢もX県の女性登用の実現の要因になっていることを考えられる。

　これに対して、Y県の場合、県全体の女性登用施策のある中、女性教員の管理職への登用に対して、促進の意識があるという。このため、優秀な女性教員の発見、主任経験をさせるよう、市町村教委、校長への指導・意思伝達を行っている。しかし、具体的な人材育成は各学校長に任せている。一方、管理職選考試験に関して、男女にかかわらず、管理職としてふさわしい人材を登用するという能力主義の方針を示している。もちろん、女性管理職の割合の低下の要因は多様であり、女性教員の個人要因（管理職を志向しない、子育て期による職能成長機会の損失）や、自治体教員の年齢構成の問題、異動制度の問題といった要因があるほか、校務分掌の運用実態からみる校長の姿勢の問題点という要因などの存在はすでに指摘されている[10]。ここでは、女性教員へのキャリアステージに合わせた計画的な育成のないまま、女性教員への配慮のある働きやすい職場環境づくりへのアプローチのないまま、管理職選考試験を通じて、偶然の応募に期待するような登用の仕方に課題があると指摘しよう。

　本稿は女性登用施策の実行をめぐって、知事部局と教育行政部局それぞれの施策の実態を二つの事例を通じて明らかにした。また、知事部局と比較することで、教育行政部局に存在する課題を提示することができた。女性登用

---

[10] 楊川「学校管理職の任用システムに関する事例研究―人事行政が女性教員のキャリアに与える影響に着目して―」日本教育行政学会第49回大会発表資料、2014年10月。博士学位論文「公立小学校における女性教員の管理職への昇任及びキャリア形成に関する研究」九州大学大学院人間環境学府教育システム専攻、2014年2月。

施策の検討を通じて、施策の実効性（可能性）は学校管理職人材を計画的に育成するかいなかに左右されることがわかった。

このうえで、女性教員を管理職として育成する際に、教育行政部局の在り方について指摘する。まず、二つの自治体事例から知事部局の女性登用施策は登用枠の設けのような女性優遇策ではなく、人材育成を中心に取り組んでいたことがわかった。具体的には人材育成のための人事配置による職域拡大、女性職員の意識・能力を開発するための研修等により、女性職員の管理職として育成環境を整えていた。また、女性職員の育児、家庭と仕事の両立問題への配慮として働きやすい環境づくりにも力を入れていた。女性教員の管理職への育成を進めたX県も同様に、女性教員の育成の視点からの施策を実施していた。一方、Y県の場合、県教委は女性教員を育成する姿勢があっても、具体的な育成のための環境整備を行っていないことがわかった。

学校管理職候補者不足の中、女性参画の促進の社会情勢の中、女性登用そのものよりも、女性人材の質と量を確保する人材育成システムの構築が喫緊な課題であると指摘できよう。このための教育行政部局の環境整備も行う必要があろう。例えば、X県のような女性教職員を対象とした意識・能力開発のための研修会や校長を対象とした男女共同参画社会の理解に基づいた教職員の職能開発と風土づくり[11]の在り方の研修会の開催などは一つの手法ではないか。女性教員の人材プールへ積極的なアプローチを通じて、県教委の女性を管理職人材として育成する姿勢の明示ができ、また次世代の女性スクールリーダー育成に確実につながっているだろう。

2015年6月26日に安倍首相が本部長となるすべての女性が輝く社会づくり本部が出した「女性活躍加速のための重点方針2015」では、教育分野において、女性管理職登用の促進のため、「学校現場における女性教員の仕事と家庭の両立」へのサポート、「教頭・校長等への昇任を希望する教員が参加する各種研修等に女性枠を設定する」ことなどに取り組むよう明示している。さら

---

[11] 「校長の専門職基準」の「Ⅲ教職員の職能開発を支える協力体制と風土づくり」、「Ⅶ学校をとりまく社会的・文化的要因の理解」の内容より。日本教育経営学会実践推進委員会編『次世代スクールリーダーのための「校長の専門職基準」』花書院、2015年。

に、8月28日、参議院本会議で可決され、「女性の職業生活における活躍の推進に関する法律（女性活躍推進法）」が成立した。女性が職業生活で充分に能力を発揮し、活躍できる環境を整備するため、国・地方公共団体、301人以上の大企業に対して、定量的な目標（数値目標）、実施時期、取組期間の4点を必須記載事項とする「行動計画」の策定・届出・周知・公表は新たに義務付けるものとなった。女性活躍を進もうとする社会情勢の中、教育行政部局の女性登用施策の実行をめぐる課題の解明、そして女性教員の管理職人材の育成の仕方もますます重要かつ検討すべき課題であろう。

　本稿は二つの事例にとどまっている。今後、さらに事例を増やし、女性登用施策の実効性を図るための教育行政部局の人事行政の在り方、人材育成システムの構築を検討することを今後の課題とする。

（楊　川）

参考文献
・稲継裕昭『人事・給与と地方自治』東洋経済新報社、2000年。
・稲継裕昭『自治体の人事システム改革』ぎょうせい、2006年。
・小島弘道・北神正行・水本徳明・神山知子「現代教育改革における学校の自己革新と校長のリーダーシップに関する基礎的研究（その4）――校長職のキャリア・プロセスとキャリア形成」『筑波大学教育学系論集』第16巻、第1号、1992年、pp.47-77。
・河上婦志子『二十世紀の女性教師－周辺化圧力に抗して――』御茶の水書房、2014年。
・川上泰彦『公立学校の教員人事システム』学術出版会、2013年。
・河野銀子・村松泰子編著『高校の「女性」校長が少ないのはなぜか――都道府県別分析と女性校長インタビューから探る――』学文社、2011年。
・佐藤全・若井彌一編著『教員の人事行政――日本と諸外国』ぎょうせい、1992年。
・辻村みよ子・稲葉馨編『日本の男女共同参画政策――国と地方公共団体の現状と課題』東北大学出版会、2005年。
・中村圭介・岡田真理子『教育行政と労使関係』エイデル研究所、2001年。
・日本教育経営学会実践推進委員会編『次世代スクールリーダーのための「校長の専門職基準」』花書院、2015年。
・元兼正浩「校長・教頭任用制度の今日的状況と課題－2000年度全国調査の結果から－」『福岡教育大学紀要』第50号、第4分冊、2001年、pp.81-90。
・元兼正浩『次世代スクールリーダーの条件』ぎょうせい、2013年4版。
・楊川「公立小学校における女性教員の管理職への昇任及びキャリア形成に関する研究」（博

士学位論文）九州大学大学院人間環境学府教育システム専攻、2014年2月。

＜謝辞＞

本稿の作成にあたり多大なご協力を頂いたX県庁・Y県庁関係職員、またX県・Y県教育委員会関係職員の皆様に心よりお礼申し上げます。

＜付記＞

本稿は科学研究費補助金（若手研究（B））（課題番号：25870500）「学校管理職の任用システムの実証的研究 ── ジェンダーの視点から ── 」の成果の一部を使用している。

第 3 章
民間人校長登用施策の現状と課題

はじめに

　教育委員会は、改正教育基本法や国の『教育振興基本計画』（平成20年7月1日）に述べられているように、国との適切な役割分担のもとでのその実情に応じた主体的な教育施策の展開と、特色ある学校づくり、開かれた学校づくりを進める自主的・自律的な学校経営の確立が求められている。

　そのような状況の中、校長や副校長・教頭には、今後ますます有為な人材が求められる。具体的には、教育に関する理解や識見を有し、地域や学校の状況・課題を的確に把握しつつ、リーダーシップを発揮して、組織的・機動的な学校マネジメントを行うことができる優れた人材を確保することが重要となる。

　このため、学校の内外から幅広く優秀な人材を登用するために、文部科学省は、中央教育審議会答申「今後の地方教育行政の在り方について」（平成10年9月）を踏まえ、平成12年4月の学校教育法施行規則改正により、校長については、教員免許状を持っておらず、「教育に関する職」に就いたことがない者の登用ができるようにした。また、平成18年4月より、教頭についても同様の資格要件の緩和が行われた。

　本稿では、教員出身ではない校長（以下「民間人校長」という。）及び教員出身ではない副校長及び教頭（以下「民間人副校長等」という。）の任用状況を概観し、民間人校長・副校長等登用施策の現状と課題を解説する。

第1節　民間人校長・副校長等登用の現状

1　登用された人数

　平成26年4月1日現在、民間人校長は全国で136名（男性116名、女性20名）、副校長等は70名（男性24名、女性46名）おり、それぞれ18都府県8政令指定都市、10都府県6政令指定都市に配置されている。

　校長の校種別は、小学校70名、中学校20名、高等学校42名、中等教育学校1名、特別支援学校3名で、副校長等の場合は、小学校45名、中学校10名、高等学校5名、特別支援学校10名である。また、過去10年間の登用数の推移をみると、全体としては、民間人校長・副校長等は増加傾向にあることがうかがえる。

　ただ、その内容を見ると、民間人校長・副校長等で増加しているのは、「教育に関する職」に就いた経験がない純粋な民間人ではなく、教育委員会の行政職職員や学校の事務職員等、「教育に関する職」に10年以上就いた経験がある者の増加が目立っている。

　また校長は、「教育に関する職」に就いた経験がない純粋な民間人が8割に達するのに対し、副校長等では1割に満たない。

表3-3-1：民間人校長・副校長等の登用の推移（各年度4月1日現在）

	年度（平成）	17	18	19	20	21	22	23	24	25	26
校長	民間人	92	89	87	80	82	86	97	89	90	108
	その他	11	13	15	19	14	20	28	33	32	28
	合　計	103	102	102	99	96	106	125	122	122	136
副校長	民間人	0	0	5	5	7	6	4	3	2	6
	その他	7	11	15	21	38	46	49	63	57	64
	合　計	7	11	20	26	45	52	53	66	59	70

（注）1　数字は校長・副校長等の任用者数である。
　　　2　「民間人」とは、原則として「教育に関する職」に就いた経験がない者をいう。
　　　3　「その他」とは、「教育に関する職」に10年以上就いた経験がある者をいう。
（文部科学省「教育委員会月報」平成20年〜27年度を参考に作成）

第3章　民間人校長登用施策の現状と課題

2　登用に際しての募集・選抜方法

　文部科学省が公表している平成26年4月1日の資料によれば、136名の民間人校長は、公募100名、推薦16名、人事異動15名、その他5名となっている。一方、副校長等は、公募0名、推薦16名、人事異動24名、その他30名である。選抜は、面接、小論文、書類選考が主な方法になっている。また、多くの教育委員会は年齢制限を60歳未満にしているが、大阪市教育委員会では、平成26年度採用から、外部人材に関しては、年齢の上限をなくしている。

3　処遇

　今回調査した教育委員会では、4月1日に正式採用し、1月から3月までは嘱託の身分で研修期間としている。

　採用後の給与は、大阪府教育委員会では、給与年収は、通年で勤務した場合、満45歳で約900万円、満55歳で約930万円である。（扶養・住居・通勤手当等は含まず）研修期間中は報酬として、月額339,000円を支給している。（通勤費は、別途実費支給）

　横浜市教育委員会では、義務教育学校の場合、50歳で扶養・住居・通勤手当等は含まず、副校長は月額48万円程度、校長は月額51万円程度である。また、大分県教育委員会では、県立学校長の平均給与月額は、基本給及び諸手当で575,707円としている。

第2節　民間人校長に求められる人物像（資質能力）

　平成26年度現在、民間人校長を多く登用しているのは、横浜市11人、大阪市22人、大阪府41人、大分県11人である。それらの教育委員会の資料をみると、民間人校長に求められる資質能力は次の通りである。

1　横浜市教育委員会（平成27年度募集要項）

　横浜市教育委員会は、「世界での活躍を実現する教育や絆づくりと活力あるコミュニティの形成、教職員の負担軽減等、新たな視点を取り入れた教育を推進しています。このような中で、これまでのキャリアで培った企画力やネッ

トワーク、実行力等により、魅力的な学校づくりを進め、横浜の学校に新たな風を吹かせることを期待し、横浜市公立学校長 を募集します。」とし、求める人材として、①公立学校の使命を理解し、未来を担う子どもたちの教育に確固たる使命感と理念をもつ者、②これまでのキャリアで培った組織マネジメントの経験や専門性を生かし、教職員の意識改革や人材育成を担える者、③横浜が推進する教育のために、新たな視点や企画力で公立学校の魅力を高める学校経営ビジョンを打ち出し、実行できる方を募集している。

2　大阪市教育委員会（平成26年度募集要項）

　大阪市教育委員会は、公募の初年度の平成25年度は、内部と外部の区別なく50名を募集したが、2年目の平成26年度からは、内部と外部の区別し、内部34名、外部35名を募集した。平成26年度の募集要項をみると、「教職の経験の有無を問わず、市立小学校・中学校・高等学校を対象として、学校長を幅広く募集します。大阪市教育行政基本条例及び大阪市立学校活性化条例並びに大阪市教育振興基本計画に示された本市の教育改革の方向性に沿って、校長として教育施策を実行できる人材を広く求めるため、採用選考を実施します。」とした。

　求める人物像としては、①大阪市教育行政基本条例及び大阪市立学校活性化条例並びに大阪市教育振興基本計画に基づき、本市が推進する教育施策を実現できる人、②リーダーシップを発揮し、その権限と責任により自律的な学校運営を行い、子どもや保護者の意向に応え、学校や地域の実情に応じた特色ある教育実践を創造し、活気ある学校づくりのできる人、③管理職を中心とした学校の組織マネジメント体制の改革を実行できる人、④教員が互いに切磋琢磨し、優れた教育実践を創る仕組みづくりをできる人、⑤民間企業その他の組織で培われた柔軟な発想、企画力を有する人をあげている。

3　大阪府教育委員会（平成27年度募集要項）

　大阪府教育委員会は、府内6市（寝屋川市、門真市、四條畷市、交野市、東大阪市、河内長野市）の公立小中学校において、「魅力ある学校づくりをすすめるため、組織をまとめるマネジメント力と教育に対する熱意を持ち、柔

軟な発想や企画力をいかした学校運営や学校の課題を解決できる優れた人材を幅広く募集し、選考を実施します。」を募集の目的にしている。

そして、大阪府が求める人物像として、①学校の教職員の意欲を引き出し、リーダーシップを発揮できる者、②民間企業等で培われた柔軟な発想、企画力を有する者、③社会の動向に対する洞察力と先見性を有する者、④組織マネジメントによる学校組織の活性化を推進できる者、⑤これまで培ってきた人的ネットワークや渉外能力を活用し、地域との連携のもと、開かれた学校づくりを推進できる実行力を有する者」をあげている。

さらに、募集する６市ごとに、府が求める人物像に加えて下記の人物像を示している。

表３-３-２：大阪府内６市が求める人物像

寝屋川市	柔軟な発想、企画力をいかし、地域に根ざした小中一貫教育のもと、子ども一人ひとりの学力・心力・体力向上をめざす、特色ある学園づくり、「寝屋川12学園構想」を推進する者
門真市	管理職経験が豊かで、教職員と地域人材を組織的にマネジメントする力に優れ、人的ネットワークが豊富で、渉外能力に長け、柔軟な発想と斬新な企画による学校づくりを推進していく者
四條畷市	本市教育振興ビジョンに基づき、地域・家庭との連携や校種間の繋がりを大切にし、教職員の意欲を引き出し、情熱と誠意を持って、創意ある学校づくりを意欲的に推進する者
交野市	本市の学校教育ビジョンをよく理解し、教職員の意欲を一層引き出すとともに、家庭・地域と連携して、豊かな情（こころ）を育む「学校づくり」「人づくり」を進める者
東大阪市	子どもが好きで、本市の人権教育を踏まえた明確な学校経営ビジョンを持ち、実践を大切にしながら教職員個々の能力を引き出し、意欲と情熱を持って学校改革に取組む者
河内長野市	本市の教育基本方針を理解し、小中一貫教育や学校運営協議会等の推進のために、校種間や地域・家庭との連携を大切にし、柔軟で斬新な経営視点で学校づくりを推進していく者

（出典：大阪府教育委員会「平成27年度 大阪府公立小中学校任期付校長 募集要項」）

4　大分県教育委員会（平成26年度選考試験実施要項）

　大分県教育委員会は、平成26年度に工業系学科を有する高等学校の校長２

名を公募した。受験資格は、民間企業、行政機関、研究・教育機関等において管理職である者またはそれと同等の経験を有するものとした。これは内外を問わず公募されており、大分県職員の場合は、現在、県立学校の副校長・教頭である者か、それ以外で管理職（課長級以上）の経験を有する者としている。また、工業系の校長を求めているため、工業教育に関する豊かな知識及び優れた識見を持つ者との条件がついている。

募集要項の選考基準を見ると、①工業教育のさらなる発展を推進することのできるビジョンを有し、産業分野との連携を生かした学校づくりの推進できる能力を有している、②優れた識見と教育に対する確かな理念を有している、③指導力に富み、マネジメント感覚に秀でている、④具体的な学校経営ビジョンを有している、⑤社会の動向に対する洞察力と先見性を有しているが記載されていることから、求められる人物像（資質能力）が読み取れる。

第3節　民間人校長登用準備の研修

今回調査した教育委員会は、採用決定後登用までの期間に、円滑な業務遂行のために研修を実施している。ある教育委員会では、1月に採用し、4月までの3か月間に12週46日の採用予定者研修を実施している。ただ、この教育委員会では、採用予定者は、研修期間中の身分が非常勤嘱託のため、週4日の研修となっている。カリキュラムの学校実務研修①～③は、タイプの異なる3校で実施している。

また、別の教育委員会では、11月に採用し、2か月間の教育法規や事業内容等の内部研修後、登用予定校で3か月程度のジョブシャドウ的な実務研修を実施している。

表3-3-3：ある教育委員会の採用予定者研修カリキュラム

第1週	研修内容
1日目	（1）辞令交付、教育長訓示、諸連絡
	（2）　　　　　〃
	（3）所長講話、研修ガイダンス
	（4）研修担当教育指導員との顔合わせ
2日目	（1）任期付校長採用予定者研修の進め方
	（2）校務支援システム導入ガイダンス
	（3）学校と教育管理職の役割
	（4）教育センター事業
3日目	（1）教育行政、教育委員会の制度・職制
	（2）教育振興基本計画、学校評価
	（3）学校教育の現状と課題
	（4）服務規律〔服務、個人情報管理等〕
4日目	（1）生活指導①（問題行動、いじめ等）
	（2）学校実務研修①の事前研修
	（3）学力向上（全国学力・学習状況調査等）
	（4）研修担当教育指導員との懇談

第2週	研修内容
5日目～8日目	学校実務研修①

第3週	研修内容
9日目	（1）学校実務研修①振り返り
	（2）人事の事務
	（3）全市校園長研修会に参加（いじめ対応）
	（4）全市校園長研修会（「命の大切さ」）
10日目	（1）学校予算の概要
	（2）学校事務職員の職務、財務運営
	（3）教員内定者研修に参加
	（4）校務支援システム管理職向け導入研修
11日目	（1）教育課程①〔学習指導要領等〕
	（2）教育課程②〔年間行事予定、学校行事〕

11日目	（3）生活指導②（不登校、児童虐待対応等）
	（4）生活指導③（学校安全）
12日目	（1）小学校の管理職〔校長、教頭等〕の仕事
	（2）学校実務者研修②に向けて
	（3）学校ネットワークパソコンの利用等
	（4）中学校の管理職〔校長、教頭等〕

第4週	研修内容
13日目〜16日目	学校実務研修②

第5週	研修内容
17日目	学校マネジメント研修（外部講師）
18日目	（1）研修まとめ
	（2）報道対応、情報管理
	（3）小学校の教育研究について
	（4）中学校の教育研究について
19日目	（1）研修のまとめ
	（2）校務支援システム
	（3）特別支援教育①
	（4）新任教員研修会見学
20日目	研修のまとめ

第6週	研修内容
21日目	（1）民間人校長在籍校の視察、授業見学（A小学校）
	（2）民間人校長在籍校の視察、授業見学（B小学校）
22日目	（1）民間人校長在籍校の視察、授業見学から
	（2）人権教育
23日目	（1）学校保健
	（2）学校給食
	（3）放課後事業
	（4）学校実務研修③に向けて
24日目	教育センターフォーラム参加

第7週	研修内容
25日目～29日目	学校実務研修③

第8週	研修内容
30日目	（1）学校実務研修③振り返り
	（2）教育課程③〔進路指導、キャリア教育等〕
	（3）学校マネジメント研修
	（4）民間人校長DVD視聴
31日目	（1）学校協議会
	（2）学校元気アップ事業、PTA
	（3）地域諸団体、地域ネット事業、生涯学習事
	（4）特別支援学校、こども相談センターの見学に向けて
32日目	（1）特別支援学校の見学
	（2）　　　〃
	（3）こども相談センターの見学
	（4）生活指導（学校安全）

第9週	研修内容
33日目	（1）特別支援教育〔発達障がい〕
	（2）教育課題〔小中一貫教育〕
	（3）危機管理（外部講師）
	（4）　　　〃
34日目	（1）人権教育①
	（2）人権教育②
	（3）特別支援教育〔発達障がい〕
	（4）研修のまとめ
35日目	（1）道徳教育
	（2）学級活動、防災教育
	（3）指導が不適切な教員に対する対応
	（4）教職員評価

第10週	研修内容
36日目	（1）勤務条件、福利厚生、労働安全衛生

36日目	（2）学校における教職員の健康管理
	（3）教職員の旅費、出張
	（4）就学援助
37日目	（1）施設整備
	（2）管財関係
	（3）学校体育（子どもの体力、部活動等）
	（4）管理職の仕事について（校長経験者）
38日目	（1）中学校：卒業式見学
	（2）　　〃
	（3）ケーススタディ
	（4）管理職の仕事について③（校長経験者）？

第11週	研修内容
39日目	ケーススタディ
40日目	（1）小学校：卒業式見学
	（2）　　〃
	（3）ケーススタディ
	（4）　　〃
41日目	（1）研修レポート作成
42日目	（1）研修レポートまとめ
	（2）　　〃
	（3）研修レポート発表会
	（4）赴任に向けて

第12週	研修内容
43日目〜46日目	学校実務研修④〔赴任校における引き継ぎ業務等〕

第4節　民間人校長の評価

　民間人校長の評価に関しては、横浜市教育委員会の「横浜市公立学校における民間人校長及び行政職校長登用制度の在り方について」（平成23年3月）と、神奈川県教育委員会の「県立学校における民間人材の登用について」（平

成27年2月）がある。

　これらの報告書のなかで、「教育に関する職」に就いた経験がないいわゆる純粋な民間人校長の評価部分をみると、いずれの報告書も、「登用の狙いは、概ね達成された」との肯定的な評価であった。これらの報告書と民間人校長（18人）や教育委員会（3団体）からのヒアリングをもとに、民間人校長の強みと課題について、日本教育経営学会の「校長の専門職基準」の枠組みで整理する。

1　民間人校長が評価されている領域（強み）

　まず、第1基準の「学校の共有ビジョンの形成と具現化」は、民間人校長が評価されている領域である。多くの民間人校長は、学校内外の情報収集・分析をもとに状況を解釈し、中期と年度のビジョンをわかりやすく提示している。特に、数値を活用した客観的分析や具体的な目標設定、ビジュアル化手法により、ビジョンの共有化に成功していることが多い。特に、特色の出しやすい高等学校にその傾向が強い。

　また、民間企業の代表的なマネジメント手法である目標管理を基軸に、校内組織への展開を図っているが、学校評価制度の浸透による教職員の理解もあり、PDCAサイクルの充実に力量を発揮しているケースも多く見受けられる。それに加えて、民間人校長は「費用対効果」を意識することが多く、業務適正化や業務改善に関心が高い。

　ただ、新たな取り組みに対する教職員からの不安や抵抗が多くみられることも事実であり、この克服は民間人校長に限らず、組織マネジメントの成否を決める腕の見せ所である。

　次に、第4基準の「諸資源の効果的な活用と危機管理」も民間人校長が評価されている領域である。危機管理の的確さに加え、民間企業のリスクマネジメントを取り入れることで、教職員の危機管理意識を高め、リスク回避にも成果を上げている。

　さらに、これまでの企業勤務で構築した人的なネットワークを活用することで、新たな経営資源を開発し、教育活動の充実に成功している。特に、専門学科の高等学校や中学校・高等学校のキャリア教育に事例が多い。

そして第5基準の「家庭・地域社会との協働・連携」も民間人校長の評価が高い領域である。前述の横浜市教育委員会の報告書では、「積極的に地域に関わる行動力や、地域の実情や人間関係等の情報を的確に把握し、それを踏まえた関係づくりや組織づくり、積極的でわかりやすい情報提供、情報共有回などが評価されている」とある。(同報告書 P.12)

また、神奈川県教育委員会の報告書でも、学校運営の業務領域の適合性について、「外部との連携・折衝」「広報活動」「外部人材の活用」は、民間人校長の適合性の高い領域として評価している。(同報告書 P.5)

2 民間人校長が評価されていない領域（課題）

民間人校長が評価されていない領域には、第2基準の「教育活動の質を高めるための協力体制と風土づくり」と、第3基準「教職員の職能開発を支える協力体制と風土づくり」があげられる。これは、民間人校長に教職経験がないことがデメリットとして指摘されることが多い領域である。

横浜市教育委員会の報告書では、「評価できない項目として、教育活動に関する項目（教育課程、特別支援教育、）学力形成など」や「校内の人材育成、研究研修に関する項目」があげられている。(同報告書 P.12) また、神奈川県教育委員会の報告書でも、「生徒指導や教科指導における指導・助言など、教員としての専門性が求められる領域に関しては、必ずしも十分な成果をあげることができていない」としている。(同報告書 P.9)

ただ、その弱点をおぎなうために、民間人校長は、授業観察を積極的に行い、自分のできる範囲の助言をしたり、校内での研究研修のしくみづくりや、企業で行われている OJT（On-the-Job Training）を推進している例も多い。また、専門高校などでは、企業就職の面接指導やマナー指導により、教育活動に関わっているケースもある。さらに、教員評価制度における自己目標の申告や評価結果の開示等での教職員面談を活用したきめ細かい取り組みも目立つところである。

つまり、教育活動に直接関わる教育的なリーダーシップを発揮できない場合でも、企業経営の経験を生かして、各種業務の運営システムづくりには尽力している姿がうかがえる。

上記の基準のほか、第6基準「倫理規範とリーダーシップ」、第7基準「学校をとりまく社会的・文化的要因の理解」については、企業、学校ともに管理職としての必須の条件であり、マスコミ報道等での民間人校長の不祥事が目につくが、民間人というくくりでみるよりも、個人の資質とするのが適切だと思われる。

第5節　民間人校長登用施策の課題

　民間人校長登用施策は、大きく2つのねらいがあった。ひとつは、企業で培った経営能力やマネジメント力を活用して、学校の特色づくりや外部連携、そして組織を動かすリーダーシップを発揮し、配置された単位学校の経営改善である。もうひとつは、民間人校長が持ち込んだ新たな手法をもとに、各自治体の公立学校の経営やマネジメントの在り方を改善・改革するねらいである。

　これまで述べたように、民間人校長はその特徴を生かして、配置された単位学校の経営改善には一定の成果を上げた。ただ、そこで発揮された経営やマネジメント手法のうち、民間人校長の個人属性以外の汎用化できるものを、教育委員会が整理し、経営改善のノウハウとし、周囲の学校に波及させる点では課題があると思われる。

　また、民間人校長登用施策が、学校経営改善施策から人事施策に変質しつつあることも気になる点である。それは、民間人校長の登用が、「教育に関する職」に就いた経験がない純粋な民間人ではなく、教育委員会の行政職職員や学校の事務職員等、「教育に関する職」に10年以上就いた経験がある者の増加が目立っている点である。つまり、民間人校長の登用施策を新たな経営手法による学校経営の改善を目指すものから、校長職のポストを広く公募する人事施策に変化しつつあると言える。その影響もあり、公募方式の場合、民間人校長への応募数の減少とそれに伴う採用数の減少がみられる。大阪市教育委員会の場合、平成25年度は千人に近い応募があったが翌年には、平成26年度は、約150人に減少した。そして、平成28年度の採用は1名であり、行政経験者である。

これらのことから、民間人校長登用施策は、自治体の公立学校全体の経営やマネジメントを改善・改革するねらいから、特定の課題や特徴を持った学校の経営にふさわしい校長を選抜する人事施策としての色合いが濃くなっており、今後の施策展開もその方向で進む可能性が高いと思われる。

（浅野　良一）

主な参考文献・資料
・文部科学省「教育委員会月報」平成20年1月号～28年度3月号
・横浜市教育委員会「横浜市公立学校における民間人校長及び行政職校長登用制度の在り方について」平成23年3月
・神奈川県教育委員会「県立学校における民間人材の登用について」平成27年2月
・国立教育政策研究所「学校管理職育成の現状と今後の大学院活用の可能性に関する調査報告書」平成26年3月

第4章

校長によるミドルリーダーの力量形成
——ビジョン具現化手段としてのアクティブ・ラーニング
実施プロセスに着目して——

はじめに

1．課題設定

　近年、学校組織におけるミドルリーダー[1]への期待が高まっている。この背景には、急激に進む教員年齢構成の変化がある。

　第一次ベビーブーム期に生まれた、いわゆる「団塊の世代」が退職し、その後もベテラン教員の大量退職が続く現在、多くの地域では若手教員の大量採用が行われている[2]。その影響を受け学校現場では、学校種や地域によって差はあるものの、「ベテラン教員の減少、若手教員の増加」という年齢構成になりつつある。

　この急速に変化する教員年齢構成は、学校組織に様々な課題を生じさせている。その一つは急増する若手教員への対応である。初任者研修制度の導入や各自治体による研修体系化の取り組み等、若手教員育成の仕組みはこれまでも検討されてきた。しかし教師にとって、学校内の「頼りになる先輩」からの学びの重要性は否定できない（佐久間2007）。この「頼りになる先輩」からの働きかけを主軸とし、学校内でいかに若手教員を育成するかは喫緊の

---

[1] ミドルリーダーの定義は論者により様々になされているが、本稿では一般的な対象とされる校務分掌上の主任（教務主任、学年主任など）や「新しい職」（主幹教諭、指導教諭）といった組織の「ミドル」（中間）に位置づく教師と、教職経験15年前後、年齢的には40歳前後といった人生の「ミドル期」にある教師を指すことにする（畑中2015）。

[2] 例えば山口県では、今後10年間で全教職員の45％が退職することが予想されている（山口県教員養成等検討協議会・山口県教育委員会2015）。

課題である。二つは、学校管理職候補者をはじめとする、スクールリーダー層の確保である（元兼 2010）。これまで学校経営の中核は、「団塊の世代」をはじめとするベテラン層が担ってきた。しかし、ベテラン層の大量退職期にある現在では、ベテラン教員に代わり学校経営を継承・発展させる次世代スクールリーダーの確保が求められている。そして、これら課題解決の役割期待がミドルリーダーへ寄せられているのである。

しかし、学校経営の中核としての期待が高まるミドルリーダーであるが、「ミドルリーダーをいかに育成するか」については十分に検討されているとはいえない。現在のミドルリーダー育成は、教育委員会や教育センター等へと依存する状況にあるが[3]、多忙なミドルリーダーの現状や今後ますます増加するであろうミドルリーダー育成の需要を踏まえるならば、現在のミドルリーダー育成方法は量的・時間的・財政的側面において困難となることが予想される。ゆえに「学校組織におけるミドルリーダー育成」の検討は喫緊の課題といえるが、先行研究はこの視点が弱い[4]。

そこで本稿では、ミドルリーダーによるビジョン具現化プロセスに着目し、そのプロセスに対する校長の働きかけの存在と影響を明らかにすることで、上記課題の考察を試みる。

２．分析の手順

本稿では以下の手順で分析を進める。近年の校長には、自校のビジョン形成が期待されているが（日本教育経営学会実践推進委員会編 2015）、そのビジョンを具現化する役割はミドルリーダーが負うことが多い。なぜならビジョン具現化のプロセスにおいては、校長（トップ）が描く理想と、現場の最前線（ボトム）の現実の間に矛盾が生じがちであり、組織の中間（ミドル）に位置するミドルリーダーには必然的に、その調整が期待されるからである。

---

[3] 例えば福岡県教育センターでは、各分野において、学校及び地域の中核となって活躍できる専門的な力量、または、指導力を持つ人材育成を企図した「中核教員養成講座」を2015年度より開講している。
[4] 既存のミドルリーダー研究は、学校経営への参画を検討したもの（山崎2014、畑中2014など）や、増加する若手教員育成について検討したもの（小柳2013、脇本・町支2015）が主である。

そしてこの調整の具体はミドル・アップダウン・マネジメントの視座から分析した先行研究によって明らかにされている（畑中 2014）。本稿では上記先行研究の枠組みを活用し、作業の第一段階として、ミドルリーダーの目線から捉えたビジョン具現化の説明を行う（ 手順1 ）。

次に、上記作業で示したビジョン具現化に対する校長の関与を明らかにし（ 手順2 ）、その分析を試みる。分析の枠組みとしては、「校長の専門職基準2009（一部修正版）」を用いる（ 手順3 ）。

これら作業を通じ、喫緊の課題である「学校組織におけるミドルリーダー育成」の検討が可能になるとともに、その育成における視座としての「校長の専門職基準」の可能性も検討できると考える。

第1節　分析対象と方法

本稿で分析対象とするのは、Z県立G高校である。創立69年の普通科高校であるG高校は、卒業生の進路が進学5割・就職5割となっており、立地や少子化の影響から、卒業生数減・学級減が続いている（図1、図2）[5]。

このような状況のG高校へ2014年度、X校長が着任した。X校長はこれまで、関東の私立学校講師として2年、Z県私立学校教員として1年、Z県立学校教員として33年の教職経験を積んでいる（表1）。担当教科は国語であり、大学院時代は関東の国立大学にて国語教育学を専攻した。また、X氏はサッカー部顧問としても活躍しており、在籍校のサッカー部を強豪校に育て上げた経験を持つ。加えて、K高校在籍時からはZ県高等学校文化連盟理事長（教諭兼任）として高校文化の発展にも寄与しており、Z県で開催された全国高等学校総合文化祭では、大会企画運営のキーパーソンとして活動した。

上記のような経歴を持つX校長は、着任から数ヶ月かけ、G高校が歩んだ歴史や地域との関係、教職員の状況等を観察し二つの課題を析出した。その課題とは、「一斉授業の機能不全」と「進行する教職員の孤業化」である。

---

[5] 2015年度の生徒数は、1学年定員80名のうち、1年62名、2年51名、3年51名となっている。

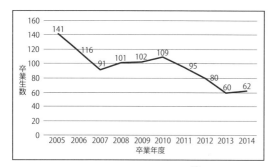

図1　卒業生数の推移 [6)]　　　図2　設置学級数の推移 [6)]

表1　X校長の在籍校・年度・年齢

在籍年度	高校名	年齢	在籍年度	高校名	年齢
1980	D学園高校（関東私立）	24歳（修士1年）	1997〜2001	A高校（Z県立）	41〜45歳
1981	S学園高校（関東私立）	25歳（修士2年）	2002〜2008	K高校（Z県立）	46〜52歳
1982	K学園高校（Z県私立）	26歳	2009〜2010	M高校（Z県立）	53〜54歳 ※教頭として在籍
1983〜1986	H高校（Z県立）	27〜30歳	2011〜2013	Z県教委	55〜57歳
1987〜1996	I高校（Z県立）	31〜40歳	2014〜	G高校（Z県立）	58歳〜 ※校長として在籍

X校長：*(課題の) 一つは、生徒が非常に多様化している。学力がある程度高い子も、それから低い子も、特別な支援を要する子どももいる。そのすべての生徒の学びの権利の保障ができていない。それをするには、一斉型 (の授業) には限界がある。(中略) もう一つは、教師の同僚性を構築する必要がある。どうしても高校の場合は教科中心になっていくわけで。(2015.11.16)* [7)]

[6)] Z県立G高等学校（2015）『学校要覧』をもとに筆者作成。
[7)] 以後、調査で得られた会話データは斜体、筆者の補足は（ ）で記載し、データ末尾には調査日時を記載する。

上記課題を踏まえX校長は「教職員の同僚性を構築し、多様な生徒の学びを保証する」というビジョンを形成するとともに、そのビジョン具現化の手段として、アクティブ・ラーニングの実施を計画した[8]。本稿ではこのアクティブ・ラーニングがG高校へ導入され現在に至るまでのプロセスについて、参与観察やG高校教職員を対象としたインタビュー（表2）、関係資料等を踏まえ分析する。

第2節　事例の分析

1．G高校の現状

分析を始めるにあたりまず、事例としてのG高校の位置づけを確認したい。

G高校では、アクティブ・ラーニングを導入して約1年が経過している。当該実践が、G高校教職員・生徒へどのように受け止められているかは、下記インタビューと生徒を対象に実施したアンケート結果（図3）から窺える。

B教諭：（アクティブ・ラーニング実施によって、）生徒が授業に参加しやすくなったのはメリットなんじゃないかなと思います。ちょっと前までは、わからない子は放置された状況で、一斉授業で進めていたので。（中略）それと先生たちは、子どものことをよくみるようになったんじゃないかな。「こことここって意外としゃべるよ」、「こことここ今、仲が悪い」など日常的に話をする。そういうとこ、すごく事細かに見てますよ。まあもちろん、（教職員）全員（がそのような状況）ではないですが。生徒理解が進みますよね。(2015.11.16)

---

[8] G高校で導入したアクティブ・ラーニングは、佐藤学氏によって提唱された「学びの共同体」（佐藤2012など）を主軸としている。以下の文中で、アクティブ・ラーニングと「学びの共同体」が併用されているのはそのためである。なお、アクティブ・ラーニングについては多様な理解がなされており、また「学びの共同体」とアクティブ・ラーニングの関係性についても検討の余地があるが、本稿はビジョン具現化プロセスの手段として当該事例に着目するため、上記の点には言及しない。

表2　調査日時、協力者の概要等

調査日時	調査対象	対象の属性等	調査内容
2014年11月30日 13:00～18:00	X校長	略	G高校の課題、ビジョンの内容について
2015年3月21日 10:00～18:00	X校長	略	G高校における次年度取り組みについて
2015年6月18日 15:00～18:00	G高校	略	校内研究授業と事後検討会の参与観察
2015年7月9日 13:00～17:00	G高校	略	第1回公開授業研究会への参加
2015年11月16日 10:50～11:30	A教諭	・43歳、男性 ・教務主任、英語科 ・教職経験20年 ・これまで3校で勤務。G高校着任前は県教育センターで教育相談に関する研修員として2年間在籍 ・G高校着任2年目 ・2014年度「学校改善プロジェクトチーム」リーダー、2015年度「「学びの共同体」プロジェクト」チームリーダー	アクティブ・ラーニング実施プロセスについて
13:00～14:00	B教諭	・34歳、男性 ・2年学年主任、体育科 ・教職経験13年 ・これまで3校で勤務。G高校着任前年度に教職大学院修了 ・G高校着任3年目	アクティブ・ラーニング実施プロセスについて
14:00～15:00	C教諭	・31歳、男性 ・2年担任、国語科 ・教職経験10年 ・これまで2校で勤務。前任校でX校長と出会う ・G高校着任1年目 ・アクティブ・ラーニング実施に関するプロジェクトチームサブリーダー	アクティブ・ラーニング実施プロセスについて
15:00～16:00	X校長	略	アクティブ・ラーニング実施プロセスに対する教職員への関与について
2016年1月15日 17:30～18:30	A教諭	略	アクティブ・ラーニング実施プロセスについて

C教諭：（他の）先生から聞いたことでは、寝る子が減ったとか、授業が楽しいという声が増えたとか。（中略）そして、生徒のことを話す機会が増えたんじゃないですか。生徒の名前が職員室で出るようなことが、他の学校よりも多いと思います。(2015.11.16)

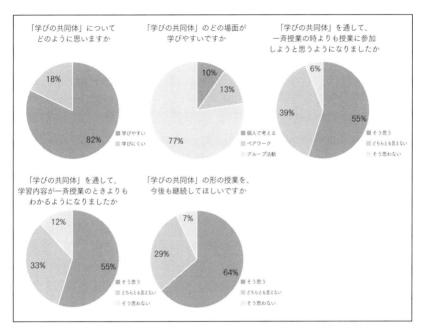

図3　生徒対象の1学期アンケート[9]

上記結果からは、アクティブ・ラーニングの導入によって生じた「生徒の学び」と「教師の関係」の変容の一端が垣間見える。すなわちG高校におけるアクティブ・ラーニング実施は、ビジョン具現化の成功事例として位置づけることができよう。

---

9) G高校内部資料より抜粋。

2．ミドルリーダーによるビジョン具現化

　それでは、G高校におけるビジョン具現化の手段であるアクティブ・ラーニング実施はいかにして進行したのであろうか。本項ではまずそのプロセスを、ミドルリーダーの視点から捉える（手順1）。
　G高校における当該実践を語る上で、A教諭の存在は欠かせない。なぜならA教諭は、2015年度からG高校の教務主任になるとともに、アクティブ・ラーニング実施へ向け創設されたプロジェクトチームのリーダーを担うなど、当該実践を展開する上で重要な役割を果たしているからである。以下では、ミドルリーダーとしての役割を担うA教諭の語りを中心に、G高校におけるアクティブ・ラーニング実施プロセスを追う。

2-1．現状の把握

　A教諭は着任初年度（2014年度）、1年学級担任を担っている。A教諭は日々の授業等で生徒たちと接する中で、G高校が抱える課題を認識しはじめる。

A教諭：一斉授業ではやはり限界があったっていうのがあるんですね。わからない生徒は寝てしまったりとか。集中できないとかあるんです。（2015.11.16）

　こうした認識が芽生え始めたころ、X校長により学校経営の抜本的改革を目途とした「学校改革プロジェクトチーム」[10]が設置された。A教諭はこのプロジェクトチームのリーダーに指名され、X校長とともに県外の高校を視察する機会を得ることとなる[11]。そしてこの視察の道中、A教諭はX校長のビジョンを知る。

---

[10] 当該プロジェクトでは、低学力層・高学力層を対象とした補習の新設とその時間確保のための時程変更、そしてアクティブ・ラーニング実施等について検討されている。
[11] 2014年11月、A教諭はX校長とともに、アクティブ・ラーニング先進校の視察を行っている。

A教諭：二人で出張があったんですよ。その車内で、校長先生が熱い思いを語られたんですね。（中略）聞いていて、何とか力になりたいなぁと、それが一番大きかったですよね。（2015.11.16）

この後、A教諭を中心に、アクティブ・ラーニング実施へ向けた取り組みが動き始める。

2-2. 周囲の教職員への発信

校長のビジョンを具現化するべく、A教諭は行動に出る。その行動とは、自身の英語科での授業におけるアクティブ・ラーニングの先行実施であった。A教諭はこの先行実施を通じ、アクティブ・ラーニングの可能性を周囲の教職員へ発信していった。

A教諭：（2014年度の）3学期から先行実施して。（中略）どういうものかっていうのを3ヶ月間やってみて、最後の職員会議で「やりましょう」って。そのときに、良かった、変わったって思う点とか（を伝えて）。逆に、なかなか難しいなと思う点とか、感じたりしたことも素直に先生方にお伝えして。（2015.11.16）

こうして徐々にアクティブ・ラーニングが導入されていくことになるが、同時に、周囲の教職員からは実践に対する不安感等も表出し始めた。

B教諭：体育科で「学びの共同体」ができるのかどうかよくわからなかったです。（もともと）体育ってグループ学習が主で。こっち（＝教師）側が課題を与えて、「今日はこれやるよ」、「じゃあ各グループでやってみようか」とか。（中略）そういう形のものがほとんどなので。「学びの共同体」だから（グループ学習を）やるとかいうことではないんですね。（2015.11.16）

A教諭も先行実施の過程で、周囲の教職員が抱く不安感に気づき始める。

A教諭：困ったことは、やはり導入の最初ですね。昨年度（＝2014年度）3学期に先生方に案内をして、「やっていきましょう」っていう話をするときに、どうしてもやっぱり、反対をされる方もいらっしゃいます。(2015.11.16)

2-3．周囲の教職員の巻き込み

　A教諭は、教職員のアクティブ・ラーニングに対する不安感を解消するべく、自身の実践で確認した成果を改めて語り、また生徒対象のアンケート結果（図3）等を通じて、実践の効果を発信し続けた。

A教諭：「（アクティブ・ラーニングを）やってみました」とか、「ちょっとやってみたら、こうでした」っていう話をですね、職員室でも近くの先生に言ってみたりですね。「先生もしてみませんか」とか。そういったことは、してましたかね。いいことばっかりは言わないことですね。(2015.11.16)

　こうした取り組みを続けることで、教職員の認識も変わり始める。そして、2014年7月には第1回公開研究発表会が実施されるが、この研究発表会ではアクティブ・ラーニングに取り組む1年・2年[12]全学級で公開授業が行われた。

2-4．課題意識の深化

　A教諭の働きかけにより、ビジョン具現化の手段であるアクティブ・ラーニング実施は進展しつつあるが、同時に、新たな課題も生じ始めている。

A教諭：研修をもうちょっとしないといけないかなと。まだ私たちの理解が完全じゃないと思うんですね。（中略）理解が浅いままやっている先生もいると思うんです。…半年過ぎたので、一回振り返って、問題点を出して。これから、どんな形にしていかないといけないかというのをきちんと出し

---

[12] 2015年度のアクティブ・ラーニング導入は、主に1・2学年で行われている。

て進めていかないと。このままだとマンネリ化してしまう。
昨日（X校長と視察に）行った学校、あんまり良くなかったんですよ[13]。数年後はうちもそうなってしまいかねない。(2015.11.16)

　実践が進むにつれ、A教諭には新たな課題認識が生じつつある[14]。そして、こうした現状についての教職員間の共有を図るべく、2016年1月からは、プロジェクトチームによる「『学びの共同体』通信」の発行が始まった[15]。

2-5．ミドルリーダーの意識の変容

　以上で見たように、G高校ではA教諭の先導によって、ビジョン具現化の手段であるアクティブ・ラーニング実施が進展している。そしてこの取り組みを通じ、A教諭の意識にも変化が生じていることが読み取れる。

A教諭：これまであまり、（学校を）経営していくとか考えたことはなかったのですが…やっぱり、全く正反対の意見を持つ人とかですね、（中略）そこをうまく受け止めて。昔は批判されたら、「いやそうじゃないでしょう」ってすぐに意見を言い返すこともあったんですけど、（今では）それ（＝批判）も聞いて。ちょっと小出しにしながら、角が立たないようにやっていけるようになってきたかなぁと。(2016.01.15)

　プロジェクトリーダーとして実践に取り組んだA教諭は、その過程において「学校全体で（ビジョンに）向かっていくっていうのは難しい」(2015.11.16)

---

[13] 2015年11月、A教諭はX校長とともに、再度アクティブ・ラーニング先進校を視察している。
[14] 同様の認識は、A教諭以外の教職員も共有していることが下記発言から窺える。
　B教諭：来年になると、（中略）新しく（異動して）来た先生は、また一から勉強する感じになる。どうしてもそこに（取り組みの）温度差が出てくるのは現実じゃないですか。（中略）ただ、これを今後続けていくためには、ある程度「すっ」と入れるように準備してやっておかないと。校長先生がいなくなった（＝退職した）瞬間に「学びの共同体」がなくなってしまう、まったく意味がないものに終わってしまうので、学校って入れ替わりが多いじゃないですか。入れ替わりが増えてくると、なかなかその辺の意思疎通が難しくなってきて。（実施当初の）思いを知っている人たちが少なくなってくると、「何でそれをしないといけないのか」ってなる。
[15] 当該通信の第一号は2016年1月8日に発行された。

と痛感した。それゆえ、上記のような意識が生じたと考えられる。また合わせてA教諭は、自身に期待されるミドルリーダーとしての役割についても自覚し始めていることが下記発言から分かる。

A教諭： どこかで決めないといけないことがあるときに、誰かが、「やりましょうか」って言うのが必要だなっていうのは思いましたね。それがないと進まない。トップダウンでもいけないし。管理職が「やる」って言うとそれになってしまう。そこにみんなが、7割8割がそう思っているときに、「やってみましょう」、「とりあえずやってみて、ダメだったら戻せばいいじゃないですか」って言うような（中略）流れにしていく。そういうようなことが必要なのかなと。やらないと変わらないので。(2016.01.15)

　上記のような意識を持つA教諭のリードにより、G高校におけるアクティブ・ラーニングの実践は次のステージへと移りつつある。

3．校長の関与

　前項では主にA教諭の視点から、ビジョン具現化の手段としてのアクティブ・ラーニング実施プロセスを追った。本項では視点を変え、当該プロセスに対するX校長の関与の具体を示す（手順2）。

3-1．キーパーソンの選定

　既述の通り、X校長はG高校の課題として「一斉授業の機能不全」と「教職員の孤業化」を見出した。そしてこの課題を踏まえ、「教職員の同僚性を構築し、多様な生徒の学びを保証する」というビジョンを形成するとともに、ビジョン具現化手段の一つとしてアクティブ・ラーニングの実施を試みる。

　しかし、アクティブ・ラーニングは授業に関わる実践であり、第一線で動く教職員の行動がなければ成り立たない。それゆえ、当該実践を推し進めるキーパーソンの存在が必須となる。この先導的役割を担う教職員としてX校長が期待を寄せたのがA教諭であった。2014年8月、X校長は「学校改善プロジェクトチーム」を設置し、A教諭をそのリーダーに据えるとともに、11

月にはA教諭を伴いアクティブ・ラーニング先進校を視察する。X校長はこの機会を活用してA教諭とビジョンの共有を図った。

X校長：（A教諭をプロジェクトリーダーにした理由の）一つは、話をしていきながら、僕の考え方を理解できる人物だと思ったということですね。僕が考えている学校論や教育観というのを理解できる。（そして）「自分もそういうことがやりたかった」と（言ってくれる）。（中略）もちろん、「彼ならわかるだろう」というように事前に踏んでいるわけですよ。普段の言動からね。（彼なら）理解できるし、推進していく力もあるだろう。もちろん年齢的にも。プロジェクトチームを作った時に、キーパーソンになってもらおうと思って、前もって話をした。(2015.11.16)

3-2．方向性の提示

　X校長はA教諭以外の教職員に対しても、自身の考えを語る機会を設ける。図4は、2014年12月18日の臨時職員会議で配布された資料の一部である。

　そしてこの臨時職員会議の直後、アクティブ・ラーニングの導入に言及した中教審答申が出される（「新しい時代にふさわしい高大接続の実現に向けた高等学校教育、大学教育、大学入学者選抜の一体的改革について（答申）」2014年12月22日）。こうした状況も後押しとなり、X校長はアクティブ・ラーニング実施に対するG高校教職員の納得を引き出すことに成功した。

X校長：その（臨時職員会議の）後に、中教審答申が出た。そこに、アクティブ・ラーニングの授業が入る（と書いてある）。（臨時職員会議で）話したこととマッチするような（内容が答申されている）。（教職員は）「えっ」て思うわけです。そしたらその後、アクティブ・ラーニングについての論議がテレビなんかで行われ始めて。（中略）（臨時職員会議で）数年後のセンター試験で目指すところは、そういうところになると言ってるので、（教職員は）みんな「やってみないといけないかもしれない」（となる）。(2015.3.21)

```
G高校で、いま実践する意義
①新たな「G高校」の教育を考える時期（現状、時代的状況、潮目）
   →新たな本校の特色（SI）の構築
②「生徒たちの『学ぶ』意識の変容に迫る改革」の本質的試み
   →普通科教育の本質的課題への挑戦   「学ぶ」ことの原点の探求
③地域からの信頼を得る方法の一つ
   →確かな「学び」を通した学校への信頼→入試倍率の向上
④Z県では最初で唯一→一つの大きな指標⇒本校の特色
⑤他校や進学校でも十分生かせる教育方法論
   →一つの意義ある教育実践の財産
   →5〜6年後のセンター試験の改革の方向性と合致
※⑥高度進学指導、特別支援的指導については、アクティブ・ラーニングを基
  盤としながらも本校の現状をふまえながら、本校独自のあり方を探求して
  いく。
```

図4　G高校教職員への説明資料 [16]

3-3．環境整備

　以後、アクティブ・ラーニング実施へ向けた中核的役割はA教諭が担うこととなるが、X校長はその過程においても側面的なサポートを行っている。

　その一つはプロジェクトチームの設置と支援である[17]。学校改善を目指すうえで教職員の自発的な取り組みが待たれることはもちろんである。しかし、新たな実践に取り組む際、教職員等からは反発が起こりがちであることをX校長は自覚している。そのため、実践を軌道に乗せるためには「システム」の確立が必要であり、X校長はこの「システム」として、分掌を超えたプロジェクトチームを設置したのである。

---

[16] G高校内部資料より抜粋。
[17] 2014年度のプロジェクトチームは既述の通り「学校改善プロジェクトチーム」として設置し、2015年度はアクティブ・ラーニングの検討へ特化した「「学びの共同体」プロジェクトチーム」として設置している。

第4章　校長によるミドルリーダーの力量形成　　225

2014年度（50分日程）				
月	火	水	木	金
	早朝補習(7:55〜8:25)			
	職員朝会・朝自学(8:30〜8:40)			
	朝読書(8:40〜8:50)			
	SHR(8:50〜8:55)			
	1校時(9:00〜9:50)			
	2校時(10:00〜10:50)			
	3校時(11:00〜11:50)			
	4校時(12:00〜12:50)			
	昼休(12:50〜13:35)			
	5校時(13:35〜14:25)			
			LHR	
	6校時(14:35〜15:25)			
	掃除(15:25〜15:40)			
	SHR(15:45〜15:50)			
	放課後補習（3年生）			

2015年度（45分日程）				
月	火	水	木	金
	職員朝会(8:20〜8:30)			
	朝読書(8:30〜8:40)			
	SHR(8:40〜8:45)			
	1校時(8:50〜9:35)			
	2校時(9:45〜10:30)			
	3校時(10:40〜11:25)			
	4校時(11:35〜12:20)			
	昼休(12:20〜13:05)			
	5校時(13:05〜13:50)			
	6校時(14:00〜14:45)			
	掃除(14:45〜15:00)			
学裁	LHR	学裁	学裁	学裁
	7校時(15:05〜15:50)			
	SHR(15:55〜16:00)			
	放課後補習（3年生）			

※学裁＝学校裁量の時間：進学希望者（1〜3年）＝進学用の補充授業、就職希望者（1〜3年）＝就職用演習問題

図5　2014年度・2015年度G高校の時程 [18]

X校長：全部の先生に（自発性を）要求することは無理だと思う。それならば、「システム」でそれに近づくものを目指さないと学校は変わらない。（2015.03.21）

---

[18] G高校内部資料より抜粋。

なお、当該プロジェクトチームではアクティブ・ラーニング実施とともに、月一回の校内研修（授業公開と事後研究会）実施の提案も行われているが、この取り組みもX校長が仕掛けた「システム」の一環といえよう。

　二つはカリキュラム改革である。2節で述べたように、G高校生徒の進路希望は、進学・就職が半数ずつを占めるため、X校長が形成したビジョンの実現を目指すには、こうしたG高校生徒の実態も考慮する必要がある。そのため、アクティブ・ラーニング実施とともに進学指導と就職指導の両立も求められ、X校長はその時間を確保すべくカリキュラム改革を行った（図5）。この検討についてもプロジェクトチームでの議論がなされ、2015年度から実施されている。

3-4. 教職員への働きかけ

　ビジョンを実現するためには、A教諭やプロジェクトチームメンバーだけでなく、その他教職員の協力も欠かせない。そこでX校長は、アクティブ・ラーニング実施の過程において、特に、プロジェクトチームに所属していない各分掌主任（ベテラン層）への働きかけを重点的に行った。

X校長：プロジェクトチームが分掌や組織から浮かないようにしなければいけない。（中略）プロジェクトチームが嫌われたりすれば成功しないわけですから。その辺を繋ぐために分掌主任を呼んで話をしたりしている。それが実は重要なんです。権力的に「プロジェクトだからやれ！」としてしまうとうまくいかなくなる。(2015.11.16)

　また、上記のような働きかけと同時に、アクティブ・ラーニングの手応えを実感させる働きかけも欠かさない。例えば、2015年7月に実施した第1回公開研究会では、X校長の豊富なネットワークを駆使し、学校種・業種を超えた70人以上の参観者を招いている。さらにこの取り組みについて、マスコミ（新聞・テレビ）を活用し広報することにも成功している[19]。

3-5. 新たな課題の提示と実践の模索

　アクティブ・ラーニングの実施を契機としてG高校のビジョン具現化は進展しつつあるが、X校長は常に数年先を見据えている。2015年11月には、A教諭とともに再度アクティブ・ラーニング先進校を視察し、A教諭の新たな課題認識を生起させた。また次年度以降へ向け、今年度着任したC教諭をプロジェクトチームのサブリーダーに据える試みを実行している。

X校長：(アクティブ・ラーニングを) 推進していくためには、力のある教職員を中心に置かなければいけない。(C教諭は) 若手で推進していく、力のある教職員。(中略)(A教諭は教務主任の役割もあり忙しいため) 実際にひっぱる、動く教職員が必要だなと。(中略) それで、C教諭をサブリーダーにして、(A教諭と) 二枚看板で動かそうとしたわけです。[20]
(2016.11.16)

　さらにX校長は、当該実践のさらなる発展を模索し、近隣小中学校への働きかけも行っている。

X校長：(近隣の) E中学校とF小学校を巻き込んで。小中高一貫で (G高校のある) Y市を発展させようと思っている。(2015.03.21)

　この実現をにらみ、2015年12月にはY市学校関係者を対象とした第2回公開研究発表会を実施した。
　上述のような取り組みからは、当該実践を一過性のものとしないよう注意を払うX校長の意識を読み取ることができよう。

---

[19] 当日の研究発表会には、Z県教育委員会関係者やZ県公立・私立高校教員、G高校近隣の小中学校教員のほか、大学教員や教材会社、G高校近隣企業などが参加した。また当該実践は、2015年7月16日に地元新聞紙、2015年10月21日に地元テレビ局によって報道されている。

[20] このX校長の働きかけを受け、C教諭のミドルリーダーとしての自覚も芽生えつつあることが下記発言から窺える。
　C教諭：期待してもらっているのかなっていうのはあります。(中略) その期待にできるだけ自分がこたえていかなきゃいけないなと思います。(2015.11.16)

4．考察

ここまで、G高校におけるビジョン具現化の手段である「アクティブ・ラーニング実施プロセス」を、A教諭とX校長の視点から詳述した（手順1・手順2）。ここまでの概要を表3に示す。

表3　アクティブ・ラーニング実施プロセス

		A教諭（手順1）	X校長（手順2）
2014年度	4月	G高校着任	G高校着任
	4〜7月	G高校の課題把握	G高校の課題把握、ビジョン形成
	8月	「学校改善プロジェクトチーム」メンバーになる	「学校改善プロジェクトチーム」設置
	9月	「学校改善プロジェクトチーム」リーダー就任	A教諭を「学校改善プロジェクトチーム」リーダーに任命
	11月	アクティブ・ラーニング実施、時程変更、校内研修導入等について検討	先進校視察
	12月		臨時職員会議開催
	1〜3月	アクティブ・ラーニング先行実施	
2015年度	4月	「学びの共同体プロジェクトチーム」リーダー就任	「学びの共同体プロジェクトチーム」設置、A教諭・C教諭をリーダー・サブリーダーに任命
	7月	第1回公開研究発表会	
	11月	先進校視察	
	12月	第2回公開研究発表会（Y市学校関係者向け）	
	1月	「「学びの共同体」通信」発刊	

以下では、手順2で示したX校長の関与を「校長の専門職基準2009（一部修正版）」（以下、基準と略記）の観点から分析する（手順3）。

G高校におけるアクティブ・ラーニング実施プロセスはまず、X校長によるビジョン形成から始まった。学校組織のビジョンを形成するうえでは現状把握が求められるとともに、そのビジョンを具現化するためには、関係者の巻き込みが求められる（基準Ⅰ）。特にビジョン具現化においては、実践を先導するミドルリーダーの協力が欠かせない。その点X校長は、日常的な関わりの中からA教諭の資質を見出し、A教諭のミドルリーダーとしての自覚を引き出した。これはG高校の学校改善に資するだけでなくA教諭の職能成長

第4章　校長によるミドルリーダーの力量形成　　229

を引き出すものであり、基準Ⅲで記載された「教職員の人材育成」に合致する行動といえる。

　またX校長は、G高校教職員とビジョンを共有するべく、職員会議の場で説得を試みる。折しも職員会議の直後、中教審答申によってアクティブ・ラーニング導入の提言がなされたこともあり、教職員の当該実践への取り組みに対するモチベーションは高まることとなる。この事実からは、基準Ⅶが示す「国内外の動向把握」がビジョンの妥当性を高める要素となったことが窺える。

　こうしてG高校でアクティブ・ラーニングが導入されることになるが、当該実践を順当に実施するためには校内における環境整備が求められる。ここでX校長が行ったのがプロジェクトチームの設置や時程の変更、校内研修の導入であった。これら行動は、基準Ⅱ「カリキュラムマネジメント」や基準Ⅲ「職能開発のリード」が示す内容と合致する行動であり、G高校におけるビジョン具現化へ影響を与えた取り組みであると言える。

　またX校長は、A教諭を主軸とするプロジェクトチームが機能するよう、その他教職員、特に校務分掌主任を担うベテラン層への説明も怠っていない。この行動からは、X校長は実践を行う上で「教職員間の風土醸成」（基準Ⅲ）を重視していることが読み取れる。

　さらにX校長は当該実践の成果を可視化し、周囲へ発信する取り組みも行っている。これは外部資源を活用したビジョン共有の行動といえ（基準Ⅳ、基準Ⅴ）、同時に、地域社会から寄せられる関心の大きさを教職員へと示す機会にもなっている（基準Ⅴ）。

　そしてアクティブ・ラーニングを導入して約1年が経過した現在、X校長はC教諭という新たなリーダーの育成に取り組むとともに（基準Ⅲ）、近隣小中学校を巻き込んだ新たな取り組みも模索しており（基準Ⅴ）、これら行動からは絶えずビジョンを検証する様子が読み取れる（基準Ⅰ）。

　このように、G高校でなされたビジョン具現化手段としてのアクティブ・ラーニング実施プロセスからは、様々な側面からX校長によるリーダーシップ発揮の様子を読み取ることができる（基準Ⅵ）。

おわりに

　本稿では、G高校におけるビジョン具現化手段としてのアクティブ・ラーニング実施プロセスを事例とし、ミドルリーダーによる行動と、それへの校長の関与について検討した。その結果、校長はビジョン具現化へ取り組むミドルリーダーに対し、直接・間接の様々な関与を行っていることが明らかとなるとともに、その関与がミドルリーダーの意識変容を引き出す様子が示された。

　また、上記関与は「校長の専門職基準」各視点との関連が強く、基準Ⅰ～Ⅶに記載された内容が網羅的におさえられていることがわかる。ここから、学校組織におけるミドルリーダー育成への「校長の専門職基準」の活用可能性も指摘できよう。

　ただし、本稿では校長の関与がミドルリーダーの「どのような力量」を形成しているのかという点への言及が不十分である。今後、当該事例をより長いスパンで分析しその内実に迫るとともに、その他事例も収集・分析することで、ミドルリーダー育成における「校長の専門職基準」の活用可能性を模索していきたい。

（畑中　大路）

参考文献
- 小柳和喜雄（2013）「メンターを活用した若手支援の効果的な組織的取組の要素分析」奈良教育大学『教育実践開発研究センター研究紀要』第22号、pp.157-161。
- 佐藤学（2012）『学校改革の哲学』東京大学出版会。
- 畑中大路（2014）『学校経営過程研究における方法論の考察――ミドル・アップダウン・マネジメントを視座としたM-GTAによる分析――』（博士論文）。
- 畑中大路（2015）「ミドルリーダーとしての教師」元兼正浩監修『教職論エッセンス――成長し続けるキャリアデザインのために――』花書院、pp.138-144。
- 山崎保寿編集（2014）『教務主任ミドルマネジメント研修BOOK ミドルマネジメントの基礎・基本と実務の進め方』教育開発研究所。
- 脇本健弘・町支大祐著、中原淳監修（2015）『教師の学びを科学する――データから見え

る若手の育成と熟達のモデル──』北大路書房。
・日本教育経営学会（2012）「校長の専門職基準2009（一部修正版）──求められる校長像とその力量──」。
・日本教育経営学会実践推進委員会編（2015）『次世代スクールリーダーのための「校長の専門職基準」』花書院。
・山口県教員養成等検討協議会・山口県教育委員会（2015）『山口県の実情に応じた教員の養成・育成の在り方について（報告書）』。
・Ｚ県立Ｇ高等学校（2014）『学校要覧』。
・Ｚ県立Ｇ高等学校（2015）『学校要覧』。

＜謝辞＞

　本稿の作成にあたり多大なご協力を頂いたＧ高校教職員の皆様に心よりお礼申し上げます。

第5章

教育委員会と学会との連携
熊本市教育センター・小学校／中学校校長会の「校長の専門職基準」の活用を通じて

はじめに

　本論は熊本市教育センターにおける管理職研修プログラム（新任校長・教頭研修）の再編過程に着目し、日本教育経営学会実践推進委員会で定めた「校長の専門職基準2012修正版（又は「校長の専門職基準」と略記）」の活用のあり方を論じることにある。

　対象となる熊本市教育センターは「校長の専門職基準」を活用し、教育センターの管理職研修としてプログラム開発、教材開発を併せて行った実践事例である。これらの再編過程を通じて、教育行政（研修機関としての教育センター）と学会との連携の在り方について論じることを目的としている。また、日本教育経営学会が提案した「校長の専門職基準」の活用の方途についても検討する。

第1節　教職大学院・教育センターにおける専門職基準の活用

1．専門職基準の活用の拡大

　日本教育経営学会実践推進委員会で作成した「校長の専門職基準」の各種研修機関における活用状況についてまず述べたい。

　大学（教職大学院）における先行研究においても、管理職・スクールリーダーレベルの資質能力等の分析において、「校長の専門職基準」が一つの指標として用いられるようになっている。京都連合教職大学院の「スクールリー

ダー専門職基準試案」(2011)は、「校長の専門職基準」と同時期に議論されたものとして、既に学会内外でも認知を得ているが、その他にも教員系学部・大学院においても専門職基準の議論が高まってきた。小柳(2014)は、ミドルリーダーと校長の関わりの観点から、諸外国との比較分析を踏まえて論じている。神居(2015)の研究では、専門職としての校長の任務遂行能力を捉えるための分析枠組みとして「校長の専門職基準」を活用している。兵庫教育大学(2015)における事業では、「学校組織マネジメントテキスト」の再編を目的として、「校長の専門職基準」を分析している。日本教育経営学会会員内外において、多様な大学教員がこれらを活用し議論する状況になっている。

教育センターにおいても「校長の専門職基準」を活用する事例が報告されるようになっている。静岡県教育センター(2013)や長崎県教育センター(2013)の研究紀要・報告書では、学校種・地域特性を踏まえた上で「校長の専門職基準」を分析し、その上で研修として実施する各キャリアステージの研修内容設定の根拠として活用している。また、教育センター指導主事の研究紀要においても、専門職基準が分析されるようになっている(榎本2014)。

大学教員と教育センターとの連携事業として実践研究が進められているものに佐古(2014)の高知県教育センター・高知教育研究所との学校組織マネジメント研修プログラム開発の研究があるが、「校長の専門職基準」の指標としての有用性は認知しているが、実際のプログラムでは活用されていない。「校長の専門職基準」を活用して、具体的な教育センターとの連携事業に発展した事例が論文として報告されているものに、武井・高橋(2013)と静岡県教育センターとの実践研究がある。静岡県教育センターにおける指導主事研修機会において、「専門職基準」を基盤とする研修を実施している。研修においては、「専門職基準」のデータ分析(妥当性(ニーズ)・成長機会(研修))、これらを基盤とした獲得機会の方途について研修を実践している。

これらを散見する限り、第1期実践推進委員会の「校長の専門職基準」の作成当時と比較すれば、専門職基準の認知は格段に高まっていると考えることはできる。しかし、「校長の専門職基準」については、未だ比較、検討対象という範疇を超えるものとはなっていない。そこで第3期実践推進委員会で

は、「校長の専門職基準」の普及・活用に向けて、具体的な研修機会における指導法・教材開発を目的としていった。その中で、研究対象となる熊本市教育センターの管理職研修の実践は単なる専門職基準の活用に留まらず、具体的な活用の実践を通じて、多様な知見を示している。これらの分析を通じて本論では「校長の専門職基準」の在り方について議論したい。

第2節　実践推進委員会と指導法・教材開発

1．第3期実践推進委員会の課題として

　第3期実践推進委員会の期間は2013年6月から2015年6月の任期であった。第2期の実践推進委員会では、「校長の専門職基準2009」の解説書を作成し関係団体との関係構築を進めて行った。第3期実践推進委員会でも、いくつかの課題に取り組んだが、その一つが、ケースメソッド指導法及びケース教材の開発である。

　独立行政法人教員研修センター委嘱事業として平成25年度に九州大学が「ケースメソッド開発による次世代スクールリーダー育成の可能性（以下「ケースメソッド事業」と略記）」（教員研修モデルカリキュラム開発プログラム）[1]を行った。この委嘱事業の代表である元兼正浩（九州大学・教授）は日本教育経営学会第3期実践推進委員長であり、本プロジェクトには第3期実践推進委員会の各委員も多数参加して事業が進められた。

　研修プログラム開発にあたっては3つの会議が設置された。①カリキュラム開発会議（平成25年6月〜平成26年1月・合計7回）、②コンテンツ開発会議（平成25年11月〜平成26年3月・合計3回）、③企画会議を中心に組織体制を構築した。構成員としては、九州大学大学院の社会人院生・現職経験者、日本教育経営学会実践推進委員会委員（大学教員・学校経営領域）、外部有識者（川野司教授（九州女子大学、竹内伸一特任准教授（慶應義塾大学・MBA））が協働し、ケースメソッドの教材開発、指導法の協議を進めて行っ

---

[1] 日本教育経営学会実践推進委員会編（2014）『次世代スクールリーダーのためのケースメソッド入門』、花書院。

た。特に①・②の会議体では、九州・山口の各県・政令指定都市から参加した教育委員会（教育センター所属）指導主事の協力を得て実践が進められた。この教材開発のコンテンツとして分析の対象とされたのが「校長の専門職基準2012（修正版）」である。

表1　九州・山口の各指導主事参加者

所　属	氏　名	役　職
福岡県教育センター	森　明浩	主任指導主事
北九州市立教育センター	谷口　親史	指導主事
福岡市教育センター	野口　信介	研修企画係長
やまぐち総合教育支援センター	金石　芳朗	主査
熊本県教育センター	後藤　良信	課長補佐
熊本市教育センター	田中　恒次	指導主事
大分県教育センター	宮川　久寿	指導主事
宮崎県教育研修センター		指導主事

事業計画の第1回〜第6回までのケースメソッドについての指導法（ディスカッション・リード・ファシリテーション）の共有化、ケース教材の開発について関係者で議論を重ねていった。年末の「研修会（平成25年12月25日〜27日）」では、これらのケース教材の解説、講義のディスカッションリードを行ったのは各指導主事であった。本事業の報告書[2]の考察箇所では下記のように課題を指摘している。

　「本開発プログラム事業終了後も、研究代表者だけでなく、各県から派遣されたカリキュラム開発委員、また研修会受講オブザーバーを中心に、各県の研修内容をブラッシュアップして実践が継続されていくことが期待される。すでにいくつかの県では今回のケースメソッドを取り入れた研修プ

---

[2] 九州大学・福岡県教育センター（2013）「ケースメソッド開発による次世代スクールリーダー育成の可能性」、国立教員研修センター大学と教育委員会の連携による研修カリキュラム開発事業：大学委託。
http://www.nctd.go.jp/lecture/model/PDF/itaku/h25/h25_di5.pdf（2016./02/01）

ログラムの準備を始めている。」この具体的な実践事例の一つが、熊本市教育センターの取組である。

表2　ケースメソッド事業のスケジュール

	日時・場所	主な内容及び招聘講師
第1回	平成25年7月25日 13時～17時	・ケースメソッド入門、「校長の専門職基準」 　川野司（九州女子大学／教授）
第2回	平成25年8月9日 13時～17時	・ケースメソッドデモ講義 　竹内伸一（慶應義塾大学／特任准教授）
第3回	平成25年9月24日 13時～17時	・ケースメソッド討議 各県カリキュラム開発委員作成教材の検討
第4回	平成25年10月28日 13時～17時	・ケースメソッド討議（2） 　大脇康弘（大阪教育大学／教授）
第5回	平成25年11月25日 13時～17時	・ディスカッションリード実践 　各ケース教材の実践リハーサル
第6回	平成25年12月16日 13時～17時	・ディスカッションリード実践（2） 　各ケース教材の実践リハーサル
研修会 3日間	平成25年12月25日～27日 九州大学 文・教育・人環 研究棟2階会議室	・開発した教材に基づくケースメソッド実践 　九州・山口の各指導主事の研修講座 　浅野良一（兵庫教育大学／教授） 　竹内伸一（慶應義塾大学／特任准教授）
第7回	平成26年1月20日 13時～17時	・研修会総括 研修内容を踏まえた改善策の検討

第3節　熊本市教育センターの校長・教頭研修プログラム再編

1．熊本市教育センターにおける専門職基準の活用

　平成25年度に前節で述べた「ケースメソッド事業」を受けて、熊本市教育センターでは、ケースメソッドを取り入れた管理職研修を実施していくことになる。中心的な役割を担ったのは、「ケースメソッド事業」に参加した熊本市教育センターの田中恒次指導主事、またその活動を積極的に推進した濱平清志教育センター所長（平成26年度）である。[3]

---
[3] 熊本市教育センター（2014）「新任管理職研修テキスト学校問題事例集（第1集）」（非売品）

表3　平成26年度　熊本市新任管理職研修スケジュール（関係個所のみ）

研修内容	日　時	対象者
第1回研修	4月17日（木）18:00～19:30 「教育活動の質を高める職員の協力体制と風土づくり」	新任校長
	4月16日（水）18:00～19:30 「教育活動の質を高める職員の協力体制と風土づくり」	新任教頭
第2回研修	6月25日（水）13:30～16:30 第4回研修に向けて① 　発表会までの動き・班別協議（役割分担・演習体験等）	新任校長、 新任教頭
第3回研修 トワイライト	7月31日（水）17:00～19:30 第4回研修に向けて② 　発表会当日の動き　事例問題についての班別討議	新任校長、 新任教頭
第4回研修	8月11日（月）9:45～16:30 午後：学校問題事例研究発表会	全校長
	8月22日（金）9:45～16:30 午後：学校問題事例研究発表会	全教頭
第5回研修	9月18日（木）18:00～19:30	新任校長・ 教頭
第6回研修	10月14日（火）13:30～16:30	新任校長・ 教頭
第7回研修	12月11日（木）13:00～16:50	新任校長・ 教頭

　熊本市教育センターの校長・教頭研修プログラムの特徴は、教育センターと小学校・中学校校長会が協力して作成したプログラムであるという部分は、もう一つの最大の特徴である。

　現在ではケース教材を作成するための作成部会を、小中校長会の協力を得て、校長職経験3～4年目の方に依頼して教材作成を行っている。その際、専門職基準の項目に基づいて、ケース教材を各専門職基準×2問という構成で作成している。

　熊本市教育センターでは「校長の専門職基準」をそのまま活用するのではなく、「新任管理職研修構想図」という形式に変換して活用している。「校長の専門職基準」の構造を組み替えて配置し、更に各基準の下位項目についても、学校現場で通用できる用語に読み替えて表現している。これらを元にケー

第 5 章　教育委員会と学会との連携

表 4　熊本版「新任管理職研修構想図」

全ての児童生徒のための教育活動の質的改善

↑

教育活動の組織化をリードする

専門職として求められる力

新任管理職研修
年7回
（うち3回はトワイライト研修）

6　倫理規範とリーダーシップ
学校の最高責任者としての職業倫理など

7　社会的・文化的要因理解
国内外の社会・経済・文化的動向を踏まえた学校教育のあり方など

4　諸資源の効果的な活用
危機管理体制のための諸活動のリードなど

5　家庭・地域との協働・連携
家庭・地域社会との協働・連携の必要性の理解など

2　質を高める風土づくり
教員が能力向上に取り組める風土醸成など

3　職能開発を支える風土づくり
教職員の職能成長が改善につながることの自覚など

1　共有ビジョンの形成と具現化
校長としての学校のビジョンの形成など

小・中学校教頭会　支援

小・中学校長会　支援

〈背景〉
1　大量退職に伴う新任管理職の増加及び管理職の経験知不足の解消
2　複雑・困難化する教育課題への対応
3　政令市となり、熊本市独自の管理職の登用

ス教材の作成にあたっている。研修会参加者である新任校長・教頭は自らが伸ばしたい基準項目を選択し、その選択項目に基づいてグループ編成・班別協議が行われた、参加者各自の課題を相対化する位置づけとして「校長の専門職基準」を活用したことも特徴である。

熊本市教育センターのプログラム開発では、それらを推進しているのが熊本市教育センターだけではない。市内公立学校の全校長・教頭の支援を受けて、多くの現任校長・教頭との共同作業でプログラム・ケース教材を開発している。ケース教材の分析、ディスカッション、評価についてもベテラン（先輩校長・教頭）を活用している取り組みなどは、教育センターと小学校・中学校校長会と小学校・中学校教頭会が一体となって推進した実践事例である。

２．宮本博規熊本市教育センター所長のインタビュー

インタビュー実施概要
  平成27年12月18日 9:30〜11:00
         第１回調査・事前打ち合わせ
         熊本市教育センター
         対象者：宮本博規　教育センター所長
  平成28年１月14日 9:30〜11:00
         第２回調査・インタビュー
         熊本市教育センター
         対象者：宮本博規　教育センター所長

平成26年度の新任管理職研修の再編過程について、現任の（平成27年度）熊本市教育センター所長の宮本博規氏にインタビューを行った。対象者である宮本博規教育センター所長はプログラムと計画の初期段階について、以下のように述べている。

> 「田中先生（恒次指導主事）が参加していたのですが、その頃からすでにセンターの方ではそれを基にして研修に取り組もうと考えていたように思います。その理由は25年度に人事権が大きく動く（平成24年度に政令指定

都市へ移行）と、校長の3割近い先生方が入れ替わるということ、だからこそプログラムを変えていかなくてはならないという部分が強かったように思います」

「私は当時校長という立場でしたので、計画レベルではわからないのですが、われわれ校長も急にこういうもの（専門職基準）があると聞いたわけで、当時の熊本市の背景と委員会全体がやらなければいけないというタイミングがあったのだと思います」

　管理職層の大量退職・大量採用という課題、更に熊本市の政令指定都市への移行、教員の人事管理権限の熊本県からの委譲等々の要因が重なり、平成25年度頃から新任管理職研修を再編しなければならなかった必要性が熊本市教育センターにあったことが伺われる。平成26年度は実際にプログラムを進めながら、田中恒次（前）センター指導主事の指導の下に、校長職14名（退職前）を選出しテキストを作成していった。
　管理職研修プログラムの作成過程についても質問したが、そこについてはいくつかの条件を述べている。特に、キャリアの職務内容の体系化を図り、知識・技術（専門性）の構成要素を体系化しなければならないが、熊本市教育センターのプログラム開発では、これらを「専門職基準」に論拠を求めている。このことについては以下のように述べている。

「専門基準において足りない部分とか、疑問に思ったことというのはあまり議論していないのではないかと、、、受講者の評価としてはアンケートとかは取っていますけど、、、それよりもまずはこれでやってみようと、これらを基準に当てはめて教材をつくってみようということではなかったかと、、、」

「専門職基準は7つありますでしょ、その下位項目が5つぐらいあるじゃないですか、けれどもこれを全部やるにはなかなか難しかったので、それで7つの基準項目と5つの下位項目の中間に2項目の解釈する基準を自分

たちで作成したんです、、、それに合わせて2つずつ計14個の教材を作成したという経緯がありますね、、、これを問題作成委員会でやったということですね、、、」

　研修機関としての教育センターにとっては、知識・技術（専門性）の構成要素を明示することによって、プログラムを編成することも重要ではあるが、それ以上に重要なのは、それらを具体的な指導機会において教授する指導法や教材開発のプロセスである。この部分を教育センター（指導主事）だけではなく、校長会と協力関係を維持しながらプロジェクトを進め、問題作成委員会として組織化していったことも一つの特徴である。

　「最初はベテラン校長に頼んでいたのですけど、今はベテランの校長先生ばかりでなく経験3～4年目の校長先生にもお願いするようにしています。その辺りの校長先生ですと，少し校長先生の仕事に落ち着き始めた頃ですから、、、」
　「校長全員で、また教頭全員で研修を行うんだけど・・・新任校長が研修教材を「自分だったらこうする」「私ならこう考える」という提案をする、それでそれを協議するという研修会を夏休みに行うようにしたんです、、、、校長先生方は単に問題を作るだけでなく、それを議論したり、アドバイスしたり、みんなで意見交流しながら研修を深めようと考えたわけです、、、」

　問題作成委員会の編成については、新任校長・教頭研修という対象者のキャリアステージに対して、どのような職務内容を求めるのか、新任校長だからこそ必要とされる知識・技術をプログラム化するための細かな配慮がなされている。ベテラン校長の視点と経験3～4年の校長の視点から問題作成を行うことにより、より多角的な視点を盛り込もうとしている。
　実際の研修会（指導場面）では、受講者は自らの関心に基づくグループに編成され、それぞれのケース教材に対する解釈に基づく提案（自らの視点・解釈）、ディスカッションに参加する。講義場面でのディスカッションの展開については教育センターの指導主事や校長会のベテラン校長からのアドバイ

第5章　教育委員会と学会との連携

ス等を受けることになっている。校長会と協力関係を築きながら、校長・研修会が形成されていることも特徴である。

新任校長・教頭研修における、ケース教材の活用についても聞いた。

> 「ケース教材は新任校長も新任教頭も同じものを使用していますが、設問によって違う内容で答えるように工夫しています、、、ケース教材は全ての新任（校長・教頭）管理職研修で使用するというわけではないですね、、、講義形式で教えてほしいことについては、例えば浅野（良一）先生や元兼（正浩）先生に等に指導してもらう部分があったりしますので、、、だから全部が全部ケース教材を使用するということにはなっていません、、、」

> 「問題作成委員会がありますので、作ることもありますし、更に作っただけではなくそれを理解してもらうことにも校長先生が参加するという、この関係性がありますよね、、、」

ケース教材を活用した講義において課題となりやすいのは、ケース教材が示す表現が、受講者が持つ学校イメージと異なる場合である。例えば学校予算や人事配置等は自治体によって大きく異なるため、表現の取扱が難しい。熊本市教育センターが中心となって作成した「事例集」は、熊本市の管理職研修プログラムだからこそ活用できるともいえる。熊本市の教育課題を学校単位の課題として最も理解している校長経験者を、教育センターの問題作成委員会で組織化することを通じてこれらを実現している。この点については、政令指定都市という利点についても語っていた。

> 「政令指定都市とはいっても、地理的には大きくないので、、、全く知らない学校というのはそんなに多くはないんです、だから、ケース教材といっても知らない学校というイメージはなく、すんなりと入っていけるのではないでしょうか」

> 「熊本市の教育施策という部分についても考えてもらうように、ケース教材を考えてつくっています、だからこそ、熊本市の学校課題を校長先生方で考えることができる、そのための教材ですよね、これを新任だけでなく、

校長会を含めて、校長先生全体で共有できる機会になっているのかも、、、」

　自治体レベルの教育施策や政策理念という部分を、各学校単位の校長が共有化を図る意味が管理職研修プログラムの中にも包含されている。管理職研修プログラムは個々の人材育成という価値も重要ではあるが、各学校単位の管理職層の教育施策レベルの目標共有を促進する意味として考えられている部分も、熊本市教育センターの研修プログラムの特徴である。

第4節　終わりに

　日本教育経営学会の実践推進委員会として提案してきた「校長の専門職基準2009」を活用し、それらを基盤に管理職研修プログラムを実践した熊本市教育センターの取組について述べてきた。今回の事例は、研修機関におけるプログラム開発の事例へと発展した初めての事例であるため、本事例がモデルとなって、更に他の教育センター等の研修機会で発展することを願う。本事例に対して、今後の展開に対する期待という部分を含めていくつかの要点を述べたい。

　第3期実践推進委員会の取組の中核の一つは、専門職基準の活用にあったといえる。特に「ケースメソッド」という一つの指導法を取り上げ、それらを教育委員会・教育センターの担当指導主事と協力して開発した共同開発プロジェクトの役割が大きかった。「校長の専門職基準」を通じた人材像の共有化、ケースメソッド教材開発を通じた専門性内容の具体化、実際の指導場面における指導法についてのディスカッション、これらのプロセスを基盤として熊本市の実践事例が展開していくことになる。おそらくケースメソッドの共同開発、そして研修機会が無ければ、担当者（熊本市教育センター指導主事）が熊本市教育センターの管理職研修プログラムに導入しようと提案することは無かったであろう。

　熊本市の実践事例では、政令指定都市への移行という制度要因が背景として存在し、教育委員会・教育センターも管理職研修の開発へと展開していく。そこでは、教育センターが全ての開発事業を担うという視点ではなく、事業

全体計画、研修教材開発、指導助言者・ファシリテーター等の役割を、教育センターと校長会・教頭会が協力しながら進展していく。ケース教材でのディスカッションの分析、アドバイス・評価という多面的な取組についても、多くの熊本市内の校長・教頭の協力を得て組織化を図っている。

　管理職研修プログラムの年間計画に組み込むことによって、市内の校長・教頭が主体的参加者となって協議を進める。校長経験者の実務体験を元に、ケース教材化を図ることで、熊本市版の学校課題の共有化を高めることにつながっている。研修の意義や目的を具体的な教材開発を通じて論じることによって、相乗効果が生じている。改めて熊本市教育センターの取組を評価したい。

　今回の事例分析を通じて、課題として指摘できることがある。「専門職基準」の役割については、校長（専門職）として求められる能力構成（要素）についてはおそらく今後も議論はされるであろうが、事例分析のように一定の活用の方途は見えてきている。一方で、それらをプログラム編成基準、プログラムの実施効果向けた評価指標とした場合、現行の「専門職基準」の課題では克服できていない部分が強い。専門職基準は、プログラム等の内容基準としての役割だけでなく、校長の能力獲得に対する評価基準等にも活用が可能である。可能性はより多面的であるため、それらの促進を踏まえて「専門職基準」の見直しを図る必要がある。

　熊本市教育センターの実践にとどまることなく、その他の実践事例の拡大にも第3期実践推進委員会委員の一人として、今後も尽力していきたい。

（大竹　晋吾）

引用・参考文献
・榎本龍也（2014）「これからの学校管理職の力量形成と その機会に関わる研究の現状について」、和歌山県教育委員会『和歌山県教育センター研究紀要』、http://www.wakayama-edc.big-u.jp/kenkyukiyo26/H26/H26_3.pdf（2016./02/01）
・小柳和喜雄（2014）「学校での専門（職）資本の開発・支援に関わる基礎調査報告」、奈良教育大学教職開発講座（教職大学院）『奈良教育大学教育実践開発研究センター研究紀要』第23号、223-237頁．
・神居隆・加茂紀子・蔭山佐智子・椙田雅隆・佐藤修司（2015）「スクールリーダーの資質

能力に関する一考察」、秋田大学教育文化学部『秋田大学教育文化学部研究紀要（教育科学部門）』70集、159-168頁．
- 佐古秀一（2014）「学校組織マネジメント研修プログラムの構成と効果に関する研究──学校組織開発理論に立脚した論拠と有効性の基盤を有する組織マネジメント研修の開発──」、鳴門教育大学『鳴門教育大学研究紀要』29巻、122-133頁．
- 静岡県教育センター教職員研修課マネジメント研修班（2013）「「マネジメント力構成要素表」に基づいた、教職員の資質能力の向上に関する研究」、『静岡県教育センター紀要』18号．

    http://www.center.shizuoka-c.ed.jp/kenkyu/kenkyu25/kyousyoku.pdf（2016./02/01）
- 武井敦史、高橋望（2013）「校長の専門職基準」の活用可能性：静岡県指導主事研修の実施結果を手がかりとして」、静岡大学教育学部『静岡大学教育学部研究報告人文・社会・自然科学篇』．63号、145-160頁．
- 長崎県教育センター（2013）『校内研修のてびき－よりよい学校づくりを目指した計画的・組織的・継続的な校内研修の推進』（各小学校・中学校・高等学校版）

    http://www.edu-c.pref.nagasaki.jp/kounaiken/tebiki.html（2016./02/01）
- 兵庫教育大学（2015）『国立大学法人兵庫教育大学新しい時代に対応する学校管理職マネジメント研修会報告書』、平成26年度：文部科学省総合的な教師力向上のための調査研究事業：管理職を養成する仕組みの確立

    http://www.mext.go.jp/component/a_menu/education/detail/__icsFiles/afieldfile/2015/12/14/1364417_01.pdf（Date:2016./02/01）

巻　末

専門職基準関連論文

　巻末では「校長の専門職基準」への理解を深めるために、関連する論文を渉猟し、基準ごとに整理し簡単なレビューを行った。調査対象は日本教育経営学会、日本教育行政学会、日本教育制度学会、日本教育学会、日本教育政策学会、日本教師教育学会、日本教育方法学会、日本カリキュラム学会、日本教育社会学会等の関連学会誌の主に過去7年分（2009〜2015年）である。基準の下位項目によっては該当する論考がないケースもあり、その場合はさらに過去に遡ったり、他学会・研究会誌や大学紀要掲載の論文も集めて調査した。もちろん論文執筆者本人は「専門職基準」のことを意識して書かれたわけではないし、内容的には複数の基準・下位項目に跨っている内容も少なくないが、ここでは基準・項目の方から出発して、専門職基準の内容に繋がっていると考えられる論考を広く紹介しておきたい。

基準1 「学校の共有ビジョンの形成と具現化」

校長は、学校の教職員、児童生徒、保護者、地域住民等（の学校関係者）によって共有・支持されるような学校のビジョンを形成し、その具現化を図る。

基準の目的は、学校の課題解決のために教育活動の方針としての学校のビジョンを校長が提示することや、教育活動の指針としてのビジョンを学校関係者と共有する取り組みとその後の実践、検証の手順を示すことにある。校長が「学校の共有ビジョンの形成と具現化」を実現するためには、以下の5つの小項目に取り組む必要がある。

小項目1 「情報の収集と現状の把握」

校長は様々な方法を用いて学校の実態（児童生徒の学習・生活、教職員の資質・能力や職務の実態、保護者・地域からの期待、地域社会の環境、これまでの経緯など）に関する情報を収集し、現状を把握する。

学校の実態や取り巻く環境に関する状況の把握は、校長がビジョンを形成するにあたって前提となる能力である。その際、様々な方法を用いて、学校の実態に関する情報の収集をする必要がある。学校を取り巻く環境・社会は常に変動しており、その中で児童生徒・保護者・地域は多様な価値観・ニーズを持っている。さらに今日の学校現場にはスクールカウンセラーやスクールソーシャルワーカー等の外部人材が登用されており、より複雑・多様な教職員組織へと変容している。このような学校内外の多様さは校長が情報を収集し、現状を把握することを難しくさせているものの、多様さの把握は今後よりいっそう求められる能力になるとも言えるだろう。以下の論文は、主に保護者に焦点を当てており、校長が情報収集や現状把握を行う際に参考になると考えられる。

片山紀子（2013）「社会変動と子どもをめぐる課題」『日本教育経営学会紀要』第55号、pp.14-26

本研究は、社会変動の中にいる子どもの現状と課題を整理したのちに、教育経営の中で子どもを取り扱うことの難しさを論じている。特筆すべきは、子どもを取り扱う際、その背後に存在する保護者の多元的価値について言及している点である。つまり、学校運営協議会等を巻き込み、多元的価値を考慮しながら積極的に合意の獲得を図る必要性を述べている。校長が子ども・保護者等を取り巻く状況の正確な把握や情報収集を行うことは、合意の獲得に寄与するだろう。

小項目2 「校長としての学校のビジョンの形成」

学校の実態と使命を踏まえつつ、教職員や学校関係者から理解され意識化される学校のビジョンを目指して、自分自身の教育理念や見識に基づいて学校のビジョンを構想する。

校長が教育活動の方向付けとしてのビジョンを形成する際に求められる能力は、これまでの教育経験や様々な知識に基づいた構想力や判断力などの教育に対する確かな見識である。見識によるビジョンの形成・共有が教職員や学校関係者から理解され意識化されるビジョンとなり得るのである。校長が見識によって教育活動の方向付けを行った事例を取り上げた研究がある。校長による自身の教育理念や見識に基づいた共有ビジョンが如何に重要であるのかが窺えるものである。

古田雄一（2015）「アメリカの貧困地域の学校におけるシティズンシップ教育の意義と可能性 ──『パブリック・アチーブメント』の導入事例の分析を通して──」『日本教育経営学会紀要』第57号、pp.110-124

本研究は、ある貧困地域の学校に赴任した校長がパブリック・アチーブメント（以下、PA）に取り組んだ事例を分析するものである。校長はPAを、無力感を植え付けられていた子どもに、自身の力に気づかせ、社会に変化を

もたらす主体としての成長を支援する意図で導入している。PAの導入は子どもたちの自尊心の回復や効力感の獲得だけでなく、教師や地域住民の子どもへのまなざしの変化等も確認されている。

小項目3 「関係者を巻き込んだ学校ビジョンの共有化」

校長は学校の実態と使命を踏まえつつ、すべての教職員、児童生徒、保護者、および地域住民等を巻き込みながら学校ビジョンの共有化を図る。

校長は学校ビジョンの具現化を図るために、ビジョン形成段階において教職員との話し合いや児童生徒、保護者などと十分なやりとり等、関係者を巻き込みながら形成する必要がある。その際、重要になる能力として、意見調整と協働の組織化が挙げられる。なぜなら、学校における教育実践の最終的なねらいは、教職員とともに、児童生徒や保護者、地域社会の期待や願いを実現することにあり、多くの関係者による多くの意向を踏まえる必要があるからである。ビジョン共有化の機会として、教職員や児童生徒に対しては職員朝礼や儀式での講話等、保護者に対しては地域行事のあいさつや学校運営協議会等、様々準備されている。以下の研究は、学校運営協議会を通したビジョン共有化について言及しており、関係者を巻き込むことに関して示唆的である。

大林正史（2011）「学校運営協議会の導入による学校教育の改善過程 —— 地域運営学校の小学校を事例として ——」『日本教育行政学会年報』NO.37、pp.66-82
　本研究では、学校運営協議会導入による学校教育の改善過程を解明している。ここでは、校長が学校の課題を明確にしておくことが学校改善において重要であることを明らかにしている。さらに特筆すべきは、学校運営協議会の意味付けをめぐるコンフリクトの発生から解消にいたる過程を描いた点である。つまり、ビジョン共有化の難しさが看取されるだけでなく、学校関係者を巻き込みながらビジョンの形成をすることで学校改善へとつながる可能性を示したものであると言える。

小項目4 「共有ビジョンの具現化」

校長は学校の共有ビジョンを具現化するためにカリキュラムおよび校内研修等の計画を具現化する。

校長は学校の共有ビジョンを具現化するために、意図的・計画的に校内研修等を実施していくことが求められる。なぜなら、小項目1でも述べた通り、今日の学校現場には正規教員以外に多様な人材が多く参入しているため、意図的・計画的に実施しなければ共有ビジョンは具現化できないからである。またビジョン具現化のためのカリキュラム作成も重要である。カリキュラムは学校の様々な教育活動の教育計画であるため、それがビジョンの内容と関連付けられていなければならず、校長はそのカリキュラムが実践されるように絶えず教職員に働きかける必要がある。校長の働きかけの効果について以下の論文が関連している。

露口健司（2013）「専門的な学習共同体（PLC）が教師の授業力に及ぼす影響のマルチレベル分析」『日本教育経営学会紀要』第55号、pp.66-81

本研究は学校組織における専門的な学習共同体（professional learning community、以下PLC）が教師の授業力に及ぼす影響についてマルチレベル分析（multi level model）の方法で明らかにしている。本研究で注目すべきは、学校レベルのPLCと教師の授業力の影響関係を解明する上で、校長のリーダーシップの影響力を無視することは困難であるとし、校長がリーダーシップを発揮できている状況下において、PLCは教師の授業力を促進すると仮定している点である。結果として、校長からの効果的支援を実感している教師にとって、同僚の授業観察後の意見交換、授業公開の習慣化、同僚からの効果的フィードバックといった要素は授業力の向上につながりやすいことが明らかになっている。

基準1「学校の共有ビジョンの形成と具現化」　　　253

小項目5「共有ビジョンの検証と見直し」

校長は学校の共有ビジョンを絶えず検証し、見直しを図る。

　小項目1でも述べた通り、学校を取り巻く環境（社会）は常に変動している。社会変動に伴い学校の実態も常に変化していると言え、それらの状況把握により、共有ビジョンの内容を検討することが求められる。たとえば学校統廃合や都市開発等は学校の実態を急変させる要素となりえ、その際、共有ビジョンを早急に検討しなければならないだろう。校長は共有ビジョンの検証結果とともに、学校の実態と果たすべき役割を踏まえて、学校のビジョンを見直さなければならない。そのために校長は、共有ビジョンの実践状況の把握と改善点の明確化や評価の手法を身につけておく必要がある。以下の論文は、共有ビジョンの検証と見直しが学校全体の改善へとつながる様子を描いている。

加藤崇英（2011）「学校評価と学力保障の課題」『日本教育経営学会紀要』第53号、pp.46-57
　本研究は学校評価による学力保障の今日的課題について指摘しているものである。学習に関する何らかの評価が校内組織運営のプロセスを通じて組織全体にフィードバックされ、その情報への検討や共有が教職員の認識を変え、新たな課題を設定し、学校全体の改善へと結びつくことを指摘している。

基準2 「教育活動の質を高めるための協力体制と風土づくり」

校長は、学校にとって適切な教科指導及び生徒指導等を実現するためのカリキュラム開発を提唱・促進し、教職員が協力してそれを実施する体制づくりと風土醸成を行う。

すべての児童生徒が能力や個性を伸長できるカリキュラムを開発するためには、まず児童生徒の発達段階や、これからの社会を生き抜いていくために児童生徒に求められる能力についての理解を深めていかなければならない（小項目1）。次に、教職員や保護者が納得でき、かつ学習指導要領に基づいたカリキュラムを開発しなければならない（小項目2）。そして、あらゆる児童生徒が、学習意欲をもち、安心して学べるような環境（学校施設のようなハード面やカリキュラム編成・実施のようなソフト面）をデザインしたり（小項目3）、教職員が質の高い教育実践を協力して推進して（小項目4）、新しい教授方法や教材開発に取り組む風土を醸成したりすることができるようにしなければならない（小項目5）。

小項目1 「児童生徒の成長・発達に対する校長の責任」

校長は、学校教育を受けることによってあらゆる児童生徒が成長・発達できるようにすることを、学校の担うべき責任として自覚する。

現在、子どもを取り巻く社会には、環境問題や資源・エネルギー問題など、国境を超えて解決しなければならない問題が山積している。そこではすべての人が納得する「正解」は存在せず、自分のもつ知識を豊かに活用しながら、他者と協働して状況に応じた最適解を創り出していかなければならない。このような社会を、子どもが豊かに生き抜くために必要な力とは何か、校長は絶えず求め続けなければならず、その責任を自らがもつことを、自覚しなけ

ればならない。

　絶対の「正解」が存在しない社会では、子どもは自分の獲得した知識を活用することが求められる。「どれだけ知っているか」という「知識の量」ではなく、「いかに使うか」という「知識の活性化」[i]が必要となる。そのために学校は、子どもの成長・発達の基礎・基本となる学力を明らかにした上で、子どもに身につけさせることができるよう、組織として努力しなければならない。

山﨑保寿（2010）「学力の向上と学校の組織力 ── 学力向上問題の多層的位相と学校の組織的対応の課題 ──」『日本教育経営学会紀要』第52号、pp.27-36

　本論文は、学校にとって、児童生徒の学力向上は重要な社会的使命とした上で、教育委員会が全国的な動向や学力の傾向を捉えて、地域色豊かな支援策を行うことが学校の組織力を高めることに有効であることを述べている。また、学校内においても、学力向上に関するテーマを設定して校内研修と授業改善を有機的に関連づけるなど、組織的に行うことも基本的方法として挙げている。明確なビジョンと目標、そして教育課程の共有化が組織力を高めるための基本的条件なのである。いかに組織として学力向上に対し、具体的に取り組むかについての示唆を与えてくれる。

小項目2「共有ビジョンを具現化するカリキュラム開発」

　校長は、学校の共有ビジョンの具現化のために、教職員や保護者の協力を得ながら、児童生徒の実態と学習指導要領に基づいたカリキュラム開発を実現する。

　各学校は、地域や学校の実態に応じて、カリキュラムを編成しなければならない。そのため校長は、学習指導要領を深く理解しておく必要がある。学

---

[i] 奈須正裕編（2015年）「新しい学びの潮流1　知識基盤社会を生き抜く子どもを育てるコンピテンシー・ベイスの授業づくり」ぎょうせい

習指導要領とは、全国のどの地域で教育を受けても、一定の水準の教育を受けられるようにするため、文部科学省が学校教育法等に基づき、各学校で教育課程（カリキュラム）編成する際の基準を定めたものであり、学校教育法施行規則では、標準授業時数等も定められている。その上で、地域の実態に応じたカリキュラム開発も求められている。子どもや教職員、保護者、地域の納得と協力が得られた、学校独自のカリキュラム開発を行うためには、「教育課程（カリキュラム）」の変遷も含め、地域教育経営の視点からも、カリキュラム開発を考えるなど、多面的に知っておく必要がある。

植田健男（2009）「教育課程経営論の到達点と教育経営学の研究課題」『日本教育経営学会』第51号、pp.34-44

　「教育課程」といわれると、多くの場合、学習指導要領を指しているが、学校で新たにつくられることになるはずである「教育課程」との関係性や相違が踏まえられずにほぼ同義のものとして捉えられている。本研究では「教育課程」を「経営」するという視点が捨象されてきた背景とその結果が述べられている。「教育課程」と学習指導要領の関係から、歴史的経緯のなかで「教育課程」に与えられようとした「経営論」的な意味内容を考察した論稿であり、教育課程を自校で開発するときの基礎的知識となる論稿である。

石井拓児（2010）「地域教育経営における教育課程の位置と構造 ── 内外事項区分の教育経営論的発想 ──」『日本教育経営学会』第52号、pp.65-79

　本論文は、北海道宗谷地方の教育課程経営の具体的展開を事例に、内的事項はもとより外的事項をも含みこむような教育課程が各学校で編成されることからすれば、両事項は密接に関連性を持つものであることを重視すべきだとしている。

　内的事項や外的事項を関係づける方法が述べられており、保護者や地域、教育行政を巻き込んで、自校のカリキュラムを開発するときの示唆を与えてくれる。

小項目3 「児童生徒の学習意欲を高める学校環境」

　校長は、あらゆる児童生徒が、高い学習意欲を持ち安心に学ぶことができる環境を校内に形成するように教職員をリードする。

　子どもが生活する場である学校は、一つの学習環境であると同時に、学校のもつ強みや特徴をアピールするためのツールでもある。子どものやる気を引き出すことのできる掲示物や、子どもが落ち着いて学習に集中できるような教室整備、子どもが使いやすいように整備された清掃道具入れなど、学校環境をデザインすることは、子どもの学習意欲を高める上で重要である。また、このような環境を保護者や地域、教育行政に見てもらうことは、その学校が大切にしている教育理念をアピールすることになり、理解や協力を得やすくなると考えられる。

堀井啓幸（2013）「学校改善を促す教育条件整備 ―― 「使い勝手」の視座を参考に ――」『日本教育経営学会』第55号、pp.2-13
　児童・生徒・教員、学校、家庭、地域それぞれの立場を考えるという意味を込めて「使い勝手」という言葉を使用し、その視座をトータルに生かす教育条件整備（研究）の事例を提示している。地域ぐるみで学校組織、教育課程、学校施設の3つの条件を整備したオープンプラン・スクールは、新たな学校経営の形についての示唆を与えてくれる。

小項目4 「教職員の意欲向上に基づく教育実践の推進」

　校長は、教職員が高い意欲をもって、より質の高い教育実践を協力して推進できるようにする。

　大量採用期世代の教員が退職期を迎えることと、少子化の影響から、学校規模が小さくなったり、教員の年齢構成のいびつさが生じたりしてきている。そのため、少数の中堅教員が、多数の若手教員を指導しなければならなくな

り、学校で培われてきた教育理念や指導技術を引き継ぐことの難しさが挙げられている。このような中、いかに校長がリーダーシップをとって、教育理念を教員に納得させ、チームとして質の高い教育実践を行っていくかが求められている。主幹教諭や指導教諭が設置され、いわゆる鍋蓋式やフラット型と言われた組織から、重層型の組織やチーム形成による機能的な組織などに転換したことからも、校長だけのリーダーシップではなく、校長、教頭、主幹教諭、指導教諭等がチームとしてリーダーシップをとることが求められるのである。

露口健司（2009）「学校組織におけるチームリーダーシップと教師効力感の影響関係」『日本教育経営学会』第51号、pp.73-87

　本論文は、変革型チームリーダーシップは学校全体の集団的効力感を高める効果を有しており、学校全体の集団的効力感は、学年チームマネジメントや学年チーム効力感を媒介して間接的に影響を及ぼし、教師の教職経験年数や保護者との信頼関係よりも、学年チーム効力感の方がクラスレベルの自己効力感をより規定していることを述べている。

　校長個人の影響力ではなく、校長・教頭・教務主任らによるチームの影響力に焦点化したチームリーダーシップの研究である。校長が、教職員の意欲を向上させるために、学校経営のあり方や校内人事配置に対する示唆を与えてくれる。

小項目5 「教員が能力向上に取り組める風土醸成」

　校長は、より質の高い教育を実現するために、絶えず新しい教授方法や教材開発に取り組むことができるような風土を醸成する。

　授業研究は、教員が協働しながら、自分の授業改善を図って各学校で行われてきた。この授業研究は近年、授業を通じた学び合う学校づくりをめざすものとして国際的に注目されている。秋田（2008）は、授業を同僚と共に探究する営みは、教師個人の専門的資質のための学習であるだけではなく、教

職員の同僚性の絆を形成し、一つの教育ビジョンを共通し学校づくりに向かうのに最も有効な方法であると指摘した。その意識は、教師の経験の内側から証明され、様々な意識調査等でも明らかにされてきているとしている[ii]。校長は、これらのことを前提とした上で教職員への理解を促し、子どもの成長のために、絶えず先進的な教授方法や教材開発に取り組んでいこうとする学校の風土を醸成していかなければならない。

[ii] 秋田喜代美・キャサリン・ルイス編（2008年）「授業の研究　教師の学習　レッスンスタディへのいざない」明石書店

基準3 「教職員の人材育成」

校長は、すべての教職員が協力しながら自らの教育実践を省察し、職能開発を続けることを支援するための体制づくりと風土醸成を行う。

この基準の目的は、教職員の人材育成を支える教職員の人材育成を支える協力体制と風土を構築するための校長のあり方、意識、方法を示すことである。校長には、すべての教職員が職能開発を行うことを支援・奨励し、そのための環境・体制を構築することが求められる。以下の5つの小項目を設け、この基準の具体的内容を示す。

小項目1「教職員の人材育成が改善につながることの自覚と責任」

校長は、すべての教職員の人材育成を図ることが、あらゆる児童生徒の教育活動の改善につながるということを自身の責任として明確に自覚する。

校長には、個々の教職員の職能成長が学校組織全体の活動の質の向上を導き、それが児童生徒の発達、教育活動や質の向上に資することを明確に自覚し、そのために必要かつ有効な手立てを適切に講じていくことが求められる。

本項目では、校長が教職員の職能成長を促していく手段を講じること、そのことがあらゆる児童生徒への教育活動の改善につながるということを自己の責任として明確に自覚すること、そして、教職員一人ひとりの人材育成を展開していく素地を構築し、教職員が自ら積極的に職能開発に取り組めるよう、自発性、自主性を重視した取組の必要性を説いている。このことに関連するものとして、以下のような論稿が挙げられる。

藤原文雄（2014）「教職員の多様化とダイバーシティ・マネジメント ── 国際動向も踏まえて ── 」『日本教育経営学会紀要』第56号、pp.24-34

今日の学校においては「教員」に限定されない、さまざまな関連職員によ

基準3「教職員の人材育成」　　　　　　　　　　　　　261

る「教職員」からなる「チーム」が組織される必要性が高まりつつある。本論文では、多様な教職員改革と教職員教育を進めたイギリスの事例を挙げて、今後の教師教育・教職員教育のあり方が提起されている。校長として、勤務形態や職種、職務の異なるあらゆる教職員の資質能力を開発し、支援していくための一つの可能性が見出される論稿であると考える。

小項目2「教職員一人ひとりの職務能力・課題意識の理解と支援」

教職員一人ひとりのキャリア、職務能力を的確に把握し、各自の課題意識や将来展望について十分に理解し、支援する。

校長には、効果的な人材育成のために、教職員の現況を把握、理解し、個性、特長、職能成長の可能性を分析することが求められる。そして、この十分な理解や分析の上に、適切な支援が成り立つ。さらには、次世代のリーダー育成に資する展開や視点を持った支援を行い、教職員に今後の自らのキャリア展望を意識づけさせていくことも校長に求められる重要な役割である。

本項目では、教職員の理解・支援の必要性や、実施上の視点や在り方などを提案している。このことに関連するものとして、以下のような論稿が挙げられる。

高橋哲（2015）「行政改革としての教員評価＝人事評価制度 ── 日米比較からみる教員評価政策の日本的特質 ── 」『日本教育行政学会年報』No.41、pp.37-55

本論文は、アメリカとの教員評価との比較を通して、日本における教員評価制度のあり方を検討したものである。行政改革に起源をもつ日本の教員人事評価と、あくまでも教職員の職能開発を期して発展してきたアメリカの人事評価の違いが指摘されている。校長として、人事評価という制度を、よりよい教職員の理解・支援のための政策としてとらえる視点を提起した論稿であると考える。

藤井穂高（2015）「学校の自律性と子どもの自律性」『日本教育経営学会紀要』第57号、pp.14-23
　本論文では、しばしば教育学において議論にあげられる教育の「自律性」についてまとめられている。本論文において、校長をはじめとする管理職員によって、命令的・管理的な指導を受けた教職員は、児童・生徒に対しても制御的な指導を展開する傾向があることが指摘されている。子どもたちの学習意欲を引き立たせるための、校長による支援的なリーダーシップの必要性を読み取れる論稿である。

小項目3「教職員一人ひとりの目標設定を通して職能開発をリード」

　学校の共有ビジョンの実現のために、一人ひとりの人材育成と学校としての教育問題の解決を促すための研修計画を立案するよう教職員をリードする。

　校長には、各教職員が持つ特性を理解し、広い視野から学校組織を調整することで、学校としてのビジョンや目標を実現する役割が付されている。そのためには、校長は教職員に対して、学校全体のビジョンや目標を共有させ、それをふまえた個々の目標設定を促し、学校としての一体感を構築していくことが求められる。
　本項目では、学校組織全体としてのビジョンをふまえた個々の教職員の目標設定を行わせることの必要性や効用を指摘している。このことに関連するものとして、以下のような論稿が挙げられる。

諏訪英広（2015）「教員評価における目標管理の効果及びその影響要因に関する検討 ―― 学校段階間比較の視点から ―― 」『日本教育経営学会紀要』第57号、pp.94-109
　本論文では、目標管理制度を教員の資質能力の向上と学校組織の活性化につなげるためのツールとして活用するために、教員評価における目標管理の運営実態をふまえた、効果的な運用方法が検討されたものである。校長として、目標管理という制度を、教職員の職能成長、ひいては学校改善に役立て

るための可能性を示唆する論文であると考える。

小項目4「教育実践を軸とした相互交流と省察」

　日々の教育実践を相互に交流し合い、協力して省察することができるような教職員間の人間関係づくりを形成する。

　教職員は学校組織の主構成員であり、学校の有する資源において最も大きな比重を占めるものである。校長には、個々の教職員の強み、長所を生かすことのできるような組織設計が求められ、同時に、個々の教職員も専門職集団の一員として、互いに組織力を高めていくことが必要とされる。しかし、現実には職員間の協働性を実感しにくくなっている状況があり、業務の個業（孤業）化、職員間の関係性の希薄化は、深刻な課題である。

　本項目では、このような課題をふまえ、教職員間の組織力を高める1つの方法として、児童・生徒の発達や、それぞれの教職員による教育実践をめぐって語り合う関係づくりや場の設定の必要性を論じている。このことに関連するものとして、以下のような論稿が挙げられる。

新谷龍太郎（2014）「米国における『専門職の学習共同体（Professional Learning Communities：PLCs）』の検討 —— デュフォーのモデルを発展させた中学校の事例を通して —— 」『日本教育経営学会紀要』第56号、pp.68-81
　本論文では、「専門職の学習共同体」の実態と課題を明らかにすることを目的に、米国で広く採用されるリチャード・デュフォーのモデルに基づく実践を発展させているリランド中学校の事例を取り上げ、その分析を行っている。この論文において、指導改善に向けた教員の省察的対話を行う場が形成されたことにより、教員の協働の意識を高めてきたことが指摘されている。校長として、ある教育実践に沿った教職員同士の対話の場を位置づけていくことが、協働の意識や教員の学びを促す可能性を示唆する論稿であると考える。

小項目5 「同僚性と協働性にたった教職員の風土醸成」

教職員の間に、協働、信頼、公正の意識が定着するような風土を醸成する。

　学校という組織が円滑に機能していくためには、組織の主要な構成員である教職員間に良好な関係性が構築されていることが肝要である。校長には、教職員間において同僚性や協働性が構築され、学校のビジョンや個々の目標の実現・達成に向けた思いが共有されることを期し、教職員間に学び合い、高め合う関係性を構築していくことが期待される。

　本項目では、上述したような良好な教職員組織の風土醸成のために、ホリスティック（全体的）な教師像にたった社会構成主義的リーダーシップと、持続的に学び合う校内研修の実施の必要性が提起されており、その結果生まれる学校組織としての連帯感が、協働、信頼、公正といった意識の定着した風土づくりを醸成していく可能性を指摘している。このことに関連するものとして、以下のような論稿が挙げられる。

三浦智子（2014）「教員間の協働の促進要因に関する計量分析 —— 学校組織の社会的・制度的環境に着目して —— 」『日本教育行政学会年報』No.40、pp.126-143
　本論文では、教員間の協働に対して影響を与える因子「教員集団の規模・構成」、「教育委員会による助言、支援」、「保護者の教育関心」という3つの視点から分析が行われている。校長として学校内に協働の風土醸成を企図するにあたり、その条件を学校内部のものに限定せず、教員配置や人事、教育委員会その他外部専門機関との連携、保護者・地域との関わりといった外的な要素をふまえて学校運営を行うことも、教員間の協働に対する意識形成に大きな意味を持つことを示唆する論稿である。

佐古秀一・竹崎有紀子（2011）「漸進的な学校組織開発の方法論の構築とその実践的有効性に関する事例研究」『日本教育経営学会紀要』第53号、pp.75-90
　本論文では、児童・生徒側の実態・課題を教員が把握し、その課題解決を学校全体の課題に設定して、その課題解決に向けて、授業研究をはじめとし

た指導改善に取り組んだ学校の事例を紹介している。課題意識の共有と対策を切り口とした協働による学校の組織化に関する知見が述べられている。校長として、児童・生徒の学習・生活指導上の課題目標を学校全体で解決していくよう努め、その手順を組織化することによって、教職員間の組織力・同僚性を高めていく可能性について事例を挙げて示唆した論稿であると考える。

基準4 「諸資源の効果的な活用と危機管理」

　校長は、効果的で安全な学習環境を確保するために、学校組織の特徴を踏まえた上で、学校内外の人的・物的・財政的・情報的な資源を効果的・効率的に活用し運用する。

　校長には、学校内外にある様々な資源を効果的・効率的に運用し、児童生徒の学習環境の最適化にむけて組織をリードすることが求められる。この基準の目的は、とりわけ、児童生徒や教職員の特徴、加えてそれらから影響を受けるなかで育まれる学校風土などは、学校の教育活動に大きな影響を及ぼす要因となるため、それらの実態を踏まえた上での行動が校長には求められる（といえる）。

小項目1 「教育活動の質的向上を図るための実態把握」

　学校としてのビジョンの共有状況、教育活動の質、及び教職員の職能開発について、様々な方法を用いて絶えず実態を把握する。

　等身大にたった教育実践とその質的向上を図るための戦略として、ビジョンの共有状況、教育活動の質、教職員の職能開発などに関する実態把握が求められる。その手段たる関係者間での日常的なコミュニケーションは欠かすことのできない要素であるといえる。他にも教職員や児童生徒あるいは保護者を対象としたヒアリング、学校内外でのフォーマルな会議および各種委員会の活性化などの努力も可能である。現状理解が実態から乖離してしまうことは時に、不必要な業務を発生させ、教職員や児童生徒のおもわぬモチベーションの低下を招くことになることにも留意が必要だ。

髙妻紳二郎(2012)「教員の資質向上に資する人事行政の課題——「養成＝採用＝研修の一体化」をめぐる議論の再検討——」『日本教育行政学会年報』NO.38、pp.2-18

　髙妻(2012)は、中教審や各種学会での教員の資質向上に関する議論や取り組みに関する資料を渉猟し、その到達点を整理するなかで、教員の資質能力向上に関する議論が極めて広範にわたるものであり、しかもそれらが個別的に先行している状況を指摘している。

　教職員の職能開発の方法については、現場の教員の間で暗黙知として醸成される能力観に留意しながら、諸施策がそもそもどのような目的や意図のもとに実施されているのかを意識する姿勢が求められるところである。

神林寿幸(2015)「周辺的職務が公立小・中学校教諭の多忙感・負担感に与える影響——単位時間あたりの労働負荷に着目して——」『日本教育経営学会紀要』第57号、pp.79-93

　神林(2015)がこの論文で問題にしているのは、「教員にとっての多忙感・負担感をもたらす業務とはなんであったか」(p.88)ということである。分析には、文科省による「教員勤務実態調査」など公立小・中学校の学級担任を受け持つ教諭を対象とした大規模なデータが用いられ、教材研究や子どもと接するための時間を、会議への出席やペーパーワーク(のため)の時間が圧迫するというこれまでの見立てに対して疑問符が投げかけられた。

　教員の事務処理時間が削減されたとしても教員の多忙感・負担感は消失しないというのがこの論文での結論のひとつであるが、勤務校における教職員の職務環境に対する実態把握をどのようにして教育活動の質的向上につなげていくかは校長の手腕が問われるところだ。

小項目2「学校の共有ビジョンの実現に必要な諸資源の把握とその調達」

　学校の共有ビジョンを実現するためにどのような人的・物的・財政的・情報的な資源が必要かを考え、必要に応じて学校外部に働きかけてそれらを調達する。

教育活動を実施していくには人・物・金・情報などの条件や環境要因を含めた様々な資源が必要となる。そうした諸資源を再確認することは自校の強みと弱みを浮き彫りにする。資源の調達にあたっては、教育行政（教育委員会）、保護者や地域社会に働きかけることが有効な手段のひとつとなろう。こうした学校組織のステークホルダーへの働きかけは、学校とのパートナーシップ構築にもつながる。また、学校内部に目をむけると、事務職員（事務室）のサポートなどによって、物的・財的資源の調達能力を引き出すこともできるだろう。

石井拓児（2010）「地域教育経営における教育課程の位置と構造―内外事項区分論の教育経営論的発想―」『日本教育経営学会紀要』第52号、pp.65-79
　内外事項区分論に関する理論的な考察を目的とした本論では、事例の分析から資源の調達に関する考察がなされており、「学校ごとの財政のあり様や人事の配置状況もふまえながら具体的に教育活動を計画し決定していく仕組み」（p.74）の有用性が示された。

高見茂（2010）「NPM（New Public Management）の導入と行財政改革の新展開――政府の役割の再考、業績マネジメントの導入、そして予算・財政マネジメント改革へ――」『日本教育行政学会年報』NO.36、pp.72-88
　本論は、NPM（New Public Management）の教育領域への導入過程の考察を行うものであり、学校現場から視点を少しずらし、予算や財政のマネジメントを考察するうえで有益な示唆をもたらす。
　NPM導入に基づく新しい教育ガバナンスが奏功する必要条件として「ⅰ）教育成果のモニタリングと評価手法の更なる改善と、ⅱ）教育システムのコストの内容のより一層の明確化と管理の促進を図ること」（p.86）という２つの条件が明らかとなった。

小項目3「PDCAサイクルに基づく組織の諸活動のリード」

諸資源を生かしながら、教育活動の質的改善及び教職員の職能開発などの諸活動が計画的・効果的に行われるように、計画（Plan）・実施（Do）・評価（Check）・改善（Action）のサイクルで組織全体の動きを創る。

計画を立案・遂行し、その結果を評価することで次期計画に反映させることや、計画遂行の際に具体的な活動について随時評価し、問題点を修正してゆくこと、これら一連のサイクルをPDCAサイクルと呼ぶ。こうしたサイクル上では、計画が失敗した場合に限らず、成功した際にもその要因を吟味し、教職員の共通理解につなげてゆくことが求められる。

PDCAサイクルをうまく回していくためには、計画の実施（Do）や改善（Action）の際に対人関係スキルや意思決定力が求められる。また、計画（Plan）や評価（Check）の際には情報収集・分析のスキル等が求められる。以上のような能力を一人の教職員が有していることは稀であり、校長は各教職員のもつ力量を活かすことが重要である。

加藤崇英（2011）「学校評価と学力保障の課題」『日本教育経営学会紀要』第53号、pp.46-57

加藤（2011）は、校内組織運営プロセス、カリキュラム評価と学校評価との関係性をこれまでの論考から捉えなおした。

学校評価は、PDCAサイクルにおけるC（チェック）としての機能を担うものとして理解されるが、「学校評価＝アンケート実施」といった認識に陥ることがあってはならない。加藤（2011）は、カリキュラム評価の下位に存在する単元評価の重要性を指摘しており、評価開発の差異を論点とした学習単位の設定・選択が重要視されてきた背景を紹介した。

以上のような評価の視点は教師に求められる専門性とも合致するところであり、校内組織運営における授業や学習面に関する評価が学校評価へといかにして広げられるのか、また地域・保護者への説明責任としての学校評価の在り方とはどういったものなのかなどの視点にも留意されなければならない。

小項目4 「危機管理体制のための諸活動のリード」

教職員と児童生徒が安全な環境のもとで教育・学習活動に取り組めるように、危機管理のための組織的な活動をリードする。

学校には様々な危機が存在する。児童生徒のいじめや、不審者の侵入、天災などそのバリエーションは様々である。こうした危機を管理するうえでは、事前に危機の発生を予防する「リスク・マネジメント」を行うとともに、被害を最小限に抑え、迅速な問題解決を図る「クライシス・マネジメント」の考え方に立つことが有効である。例えば、校長には、風通しのよい組織風土を率先して作り上げることや、マスコミ対応ならびに災害時の避難所の運営など、危機の場面では児童生徒や教職員以外の対象を考慮した対応が求められることにも留意しておかねばならない。

雲尾周（2012）「被災学校等の支援と日常の備え」『日本教育経営学会』第54号、pp.55-61

日本教育経営学会第51回大会緊急企画「災害と教育経営を考える」では、2011年3月11日の東日本大震災を受け、災害に対する学校経営の在り方について考察が深められている。本論は、災害支援について「『誰が活動するのか』と『どこで活動するのか』の問題、直接的支援と間接的支援の問題、日常の備えとしてのハード面とソフト面の問題」（p.55）という3つの視点から学校経営を捉えなおした。

本図愛実（2012）「これからの学校災害対応――問いとしての公共性を背景として――」『日本教育経営学会紀要』第54号、pp.62-73

本図（2012）は、学校をめぐる災害時の対応の在り方について考察を行っている。ここでは、日ごろの教育活動の中で、地域の人材や物、さらには機会などといった地域教育資源の有効活用が有事の際に適切な対応を可能にする組織力を育むことを指摘している。

基準5 「家庭・地域社会との協働・連携」

校長は、家庭や地域社会の様々な関係者が抱く多様な関心やニーズを理解し、それらに応えながら協働・連携することを推進する。

基準5は、近年、学校教育現場において「地域とともにある学校づくり」が進められている現状から想起された。「地域とともにある学校づくり」の象徴として、学校運営協議会を有する学校のコミュニティ・スクールがあり、保護者と地域住民が一定の権限を持って委員として参加し、学校の教育活動に関する事項等を中心に議論がされている。このように、家庭・地域社会との関係を維持し、よりよい関係を積極的に構築していくにあたり、必要な専門性として次の5項目がある。

小項目1 「家庭・地域社会との協働・連携の必要性の理解」

学校における教育活動は、家庭・地域との信頼・協働関係のもとでより効果的に行うことができることを十分に理解する。

子どもを取り巻く学校内外の様々な課題に対応し、学校が効果的に関与していくためにも、家庭や地域との信頼関係を築き、学校の活動に対して協力を得ることが必要となる。学校運営協議会制度が普及する中、学校と保護者や地域住民がともに知恵を出し合い、学校運営に意見を反映させることで、信頼・協働関係を育んでいくことになるだろう。

だが、連携・協働を行う際に、活動の継続性や安定性に対する懸念なども指摘されている。渉外業務の増える学校の教職員には負担となり、地域住民には協力の成果が実感しにくい等の課題がある。こうして各自が疲弊をすることも考えられるため、多様な実践に関する情報収集を行い、内容の理解や協働・連携の成果を学校や地域でも共有できるようにつとめることが必要だろう。特に、学校における情報化の推進（ICT化のサポート体制強化）は必

要不可欠である。協働・連携のプロセスやその成果を可視化し発信するなど、学校と地域が協働・連携の意義や効果を理解し、その成果を実感できるように心がけたい。

柏木智子（2002）「学校と家庭・地域の連携に関する一考察 ── 子どもへの効果に着目して ──」『日本教育経営学会紀要』第44号、pp.95-107

　本論文は学校・家庭・地域の連携事業の事例研究を行い、教師と保護者だけの交流で終止していた活動に、地域社会も加わることで保護者・地域住民の意識変容等が起こり、大人と子どもの関わりが変化し、子どもの行動と態度が向上する一端を示している。

小項目2 「家庭・地域社会の環境の把握と理解」

　様々な情報源を活用して、自校に通う児童生徒の家庭及び地域社会環境を把握し理解する。

　家庭や地域社会との連携体制を構築し、協働をすすめるには自校をとりまく家庭の状況や地域社会環境の教育的・経営的・文化社会的特性の把握が重要となる。同時に、連携や協働のパートナーである家庭や地域社会も、潜在能力を発揮するにあたり様々な課題を抱えているかもしれない。したがって、家庭や地域との協働・連携を進めるために、家庭や学校の周辺地域の環境を把握し、それらが抱えている課題等についても理解する必要がある。課題を踏まえて、どう支援・協力を得ていくのか戦略を立てる必要があり、どのような地理的・文化的特性があり、どのような人材がいるのか。従来から学校と関わりがあった地域住民やPTA、公民館等は勿論、社会教育団体やNPO、民間企業、ボランティア団体等の人々や組織にも視線を向ける必要がある。このような学校周辺環境の適切な理解がなくては、予期せぬコンフリクトを誘発する危険がある。

仲田康一（2011）「学校運営協議会におけるジェンダーの諸相」『日本教育政策学会年報』第18号、pp.166-180

　本論文は学校運営協議会の女性保護者委員に着目し、女性保護者委員が過剰負担を余儀なくされ、周縁化されている点を指摘した。既存の学校支援組織であるPTAなどには女性保護者が多く所属しており、充て職として学校運営協議会委員に任命されることで、過剰負担を余儀なくされるなどして、女性保護者の非活性が生じたとしている。このように、女性が実際に置かれている状況や学校に関連する組織の把握及び配慮が行われなかったため、このような事態に陥った。そのため、自校の周辺環境を積極的に把握し、各種連携の計画を慎重に行うことで理解を深め、コンフリクト等を未然に防ぐことが肝要だろう。

小項目3「学校に対する関心・期待の把握」

　家庭及び地域社会の様々な立場の人や機関等が自分の学校に寄せる関心・期待の内容を把握し、それらを教育活動の質的改善に生かすよう教職員をリードする。

　保護者や地域の期待に応えながら教育活動の改善をしていくには、家庭や地域社会との協働・連携体制を構築し、且つ役割分担をする必要がある。役割分担をするにあたり重要となるのが、学校に対して、誰がどのような関心・期待をもっているのかについて把握することである。

　保護者や地域住民、地域の諸機関と直接対話する機会を通じて意見交換を行い、学校への関心や期待を意識的に把握する必要がある。また、保護者と関わる機会が多い教職員からも、学校に対するニーズにどのようなものがあるかについて把握していくことにもなる。そして、教職員間でニーズの共有を行い、どのようにして保護者・地域住民と協働・連携を進めていくのかについてビジョンと戦略を策定していき、同時に教職員を動機づけていく力量が校長に求められる。

石井拓児（2010）「地域教育経営における教育課程の位置と構造：内外事項区分論の教育経営論的発想」『日本教育経営学会紀要』第52号、pp.65-79

　例えば、本論文が取り上げる宗谷教育合意運動における教育課程委員会が、1つのニーズ把握のかたちと言える。校区内の各地域の父母・地域住民の代表が参加し、定期テスト結果を基にしながら、子どもの情報について意見交流がなされていた。互恵的な関係づくりは、教育活動で執行した経費や教育行政からの配分予算を、地域に可視化する仕組みを整えており、ニーズに対応した取り組みがされている。このように、学校への関心・期待の把握を行うことが協働・連携をする際に、情報を収集する機会を設けるなどの努力が必要と言える。

小項目4「学校のビジョン・実態の発信と協働・連携意識の獲得」

　様々な方法を用いて、学校の共有ビジョンと教育活動の実態等についての情報を発信し、家庭・地域社会からの信頼感と協働・連携意識を獲得するよう教職員をリードする。

　家庭や地域社会との協働・連携を進めていくには、いかにして信頼関係を構築し、有効な支援や協力を得られるかが重要なポイントとなる。そのため、家庭や地域社会へ学校・子どもの情報を発信し、家庭・地域社会と学校に関する情報を共有していくことから始める必要があり、その後に目標についての共通理解をつくっていくことが重要である。

　情報共有、共通理解を行うには多くの時間と労力を要する。したがって、校長自らが積極的に家庭や地域社会に対して情報発信に努め、教職員も同様に保護者や地域住民との積極的なコミュニケーションが求められ、児童生徒の活動の記録等を収集し、様々な媒体を通じて発信する必要がある。特に、学校の課題や協働・連携の目標を共有することが重要である。そのため、計画的な作業行程を策定しながら連携意識を高め、同時に地域住民や保護者が学校の活動に参画する機会を意識的・計画的に設ける取組が求められる。

大林正史（2011）「学校運営協議会の導入による学校教育の改善過程 ── 地域運営学校の小学校を事例として ──」『日本教育行政学会年報』No.37、pp.66-82

　本論文は、校長が学校の課題に応じて学校運営協議会の役割の位置づけを明確にし、協議されたことを実際の教育活動に反映することで、学校・家庭・地域の三者のネットワークが形成・強化されていく様相を示した。特に、保護者に向けて学校運営協議会委員と教員が取り組みに関する共同発表を行うことで相互理解が深まり、両者の間に存在していたコンフリクトが改善されたとしている。このように、相互理解を深めることや、学校のビジョン・実態を広く伝える努力をし、協働と連携意識を持つことが重要となるかもしれない。

小項目5 「多様な人々・機関との適切な関係づくり」

　学校に関心をもつ様々な人や機関等に対して、尊敬と公正の意識をもって適切な関係づくりを行う。

　保護者や地域住民をはじめとして、多様な人々や組織から支援・協力を得て、連携体制を継続させるためには、関係者との良好で適切な関係づくりが大切である。そのため、保護者・地域住民に対しての尊敬と公正の意識を持つことに留意したい。ビジョンや戦略を共有し、適切な役割分担を考えることが重要で、地域の人々や保護者に負担感が残るのでは連携・協働が困難になるため、互恵的な関係づくりを意識する必要がある。

　教育活動に参画する多様な人々や関係機関が協働・連携を通して、学校の諸活動に貢献できたという実感や活動そのものの充実感などが得られるようにすることは、協働・連携を推進していく必要条件であるといえる。

末冨芳（2013）「拡大する学習の社会保障と『自閉化する学校』の行方 ── 福祉への教育経営からのクロスボーダーの可能性 ──」『日本教育経営学会紀要』第55号、pp.39-46

　本論文は、学校内外での子どもを支える役割分担に着目しており、中でも

子どもの見守り活動を一つの例として挙げている。児童自立支援員等の学校教育と福祉の境界線を越えた存在が、生活保護世帯の保護者および児童生徒との相談、学校との連絡調整、塾運営を委託されている NPO との連携を行い、学校と福祉をクロスボーダーしながら子どもの学習環境改善を図る事例を描出していき、考察している。

基準6 「倫理規範とリーダーシップ」

校長は、学校の最高責任者として職業倫理の模範を示すとともに、教育の豊かな経験に裏付けられた高い意識を持ってリーダーシップを発揮する。

この基準の目的は、校長の倫理的側面とリーダーシップの基盤について示すことにある。教職は、公共的性格の強い職業であり、その最高責任者である校長には、特に専門職にふさわしい豊かな経験と高い見識のもとにリーダーシップを発揮することが期待されている。

そのために、校長には、まず、高い使命感と、公正・公平の意識を持つことが求められる（小項目1）。その中には、法令順守も含まれ、自らだけでなく、教職員への徹底も求められる（小項目5）。校長が持つべき倫理性の中には、多様性の尊重も含まれる。多様な文化、価値観、思想の尊重が必要である（小項目3）。これらの倫理性を身につけるためにも校長自身が自らの職務を省察し、職能成長に務めることが求められる（小項目4）。さらに、校長には、児童生徒の最善の利益を優先しながら、校長の意思を説得力のあるものとして伝えることも必要である（小項目2）。リーダーシップと同様に、アカウンタビリティも求められる。

小項目1 「学校最高責任者としての職業倫理」

教育専門家によって構成される学校の最高責任者として、高い使命感と誠実、公正、公平の意識をもって職務にあたる。

この小項目では、学校の最高責任者としての校長には、高い職業倫理が求められることが示されている。具体的には、「高い使命感」「誠実」「公正」「公平」が示されている。もちろん、これらは、学校に勤務する教職員すべてに求められるものである。その教職員に対するリーダーシップを発揮するべき校長には、教師としてだけでなく、校長としての高い使命感と誠実な

どのより一層高い倫理が求められる。この小項目は、以下の基準6の小項目2～5までのすべてに関わるものであり、校務の遂行において、根底になければならないものである。

小項目2 「説得力を持った明確な意思の伝達」

　自らの豊かな教育経験と広い視野に基づいて、児童生徒の最善の利益を優先しながら、校長自身の意思をあらゆる立場の人に対して説得力をもって明確に伝える。

　学校には、いじめや問題行動、学力低下等さまざまな問題が存在する。その課題解決に向け、また、未然防止のため、学校には、説明責任（アカウンタビリティ）がある。その責任を負うのが、学校の最高責任者である校長である。現在の学校は、地域や保護者への要求や要望が提起されることが多く、それに対して、適切な説明を行うことが、地域に根差した学校、信頼される学校へとつながっていくといえるだろう。ここでは、保護者の信頼獲得のために、必要な条件について論じたものを紹介する。

露口健司（2012）「保護者ネットワークと学校信頼」『愛媛大学教育学部研究紀要』第59巻、pp.59-70
　学校信頼に対しては、日常的に相互作用によって形成される学校に対する肯定的評価が大きく影響を及ぼしていることを明らかにした。学校側の努力と成果についての情報を保護者に対して提供することが、学校信頼の向上には欠かせない条件である。学校側の努力と成果が見えない場合、保護者は学校に対する期待感を低下させ、協力的態度を縮減してしまうことを指摘している。また、保護者相互及び保護者と地域住民とのつながりが形成されていれば、学校の信頼は維持・向上できることも示されている。

小項目3 「多様性の尊重」

多様な価値観、思想、文化などの存在を認めることができる。

　学校の最高責任者である校長には、公正・公平に職務を遂行することが求められている。児童生徒の人格形成を目的とした学校教育は、公共性が高く多様性の尊重の対象は、児童生徒だけでなく、教職員も含まれる。その人権が守られる学校を運営する必要がある。人権の妨げられる事例はさまざまであり、ハラスメント、いじめ、国籍や人種差別、宗教や思想における差別など、さまざまな差別や侵害から、守ることが求められる。ここでは、外国人児童生徒教育について取り上げた論稿を紹介する。

臼井智美（2012）「外国人児童生徒教育における指導体制の現状と課題：「教育の成果」の向上に資する組織づくりに向けて」『学校教育研究』第37巻、大塚学校経営研究会、pp.43-56
　外国人児童生徒教育の指導体制をめぐる問題点を端的にまとめると、その目的や目標が明確ではなく、それゆえに目標達成に適した時間や人材の活用の仕方を考えるという意識が希薄であるということである。こうした問題点を改善し、「教育の成果」の向上に資する指導体制づくりのためには、目標意識、目的意識、指導の形態、指導者の専門性の4点が指導体制づくりの方向性や可能性を探るために必要であることが示唆されている。

小項目4 「自己省察と職能成長」

学校の最高責任者として、職務上の自らの言動や行為のありようを絶えず省察することを通じて、自己の職能成長に務める。

　社会の変化に伴い、学校の在り方も大きく変化している。校長にはその移り変わりを捉え、学校経営に生かしていくことが求められる。省察を通じて、自らの職能成長を促すことが肝要である。例えば、保護者や地域住民との対

話、教育活動における児童生徒との関わりなど、様々な場面などからも、自ら省察を促し、改善することができる。職能成長のために、さまざまな研修や学習の機会を設け、主体的に取り組むことによって、校長としての教育的知見と経営力がさらに確かなものになり得るだろう。ここでは、オーストラリアのスクールリーダーを取り上げた論考を紹介する。専門職スタンダードの活用事例として、参考にされたい。

佐藤博志（2014）「スクールリーダーの資質向上に関する国際的検討 —— オーストラリアの教育改革と専門職スタンダード —— 」『日本教育経営学会紀要』第56号、pp.35-50

オーストラリアでは校長職の役割を重視し、スクールリーダーの専門職スタンダードの策定、校長研修の工夫を進めており、高く評価されている。オーストラリアにおいて、スクールリーダーとは、クラスルームティーチャー以外のすべての教師であり、幅広い。スタンダードは、内容スタンダードとパフォーマンススタンダードに分けられ、要求される質を意味している。同国の校長専門職スタンダードには、校長自身が省察できるように、「360度省察ツール」が開発され、ウェブ上でチェックできるようになっている。また、オーストラリア公聴会機構によって校長認証プログラムが開発されており、このような専門職による裁量、自律の道を進めていることが日本に与える示唆は大きいだろう。

小項目5 「法令順守」

法令順守についての高い意識を自らが持つとともに、教職員の間にそれを定着させる。

この小項目では、校長が守り、そして教職員に定着させるべき法令順守（コンプライアンス）の意識について記述している。ここで、取り扱う法令順守とは、法律の順守だけでなく、倫理や道徳なども含まれており、校長には広く社会的な規範意識を高く持つことが求められている。

基準6「倫理規範とリーダーシップ」

　危機管理意識を持ち、学校および教職員の法令違反を防ぐことが、校長のリスクマネジメントとして必要である。直接的な法令違反だけでなく、社会規範に関わる信用失墜行為に該当しないか等、定期的な確認（リーガル・チェック）と法的思考力（リーガル・マインド）の視点を、自らだけでなく、教職員にまで定着させることが不可欠である。ここでは、遂危機管理の視点から、学校としての安全管理体制について取り上げた論稿を紹介する。

内田良（2015）「エビデンスの功と罪」『教育学研究』第82巻第2号、日本教育学会、pp.227-285

　本稿は、「学校安全」の対象として、2000年以降、不審者対策と震災対策に主眼が置かれ、それ以外の危険を不可視化させてきたことから、限りある資源に合わせて無限の危険群の中から防ぐべき危険を選びとるためのエビデンスによる対策推進を求めている。例えば、2001～2010年度の10年間の小・中学校での死亡事故795件（通学中を除く）のうち45.8パーセントがスポーツ活動中に起きていることや主要部活動の中でも柔道の死亡率が高いことを示している。教育的効果にのみ目を向けるのではなく、このようなリスクに関わる数値を把握し、リーガル・チェックを行うことで、学校の危機管理体制をより強固なものにすることができるだろう。

基準7「学校をとりまく社会的・経済的・政治的・文化的状況の把握」

校長は、学校教育と社会とが相互に影響し合う存在であることを理解し、広い視野のもとで公教育および学校が取り巻く社会的・経済的・政治的・文化的状況を把握できる。

　この基準の目的は、校長には学校教育を取り巻く状況について幅広い視野から把握することが求められることを示す点にある。学校教育は、その学校の属する社会・経済・政治・文化によって規定されると同時に、子どもへの教育を通じて人間社会の持続的発展に資するより良い社会・経済・政治・文化を創出する使命を負っている。校長は、自身の学校や学校の位置する地域社会・地方自治体だけではなく、幅広く社会・経済・政治・文化に目を向けて自校の状況を把握しなければならない。

　このために、校長には以下の四つの力量が求められている。第一に、校長は国内外の社会的・経済的・政治的・文化的状況を十分に把握し、それをもとに現代の学校教育のあり方について自分自身の考えを明確に持つ力量が求められる（小項目1）。第二に、日本の公教育システム全体を十分に理解し、日本国憲法、教育基本法等の関連法令の視点から自校のあり方を考えることができる力量が期待されている（小項目2）。第三に、自校が存在する地方自治体の社会的・経済的・政治的・文化的状況に対する理解から、それらを学校のヴィジョン形成に活かすとともに、その実現のために設置者である地方自治体の教育政策の形成に向けて積極的に提言することも必要である（小項目3）。第四に、国内外で多様に展開し、蓄積されてきた教育思潮・教育思想について理解し、それらを参照しながら自校の教育のあり方を捉え直す力量も期待されている（小項目4）。

小項目1 「国内外の社会的・経済的・文化的状況を踏まえた学校教育のあり方の思索」

　国内外の社会・経済・政治・文化的状況に対する十分な理解に基づいて、現代の学校教育のあり方についての自分自身の考えを明確にできる。

　近年、知識基盤社会の到来と情報通信技術（ICT）の急激な発展、社会・経済のグローバル化や経済的格差の広がり、少子高齢化の進展など、日本社会を取り巻く状況は大きく変化してきている。他方、地球温暖化や世界の飢餓人口の高まりなど世界規模で進行する多くの課題に加えて、ギリシャの財政危機、イスラム国（IS）等のテロとの戦い、ヨーロッパへの難民流入など、国際情勢は日々変化している。

　校長は国内外の社会的・経済的・政治的・文化的状況について豊かな教養を備えるとともに、それらをもとに学校教育及び学校経営のあり方を絶えず捉え直し、子どもへの教育を通じて人間社会の持続的発展に貢献する社会や文化を創造していく使命を持っている。

貞広斉子（2010）「人口予測データを用いた公教育規模と公教育費規模推計 —— 持続可能な公教育財政システム構築に向けた2035年の政策シミュレーション ——」『日本教育行政学会年報』No.36, pp.89-104

　貞広（2010）は、『日本の市区町村別将来推計人口』（国立社会保障・人口問題研究所）、『学校基本調査』、『地方教育費調査』のデータを用いて、将来人口及び人口構成の変化が公教育規模と公教育費規模にどのような影響を与えるのかを予測的に分析した。本研究は、将来人口予測データに基づき、2035年までに学校教育の姿がどのように変化するのか具体的に分析したものである。現在の社会的状況だけではなく将来の社会的状況までも視野にいれて学校教育のあり方を見通すことができる論考である。

田中敬文（2010）「家計教育費負担の動向と負担軽減の公共政策」『日本教育行政学会年報』No.36, pp.60-71

　田中（2010）は、総務省『家計調査』や『全国消費実態調査』のデータを用いて、家計の教育費負担の動向と負担軽減の公共政策について検討した。本研究は、家計所得が低迷するなか、教育関係費負担の増加、教育関係費における授業料等の構成が高まっていること、家計が教育費支出に苦労し、補習教育を節約している傾向を明らかにした。近年の国内の教育に関する経済的状況をデータに基づいて把握することのできる論考である。

小項目2「憲法・教育基本法等に基づく学校教育のあり方の思索」

　日本の公教育全体について十分に理解し、日本国憲法、教育基本法等の関係法令等に基づいて自校のあり方を考えることができる。

　国の最高法規である日本国憲法は「すべて国民は、法律の定めるところにより、能力に応じて、ひとしく教育を受ける権利を有する。」（第26条1項）と規定し、教育を人権として保障している。この教育条項をもとに、教育の基本を定めた改正教育基本法をはじめとする関係法令が公教育システムとして整備されている。さらに、日本が1994（平成6）年に批准した子どもの権利条約（児童の権利に関する条約）においては、教育を受ける権利は「教育への権利」として発展的に捉えられており、法律の上位に位置付く国際基準として踏まえておく必要がある。また、校長は「障害者差別解消法」（平成25年6月26日公布）、「いじめ防止対策推進法」（平成25年6月28日公布）など社会や学校教育をめぐる諸課題への対応として制定される新たな法律についても理解を深めて、学校経営に活用することが求められている。

　改正教育基本法は、同法17条1項によって国に教育振興基本計画を策定する義務を定めるとともに、同条2項では地方公共団体においても国の計画を参酌して、教育振興のための施策の基本的な計画を定める努力義務を課している。校長は、それらを踏まえつつ、自校の教育計画を策定していくことが求められている点にも留意したい。

高見茂／西川信廣（2013）「地方自治体の教育政策形成・実現と教育振興基本計画」『日本教育行政学会年報』No.39, pp.2-18

　高見・西川（2013）は、地方自治体の定めた教育振興基本計画の実効性について、①国の基本計画との関係、②当該自治体の教育行政施策への影響に焦点を当てて考察している。本研究では、大阪府の事例研究を通じて、教育振興基本計画の策定によって教育行政施策のPDCAサイクルの具体化に貢献しつつある実態を明らかにしたが、学校現場でのその実効性については極めて乏しいと結論づけている。改正教育基本法の理念を踏まえて、どのように地方自治体における教育行政、あるいは学校現場における学校教育が進められているかが示唆される論考である。

小項目3「各地方自治体における社会的・政治的・文化的状況の理解」

　自校が存在する地方自治体における社会的・経済的・政治的・文化的状況を十分に理解し、それらを学校のヴィジョン形成に生かすことができる。

　現在、地方自治体においては、行政サービスの対象は乳幼児から高齢者まで広がってきており、障害者や経済的困窮者、外国籍住民など多様な住民のニーズに応える自治体政策が展開されている。子育て支援や失業者の就労支援、高齢者福祉などの諸政策を理解し、それらと学校教育とのバランスや連携を確立しつつ、学校のヴィジョンを実現していくために必要な予算を確保する方途を模索していかなければならない。

　校長は、学校の設置者である自治体が抱えている問題や、これを改善していく総合計画やまちづくりの取り組みに理解を深めるなかで、自校が位置する地方自治体の社会・経済・政治・文化的状況を深く理解し、子どもの利益を代弁して自治体の学校政策づくりにも積極的に発言していくことが期待されている。

櫻井直輝（2012）「学校統廃合政策の財政効果 ―― 基礎自治体に着目した事例分析 ――」『日本教育行政学会年報』No.38，pp.99-115

櫻井（2012）は、財政統計データを用いて基礎自治体において実施される学校統廃合政策が当該自治体財政にどのような影響を及ぼすものかを分析した。本研究の事例分析によって、従来、財政効率化やコスト削減をもたらす政策手段として捉えられてきた学校統廃合政策が、ランニングコストの削減をもたらす一方で、新たな不可避的費用を発生させ、教育費の削減には寄与しないという実態が示された。地方自治体における教育政策（学校統廃合政策）がどのような影響をもたらすのかを具体的に捉えることのできる論考である。

小項目4「教育の思潮についての深い理解」

国内外の教育の思潮・考え方について理解し内面化すると共に、それらをもとにしながら、自校の教育のあり方を考えることができる。

社会における教育や学校教育は歴史的社会的に発展してきたが、それをリードし、あるいは批判する教育思潮・教育思想は多様に展開し、蓄積されてきた。校長は、自らの拠って立つ教育思潮・教育思想について、教職経験を通して咀嚼し、子ども観、指導観、教育観にまで関連付けて教育者としての信念や願いとして内面化するべきである。国内外の教育思潮・教育思想を知識として理解するだけではなく、現代に通底する意味や課題を読み取った上で学校づくりに活用したい。

他方、教職員もまたそれぞれに彼らの教育実践の拠り所とする教育思潮・教育思想を有している。そのため、校長は特定の教育思潮・教育思想に寄りかかるのではなく、他の多様な考え方を理解し、尊重する広い視野と懐の深さが求められている。

学校教育の存立基盤が揺らぎ、そのあり方が厳しく問われている現在、学校教育の未来を考える思想的基盤を不断に探求し、教育者としての広い視野と深い問題意識から自校の学校教育を捉え直していくことが肝要である。

基準7「学校をとりまく社会的・経済的・政治的・文化的状況の把握」　287

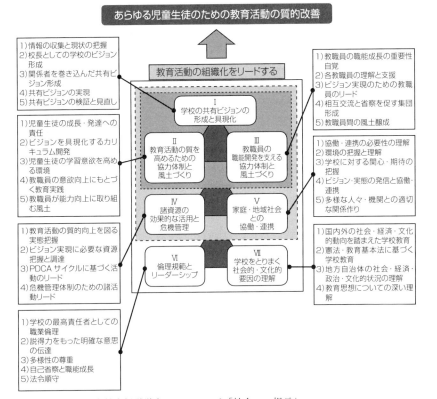

出典：日本教育経営学会ホームページ「社会への提言」
http://jasea.sakura.ne.jp/teigen/2012_senmonshokukijun_index.html
（最終確認：2015年5月11日）

図　校長の専門職基準［2009（一部修正版）］

索　引

Academic based Curriculum ……… 94
CDP（Career Development Program：
　キャリア開発プログラム）……… 158
CI＆E ……………………………… 21
competence ……………………… 74
competencies …………………… 70
Decision-Makingの場 ……………… 98
E.FORUM全国スクールリーダー育成研修
　…………………………………… 120
ELPA ………………………… 40-44
FTP（Fast Track Program）…… 158-167
ICT ……………… 12, 43, 135, 271, 283
IFEL（教育指導者講習会）……… 21, 22
ISLLC（The Interstate School Leaders Li-
　censure Consortium：州間学校管理職
　資格付与協議会）……… 7, 31-44, 82
K12 Leadership Cohort Program … 41
NCSL（National College for School Lead-
　ership：全英スクールリーダーシップ
　機構）…………………………… 47-61
NCTL（National College for Teaching ＆
　Leadership：全英教職・リーダーシップ
　機関）………………………… 47, 59
NPBEA/ELCC基準 ……………… 37, 38
NPM（New Public Management：新公共
　経営論）………………… 25, 60, 268
NPQH（National Professional Qualifica-
　tion for Headship：校長全国職能資格）
　…………………………………… 47-59
OECD国際教員指導環境調査……… 32
Off-JT ………… 72, 92, 112, 113, 134-137
OJT … 68, 72, 92, 94, 112, 113, 136, 208
PI34（州行政規則 Chapter P134）
　………………………………… 38-42
PDCAサイクル … 93, 126, 207, 269, 285, 287
performance ………………… 68, 69
Performance based Curriculum …… 94
performances …………………… 70
Problem Based Learning ……… 91, 101
PTA ……………………… 205, 272, 273
SBM（School Based Management）
　………………………… 26, 32, 34
SWOT分析………………………… 93

【あ行】

アカウンタビリティ … 32, 43, 57, 58, 92, 277, 278
アクションリサーチ………… 77-79, 101
アクティブ・ラーニング … 12, 215-224, 226-230
暗黙知と形式知…… 93, 94, 99, 100-102
育成の論理………………………… 172
いじめ防止対策推進法…………… 284
インターンシップ…… 41, 42, 70-74, 121
オープンプラン・スクール ………… 257

【か行】

科学の時代………………………… 89-98
学務委員………………………… 16, 17
学級担任型……………………… 79, 80
学校運営協議会… 201, 250, 251, 271, 273, 275
学校管理規則…………… 23, 26, 160-164
学校管理職（school administrator）
　…6-14, 31-44, 65-83, 87-92, 119, 122,

索　引

141, 157-173, 182-194
学校管理職・教育行政職特別研修
　（ニューリーダー研修）… 66, 79, 120
学校管理職マネジメント短期研修
　……………………… 66, 119-136
学校教育法…… 19-21, 73, 145, 163, 256
学校教育法施行規則… 21, 145, 197, 256
学校経営に関する講座……………… 120
学校組織の管理運営能力(technical leadership) ……………………………… 70
学校組織マネジメント……………… 28, 72
学校組織マネジメントテキスト…… 234
学校統廃合………………………… 253, 286
学校の自律性………………… 3, 74, 119
学校のビジョン
　…4, 57, 69, 72, 97, 100, 102, 126, 239, 249, 253, 264, 275
学校マネジメント…39, 72, 73, 88, 100, 135, 197
学校役員………………………………… 15, 16
カリキュラム・マネジメント …… 12, 71
観念主義の時代………………………… 88, 92
危機管理
　…… 69-73, 87, 109, 126, 135, 151, 164, 205, 207, 239, 266, 281
逆コース……………………………… 22, 25
教育公務員… 22, 73, 104, 106, 145, 152
教育公務員特例法……… 22, 73, 104, 106
教育振興基本計画
　………………… 197, 200, 203, 284, 285
教育組織マネジメント専攻………… 66
教育的リーダーシップ(instructional leadership) ……………… 42, 70, 72
教育に関する職………… 26-28, 197-209
教育への権利……………………… 284
教育リーダー(Educational Leader)
　……………………………… 7, 36, 37
教育理念………………………… 250, 257

教員育成協議会………………… 14, 82, 107
教員育成コミュニティ……………… 105
教員育成指標………………… 11, 12, 13
教員研修の一般財源化……………… 112
教員評価制度……………………… 208, 261
教員免許更新講習…………… 104, 108
教科担任型……………………………… 80
教師教育…………… 13, 103-115, 261
教職キャリア……………… 105, 107, 115
教職大学院
　………… 3-11, 44, 66-84, 87-102, 121
教職のライフステージ……………… 105
教頭会……………………… 111, 140-153
協働型リーダー……………………… 102
クライシス・マネジメント ……… 270
ケースメソッド…9, 10, 98, 101, 235-244
ケースメソッド開発による次世代スクールリーダー育成の可能性(ケースメソッド事業)(教員研修モデルカリキュラム開発プログラム)………………………… 235
県費負担教職員……………………… 108
校外研修……………………… 107-113
校長会
　… 52, 54, 104, 111, 139-153, 164, 233-245
〜校長会……………………………… 142
校長全国職能基準(National Standards for Headship) ………………… 48-50
校長の専門職基準
　…3-14, 28, 66, 82, 101, 103-115, 120-136, 139, 153, 159-173, 207-230, 233-244
校長の卓越性の全国基準(National Standards of Excellence for Headteachers)
　…………………………………… 56, 59
校長免許状……………………………… 21
校長免許制度……………………… 21, 25
高度専門職………… 13, 70, 96, 139, 140

公務員校長…………………………… 26
国民学校令…………………………… 19
国立教育政策研究所……………… 32, 87
子どもの権利条約(児童の権利に関する条約)………………………………… 284
コンセプチュアル・スキル ……… 93-98
コンセプト・カリキュラム ………… 67
コンピテンスモデル……………… 50, 53

【さ行】

360度省察ツール ………………… 280
自己改善型学校システム(self-improving school system)……………… 56-60
システムリーダー(system leader)
………………………………… 59, 60
次世代スクールリーダー
……………… 9, 10, 135, 146, 212, 235
実践推進委員会
…… 4-10, 120, 139, 233, 234, 235, 244
指導主事
……21, 70, 72, 103, 110, 113, 123, 150, 159-163, 234-244
州間学校管理職資格付与協議会(ISLLC)
………………………………… 35, 82
州教育長協会(Council of Chief State School Officers：CCSSO)……… 35, 36
重層構造論……………………………… 23
十年経験者研修…………… 104-107, 112
集団的効力感………………………… 258
障害者差別解消法…………………… 284
省察的対話…………………………… 263
女性活躍加速のための重点方針2015
………………………………………… 194
女性管理職………………………… 176-194
女性の職業生活における活躍の推進に関する法律(女性活躍推進法) ……… 195
初任者研修………………… 104-112, 211
ジョブ・ローテーション …………… 158

処方箋の時代………………………… 89-98
自律的学校経営…………………… 68, 91-94
人材プール………………………… 27, 191-194
スクール・コンプライアンス ……… 160
スクールリーダー
…… 3-10, 26-28, 47-59, 65-83, 87-102, 114, 119-137, 146-150, 194, 212, 233, 235, 280
スクールリーダーシップ研修……… 120
スクールリーダー専門職基準(案)
………………………………………… 3, 66
スクールリーダーの資格任用に関する検討特別委員会……………………… 65, 119
ステークホルダー………………… 37, 268
選抜の論理…………………………… 172
全米教育経営政策委員会(National Policy Board for Educational Administration：NPBEA)…………………………… 36-37
専門的な学習共同体(professional learning community) ………………… 252
組織マネジメント研修(モデル・カリキュラム)……………………… 93, 100, 120

【た行】

大学院知……………………………… 97
団塊の世代………………………… 211, 212
男女共同参画2000年プラン ……… 175
男女共同参画基本計画………… 175-178
男女共同参画社会基本法…………… 175
地域教育経営…………… 256, 268, 274
地域連携………………………… 124-135
チーム学校………………… 12, 105, 136
知識創造の力………………………… 93, 94
知識の活性化………………………… 255
知と実践のインターラクション…… 68
地方公務員法……………………… 106, 163
地方分権………………………… 25, 65, 119
中間管理職…………………………… 69

中堅教員能力向上研修……………… 12
同僚性………114, 214-222, 259, 264, 265
特色ある学校づくり……………… 72, 197
特別権力関係論………………………… 23
特別支援教育
　………124-135, 143, 149, 204-205, 208
独立行政法人教員研修センター
　………………………………… 120, 235

【な行】

ニューリーダー特別研修…………… 120

【は行】

橋本5大改革…………………………… 25
パブリック・アチーブメント（PA）
　………………………………………… 250
ヒーロー型リーダー………………… 102
ビジョン具現化……………211-230, 252
費用対効果………………………… 81, 207
開かれた学校づくり……… 71, 197, 201
フィールドワーク……… 71, 73, 95-98
弁証法の時代…………………… 90-102
法定研修……………………………… 104
法的思考力（リーガル・マインド）
　……………………………………… 281
法の上昇機能…………………………… 17
法令順守………… 5, 126, 277, 280, 287

【ま行】

学び続ける教師………………………… 11
学びの共同体………………… 216-228
マネジメント的力量………………… 12
ミドル・アップダウン・マネジメント
　……………………………………… 213
ミドルリーダー…11, 12, 54, 72, 105, 111,
　123, 150, 153, 234, 211-230
民間人校長…10, 26, 27, 68, 145, 158, 172,
　197-210

民間人校長登用施策……… 10, 209, 210
目標管理制度……………………… 262

【ら行】

ライフキャリアレインボー理論…… 114
リーガル・チェック ………………… 281
リスク・マネジメント ……………… 270
リベラルアーツ・カレッジ ………… 31
理論と実践の往還………… 87-102, 121
倫理規範…6, 11, 126, 134, 160, 209, 239,
　277, 287
レッスンスタディ…………………… 108

執筆者一覧 (執筆順)

牛渡　　淳（仙台白百合女子大学学長）	編集／第Ⅰ部第1章
元兼　正浩（九州大学大学院教授）	編集／第Ⅰ部第2章
大野　裕己（兵庫教育大学教職大学院教授）	第Ⅰ部第3章／第Ⅱ部第1章
末松　裕基（東京学芸大学専任講師）	第Ⅰ部第4章
田中　真秀（川崎医療福祉大学医療技術学部助教）	第Ⅱ部第1章
安藤　福光（兵庫教育大学教職大学院准教授）	第Ⅱ部第1章
山本　　遼（東九州短期大学助教）	第Ⅱ部第2章
曽余田浩史（広島大学大学院教授）	第Ⅱ部第2章
髙木　　亮（就実大学准教授）	第Ⅱ部第3章
波多江俊介（熊本学園大学専任講師）	第Ⅱ部第3章
金子　研太（九州大学大学院助教）	第Ⅱ部第4章
日高　和美（九州共立大学専任講師）	第Ⅱ部第5章
川上　泰彦（兵庫教育大学准教授）	第Ⅲ部第1章
細畠　昌大（淡路市立塩田小学校校長）	第Ⅲ部第1章
楊　　　川（九州国際大学特任准教授）	第Ⅲ部第2章
浅野　良一（兵庫教育大学大学院教授）	第Ⅲ部第3章
畑中　大路（長崎大学大学院教育学研究科准教授）	第Ⅲ部第4章
大竹　晋吾（福岡教育大学教職大学院教授）	第Ⅲ部第5章
原北　祥悟（九州大学大学院博士後期課程）	巻末　基準1
田中　里子（九州大学大学院修士課程）	巻末　基準2
小杉　進二（九州大学大学院修士課程）	巻末　基準3
木村　栞太（九州大学大学院修士課程）	巻末　基準4
小林　昇光（九州大学大学院博士後期課程）	巻末　基準5
兼安　章子（九州大学大学院助教）	巻末　基準6
清水　良彦（大分大学教育学部附属教育実践総合センター専任講師）	巻末　基準7
柴田　里彩（九州大学大学院修士課程）	索引

専門職としての校長の力量形成

平成28年7月初版発行

編集：牛渡　　淳（仙台白百合女子大学学長）
　　　元兼　正浩（九州大学大学院教授）

発行者：仲西佳文
発行所：有限会社　花書院
　　　　〒810-0012　福岡市中央区白金2-9-2
　　　　電話．092-526-0287　FAX．092-524-4411
　　　　印刷・製本：城島印刷株式会社

©2016 Printed in Japan　　ISBN978-4-86561-075-8 C3037　　無断複製・転載を禁ず